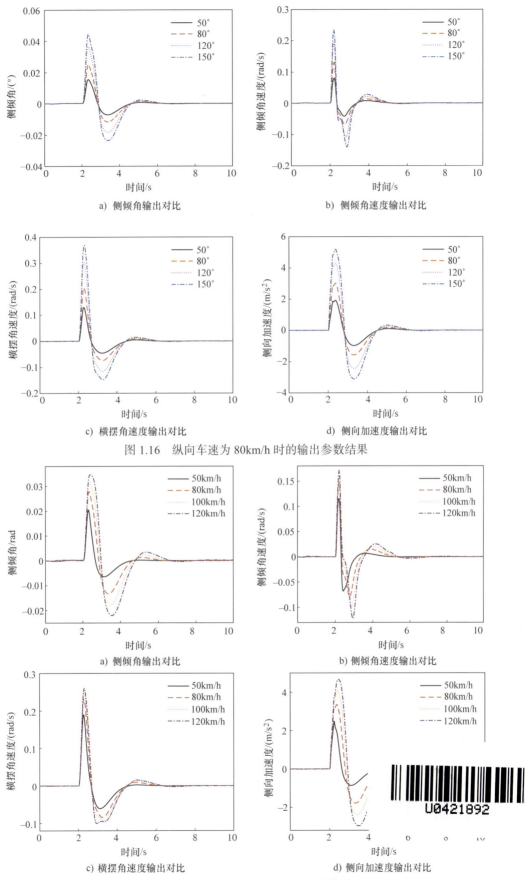

图1.16 纵向车速为80km/h时的输出参数结果

图1.17 方向盘转角为90°时的输出参数结果

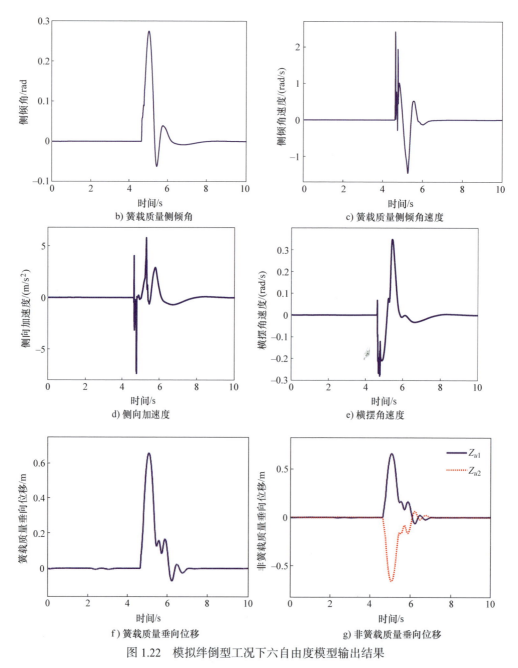

图 1.22 模拟绊倒型工况下六自由度模型输出结果

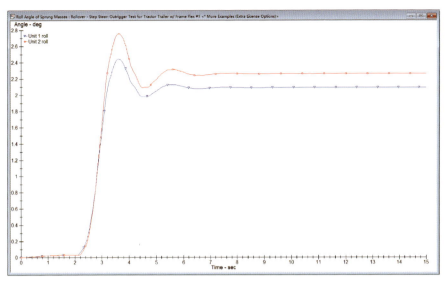

图 1.57　牵引车和挂车侧倾角曲线

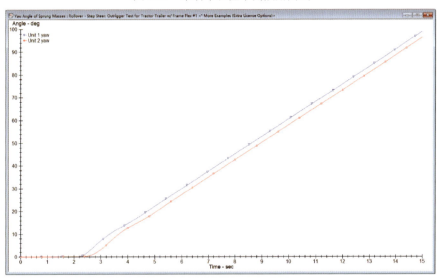

图 1.58　牵引车和挂车横摆角曲线

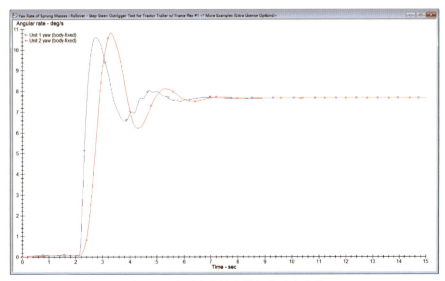

图 1.59　牵引车和挂车横摆角速度曲线

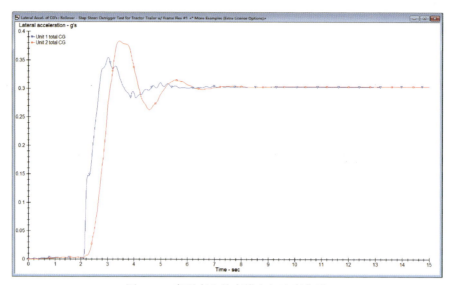

图 1.60 牵引车和挂车横向加速度曲线

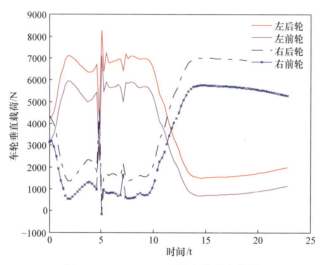

图 1.65 Fish-Hook 工况车轮垂直载荷

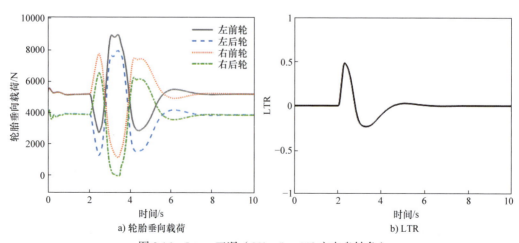

a) 轮胎垂向载荷   b) LTR

图 2.16 J-turn 工况（80km/h，90°方向盘转角）

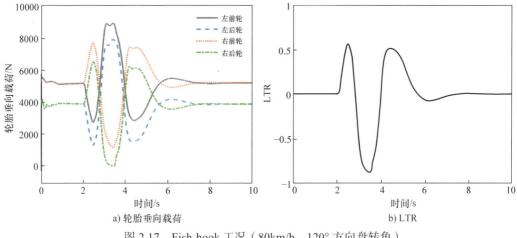

图 2.17 Fish-hook 工况（80km/h，120°方向盘转角）

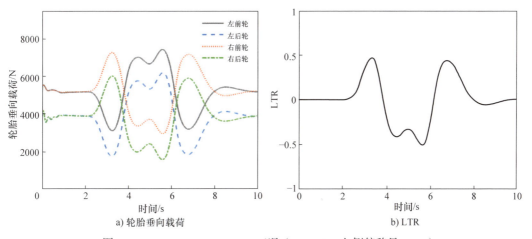

图 2.18 Double-Lane-Change 工况（80km/h，左侧偏移量 3.5m）

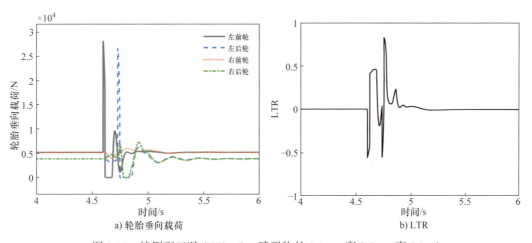

图 2.19 绊倒型工况（80km/h，障碍物长 0.4m，宽 3.5m，高 0.1m）

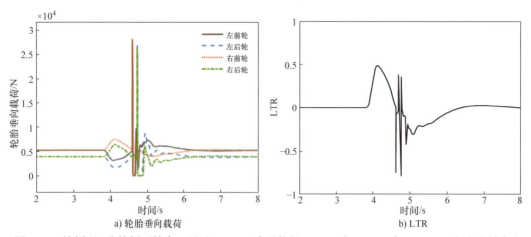

图 2.20　绊倒型/非绊倒型结合工况（80km/h，障碍物长 0.4m，宽 3.5m，高 0.1m/90° 方向盘转角）

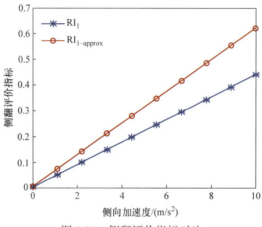

图 2.29　侧翻评价指标对比

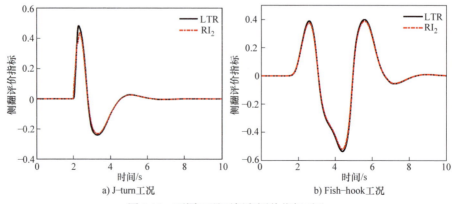

图 2.30　不同工况下侧翻评价指标对比

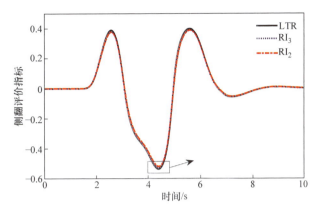

图 2.31 Fish-hook 工况下侧翻评价指标对比

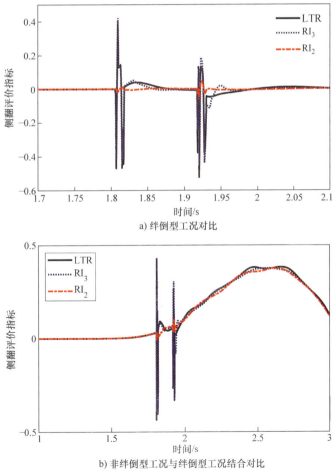

a) 绊倒型工况对比

b) 非绊倒型工况与绊倒型工况结合对比

图 2.37 不同工况下侧翻评价指标对比

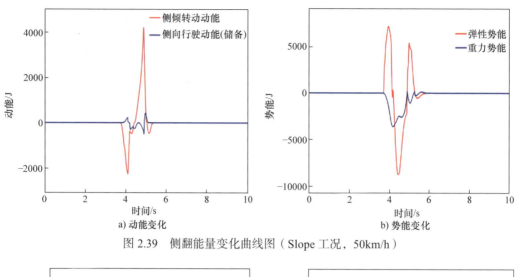

图 2.39 侧翻能量变化曲线图（Slope 工况，50km/h）

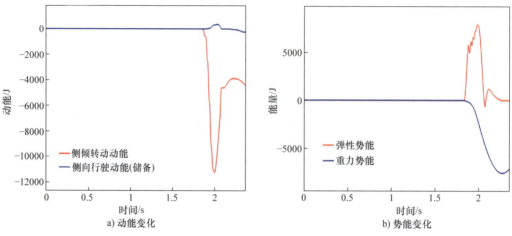

图 2.41 侧翻能量变化曲线图（Slope 工况，100km/h）

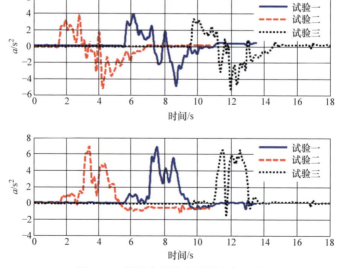

图 2.45 微型车的纵向及侧向加速度

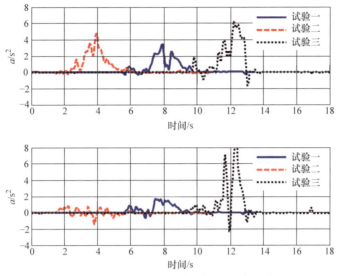

图 2.46 微型车左、右轮胎的垂向加速度

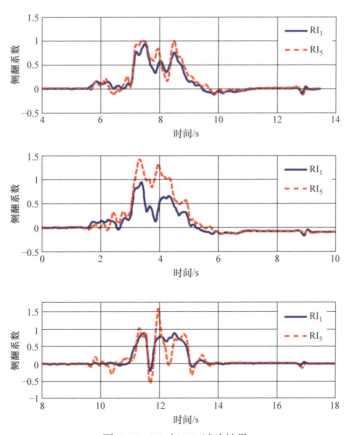

图 2.47 RI_1 与 RI_5 试验结果

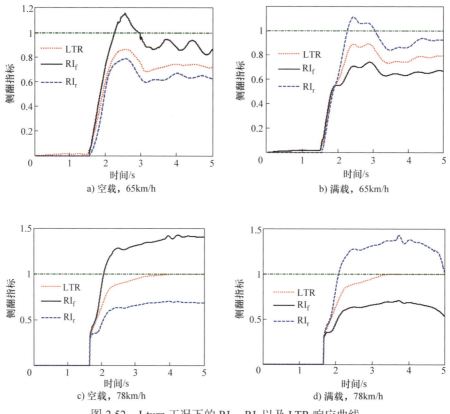

图 2.52 J-turn 工况下的 RI_f，RI_r 以及 LTR 响应曲线

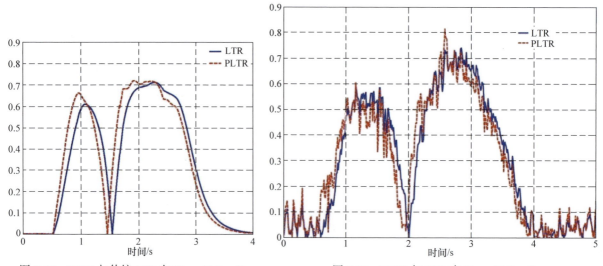

图 2.66 PLTR 与传统 LTR 在 SinewithDwell 工况下的预测结果对比（仿真）

图 2.67 PLTR 与 LTR 在 SinewithDwell 工况下的预测结果对比（试验结果）

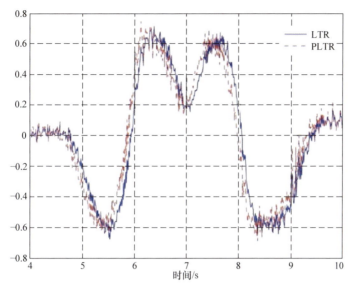

图 2.68 Double-Lane-Change 工况（试验结果）

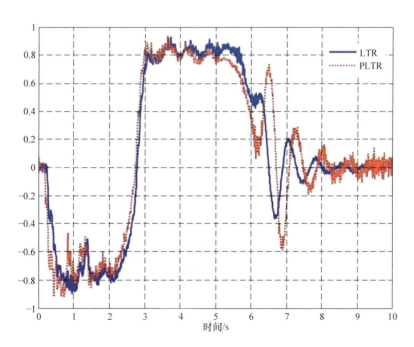

图 2.69 Fish-hook 工况（试验结果）

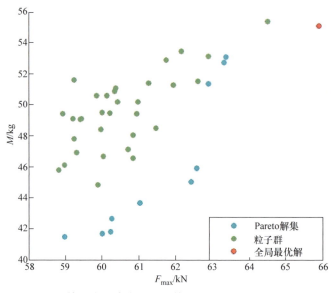

图 3.17 第五次迭代中粒子群算法获得的非支配解的分布

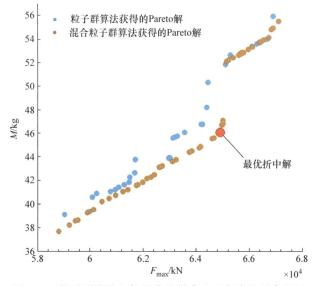

图 3.19 针对耐撞性和轻量化的结合人工免疫的混合粒子群优化与粒子群优化结果对比

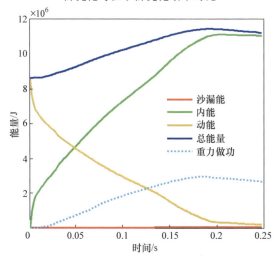

图 3.31 车身段侧翻碰撞中的能量变化

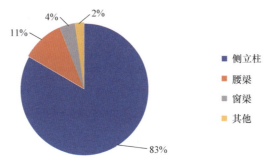

图 3.32　车身段各部分能量吸收比重

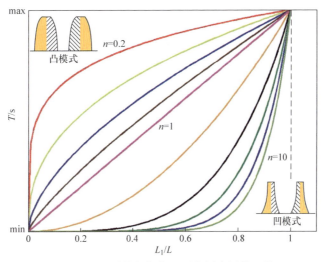

图 3.36　不同梯度指数 n 下的厚度幂律函数

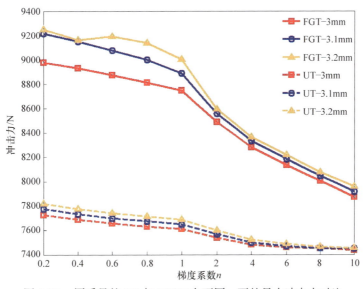

图 3.37　同质量的 UT 与 LFGT 在不同 n 下的最大冲击力对比

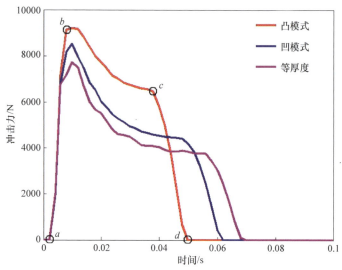

图 3.38 等质量下 UT 矩形管、凸模式 LFGT 和凹模式 LFGT 矩形管的冲击力变化过程

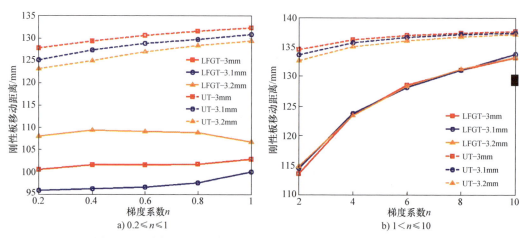

a) $0.2 \leqslant n \leqslant 1$

b) $1 < n \leqslant 10$

图 3.39 不同 η_{max} 的 LFGT 矩形管与 UT 矩形管的变形量对比分析

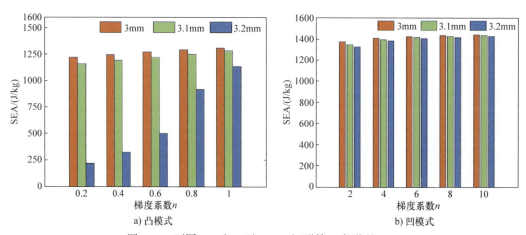

a) 凸模式

b) 凹模式

图 3.40 不同 η_{max} 和 n 下 LFGT 矩形管 A 部分的 SEA

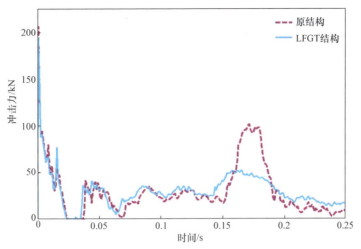

图 3.44 侧翻碰撞过程中冲击力变化

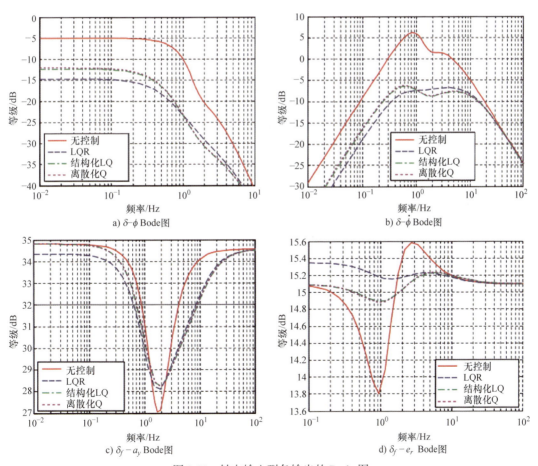

图 3.58 转向输入到各输出的 Bode 图

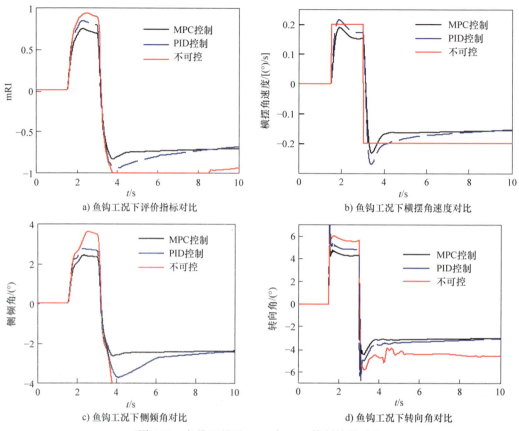

图 3.73 鱼钩工况下 MPC 与 PID 控制效果对比

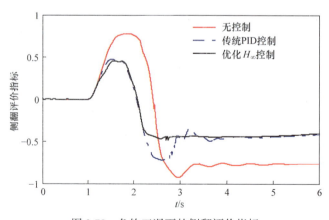

图 3.78 鱼钩工况下的侧翻评价指标

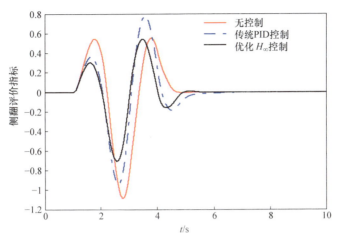

图 3.79 双移线工况下的侧翻评价指标

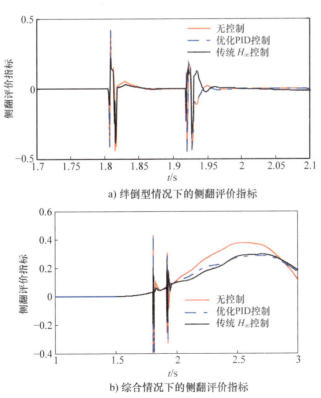

a) 绊倒型情况下的侧翻评价指标

b) 综合情况下的侧翻评价指标

图 3.80 不同情况下的侧翻评价指标对比

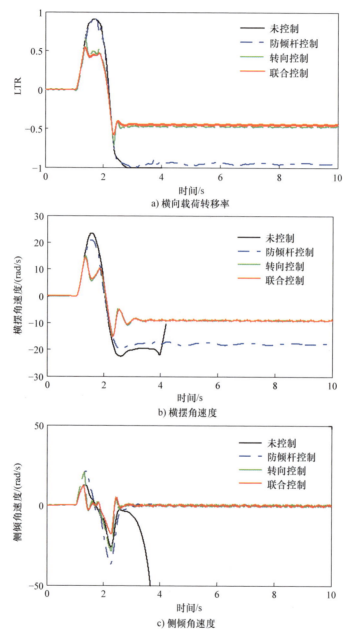

a) 横向载荷转移率

b) 横摆角速度

c) 侧倾角速度

图 3.87 转向与防倾杆的防侧翻联合控制

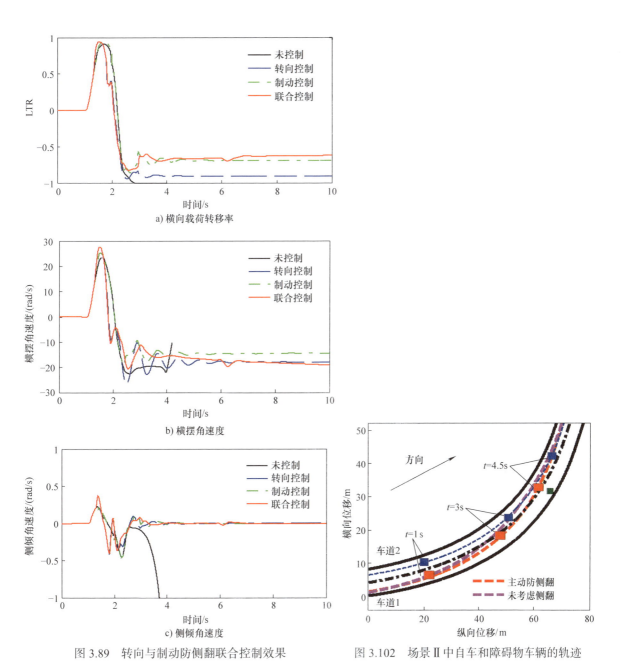

图 3.89 转向与制动防侧翻联合控制效果

图 3.102 场景Ⅱ中自车和障碍物车辆的轨迹

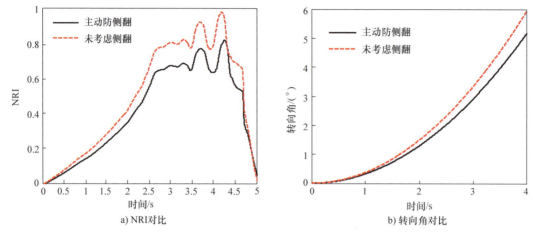

a) NRI对比　　　　　　　　b) 转向角对比

图 3.103　场景Ⅱ中主动防侧翻运动规划的防侧翻性能对比

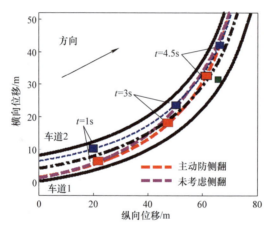

图 3.104　场景Ⅱ中自车和障碍物车辆的轨迹

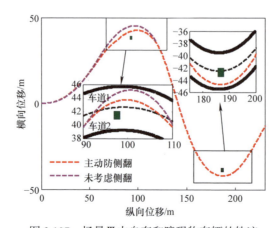

图 3.107　场景Ⅲ中自车和障碍物车辆的轨迹

汽车技术精品著作系列

汽车侧翻动力学及控制技术

金智林　彭志宁　编著

机械工业出版社

本书系统地介绍了汽车侧翻动力学建模、稳定性评价与预警、防侧翻控制技术、侧翻试验技术及其他的侧翻动力学分析技术。汽车侧翻动力学建模部分包括小型汽车侧翻模型、重型汽车侧翻模型，以及多体动力学侧翻模型。汽车侧翻稳定性评价部分包括非绊倒型侧翻评价指标、绊倒型侧翻评价，以及汽车侧翻预警技术。汽车防侧翻控制技术包括被动防侧翻措施与主动防侧翻控制技术，以及应用于智能汽车的防侧翻控制技术。汽车侧翻试验技术部分包括汽车静态侧翻试验、动态侧翻试验及防侧翻控制系统硬件在环试验。最后一部分为其他汽车侧翻动力学分析技术，包括汽车-驾驶员侧翻动力学分析、汽车追尾碰撞侧翻动力学分析，以及交变载荷汽车侧翻动力学分析。

本书可作为高等学校车辆工程专业、载运工具运用工程等专业的研究生教学用书，也可作为车辆工程专业本科生的选修课教材，还可作为从事车辆专业的技术人员的参考书。

图书在版编目（CIP）数据

汽车侧翻动力学及控制技术/金智林，彭志宁编著．—北京：机械工业出版社，2021.12

（汽车技术精品著作系列）

ISBN 978-7-111-69702-2

Ⅰ.①汽⋯　Ⅱ.①金⋯　②彭⋯　Ⅲ.①汽车动力学　Ⅳ.①U461.1

中国版本图书馆 CIP 数据核字（2021）第 245001 号

机械工业出版社（北京市百万庄大街22号　邮政编码100037）
策划编辑：孙　鹏　　　　责任编辑：孙　鹏　刘　煊
责任校对：陈　越　张　薇　封面设计：马精明
责任印制：张　博
涿州市京南印刷厂印刷
2022年1月第1版第1次印刷
184mm×260mm・17印张・10插页・432千字
0 001—1 500册
标准书号：ISBN 978-7-111-69702-2
定价：169.00元

电话服务　　　　　　　　　　网络服务

客服电话：010 - 88361066　　机　工　官　网：www.cmpbook.com
　　　　　010 - 88379833　　机　工　官　博：weibo.com/cmp1952
　　　　　010 - 68326294　　金　书　网：www.golden - book.com
封底无防伪标均为盗版　　　　机工教育服务网：www.cmpedu.com

前　言

近年来，汽车侧翻事故作为重要的安全问题，受到越来越多的关注。美国高速公路交通安全管理局统计数据表明，在汽车事故中，侧翻的危害程度仅次于碰撞事故，居第二位。因此，进行有关防侧翻技术的相关研究具有重要意义。

本书系统地介绍了汽车侧翻动力学及控制技术的基础理论与研究现状，内容包括汽车侧翻动力学建模技术、稳定性评价与预警技术、防侧翻控制技术、侧翻试验技术，以及其他侧翻动力学分析技术。全书共分5章。第1章介绍了SUV和重型汽车的侧翻动力学模型及多体动力学侧翻模型；第2章介绍了非绊倒型侧翻评价指标、将路面因素考虑在内的绊倒型侧翻评价指标，以及汽车侧翻预警技术等内容；第3章介绍了汽车被动防侧翻措施及汽车主动防侧翻控制技术，包括主动横向稳定杆防侧翻、主动悬架防侧翻、主动转向防侧翻、主动制动防侧翻，以及集成线控底盘防侧翻控制，并介绍了常用的防侧翻控制算法，以及应用于智能汽车的防侧翻控制技术；第4章介绍了汽车侧翻试验技术，包括静态侧翻试验法与动态侧翻试验法，以及防侧翻控制系统硬件在环试验平台设计与性能分析等内容；第5章介绍了汽车-驾驶员闭环系统侧翻动力学分析、汽车追尾碰撞侧翻动力学分析，以及诸如搅拌车、雷达车等交变载荷汽车的侧翻动力学分析。

本书涵盖了汽车侧翻动力学分析的基础知识与防侧翻控制技术的基础理论，为高等学校车辆专业师生及从事汽车专业的技术人员提供了一本较全面系统的有关汽车侧翻动力学分析技术的参考书。

本书由南京航空航天大学金智林、彭志宁编著。在编写过程中参考了国内外学者公开出版的相关教材、专著及研究论文，在此向这些资料作者们表示衷心的感谢。

本书的编写和出版得到了国家自然科学基金及江苏省自然科学基金的支持。编写过程中，得到了南京航空航天大学能源与动力学院车辆工程专业何少炜、胡志强、陈聪、黄舒伟等研究生的热情帮助，在此对他们表示感谢。

由于编者水平有限，书中缺点在所难免，敬请读者批评指正。

编　者

物理量符号及含义

符号	含义	符号	含义
A	迎风面积	F_{xi}	第 i 个轮胎纵向力
a	前轴到质心的纵向距离	F_{yi}	第 i 个轮胎侧向力
a_y	质心侧向加速度	F_{zl}/F_{zr}	左/右轮胎垂向力
a_x	质心纵向加速度	F_{zlf}/F_{zlr}	左前/后轮胎垂向力
a_{ythr}	最小侧向加速度阈值	F_{zrf}/F_{zrr}	右前/后轮胎垂向力
b	后轴到质心的纵向距离	F_{yf}/F_{yr}	前/后轴轮胎侧向力
b_m	电机阻尼比系数	F_{sf1}/F_{sr1}	前/后轴左侧悬架力
b	阻力系数	F_{sf2}/F_{sr2}	前/后轴右侧悬架力
C_d	悬架等效阻尼系数	F_w	迎风阻力
C_e	电机反电动势系数	G	扭杆切变模量
C_h	控制时域	G_r	稳态增益
c	随动桥到质心的水平距离	g	重力加速度
c_φ	悬架等效侧倾阻尼	h	整车质心距地面高度
c_f/c_r	前、后轴侧倾转向等效系数	h_s	簧载质量质心高度
c_{sf1}/c_{sf2}	前悬架左侧/右侧垂向阻尼	h_{us}	非簧载质量质心高度
c_{sr1}/c_{sr2}	后悬架左侧/右侧垂向阻尼	h_{uf}	前轴非簧载质量质心高度
D	扭杆直径	h_{ur}	后轴非簧载质量质心高度
d	碰撞点到质心距离	h_S	整车质心距悬架高度
E_{kx}	纵向行驶动能	h_a	侧倾力臂
E_{ky}	侧向行驶动能	h_c	侧倾中心高度
E_{kr}	侧倾转动动能	h_{cf}/h_{cr}	前、后轴侧倾中心的高度
E_{cr}	侧倾临界能量	h_{init}	初始质心高度
E_{pg}	重力势能	h_f/h_r	前、后侧倾轴到地面的距离
E_{pk}	弹性势能	h_R	簧载质量质心到侧倾中心距离
e	碰撞恢复系数	h_{lf}/h_{lr}	前、后轴簧载质量的质心到侧倾中心的距离
e_R	侧翻指标误差		
F_s	悬架力	I_x	整车绕 x 轴转动惯量
F_{sl}/F_{sr}	左、右悬架力	I_y	整车绕 y 轴转动惯量
F_P	侧向拉力	I_z	整车绕 z 轴转动惯量
F_x	轮胎纵向力	I_{xs}	簧载质量绕 x 轴的转动惯量
F_y	轮胎侧向力	I_{xus}	非簧载质量绕 x 轴转动惯量
F_z	轮胎垂向力	I_{xf}/I_{xr}	前、后轴簧载质量转动惯量

（续）

符号	含义	符号	含义
i	电机电流	q_1, q_2	驾驶员经验参数
j_i	车轮转动惯量	R	转弯半径
J_m	电机转动惯量	R_i	车轮半径
K_d	驾驶员闭环增益	R_M	电机电阻
K_e	横摆率增益	R_e	驱动电路采样电阻
K_P	比例系数	r_m	直流电机等效电阻
K_D	积分系数	r_1/r'_1	撞击车辆碰撞前/后汽车横摆角速度
K_I	微分系数	r_2/r'_2	被撞车辆碰撞前/后汽车横摆角速度
K_T	电磁转矩系数	T	轮距
k_b	车身扭转刚度	T_f/T_r	前/后轴轮距
k_φ	悬架等效侧倾刚度	T_d	微分时间常数
k_t	轮胎等效侧倾刚度	T_i	积分时间常数
k_m	电机转矩系数	T_{di}	驱动力矩
k_f, k_r	前、后轮侧偏刚度	T_m	电磁转矩
k_{sf1}/k_{sf2}	前悬架左侧/右侧垂向刚度	T_N	减速器输出转矩
k_{sr1}/k_{sr2}	后悬架左侧/右侧垂向刚度	t_d	驾驶员神经系统延迟时间
L	轴距	t_m	驾驶员肌肉系统延迟时间
L_M	电机电感	t_r	转向操作滞后时间
l_s	左右悬架距离	t_{rc}	临界时滞
m	整车质量	U_e	电机输入电压
m_s	簧载质量	u	纵向车速
m_{us}	非簧载质量	u_φ	搅拌车侧向滑移车速
m_{ui}	轮毂电机质量	u_1/u'_1	撞击车辆碰撞前/后汽车纵向速度
m_f/m_r	质心前/后部总质量	u_2/u'_2	被撞车辆碰撞前/后汽车纵向速度
m_{sf}/m_{sr}	前/后轴簧载质量	v	侧向车速
m_{uf}/m_{ur}	前/后轴非簧载质量	v_1/v'_1	撞击车辆碰撞前/后汽车侧向速度
M_x	x 方向总力矩	v_2/v'_2	被撞车辆碰撞前/后汽车侧向速度
M_y	y 方向总力矩	y	汽车质心横向位移
M_z	z 方向总力矩	$x_A/y_A/z_A$	碰撞点距质心坐标距离
M_b	车轮制动力矩	y_d	输出期望
M_B	修正横摆力矩	y_r	输出参考值
M_w	防倾杆产生的侧倾力矩	y_s	输出状态
M_φ	主动横向稳定杆产生的侧倾力矩	z_r	路面垂向输入
N_i	减速器传动比	z_s	簧载质量垂向位移
P_h	预测时域	z_u	非簧载质量垂向位移
P_x, P_y	碰撞冲量	z_{f1}/z_{f2}	左/右前轮路面输入

(续)

符号	含义	符号	含义
z_{r1}/z_{r2}	左/右后轮路面输入	ρ	权重系数
z_{sf}/z_{sr}	前轴/后轴簧载质量垂向位移	ε_1	松弛因子
z_{sf1}/z_{sf2}	前轴簧载质量左侧/右侧垂向位移	η	抗侧翻稳定系数
z_{sr1}/z_{sr2}	后轴簧载质量左侧/右侧垂向位移	β	汽车质心侧偏角
z_{uf}/z_{ur}	前轴/后轴非簧载质量垂向位移	β_f/β_r	前、后轮侧偏角
z_{uf1}/z_{uf2}	前轴非簧载质量左侧/右侧垂向位移	θ	俯仰角
z_{ur1}/z_{ur2}	后轴非簧载质量左侧/右侧垂向位移	θ_R	路面纵向坡度角
φ	侧倾角	θ_N	独立扭杆转角
$\dot{\varphi}$	侧倾率	θ_i	碰撞车辆初始时刻与 x 轴夹角
$\dot{\varphi}'$	碰撞后侧倾率	δ	前轮转角
φ_s	簧载质量侧倾角	δ_{sw}	方向盘输入转角
φ_d	期望路径侧偏角	δ_c	驾驶员侧倾反应输入前轮转角
φ_0	TTR 侧翻阈值	ω_m	电机转速
φ_{sc}	悬架临界侧倾角	ω	信号频率变量
$\varphi_{sf}/\varphi_{sr}$	前/后轴簧载质量侧倾角	ψ	横摆角
$\varphi_{uf}/\varphi_{ur}$	前/后轴非簧载质量侧倾角	σ	车轮外倾角
φ_R	路面横向坡度角	ζ	碰撞点与中轴夹角
φ_e	试验台侧倾角	Γ	坐标系间夹角

缩 略 词

缩略词	英文全称	释义
AARB	Active Anti-Roll Bar	主动横向稳定杆
ABS	Antilock Brake System	制动防抱死系统
ADAM	Automatic Dynamic Analysis of Mechanical	动力学仿真分析
ARCS	Active Roll Control System	主动侧倾控制系统
ASS	Active Suspension System	主动悬架
BP	Back Propagation	反向传播
CG	Center of Gravity	质心
CAB	Curtain Airbag	头部侧气帘
CAE	Computer Aided Engineering	计算机辅助工程
DSF	Dynamics Stability Factor	动态稳定性因子
ECU	Electric Control Unit	电子控制单元
ECE	Economic Commission for Europe	欧盟汽车标准法规
EHBS	Electro-Hydraulic Braking System	电子液压制动系统
EMBS	Electromechanical Braking System	电子机械制动系统
EPS	Electric Power Steering	电子助力转向
ERI	Energy Rollover Index	能量侧翻评价指标
ESC	Electronic Stability Controller	电子稳定控制装置
ESP	Electronic Stability Program	车身电子稳定系统
FEM	Finite Element Method	有限元法
FMVSS	Flammability of Materials Used in the Occupant Compartments of Motor Vehicles	交通工具车厢内饰材料的燃烧测试
GM	General Motors	通用汽车
HIC	Head Injury Criterion	头部伤害标准
HIL	Hardware-in-the-Loop	硬件在环
IC	Inflatable Curtain	帘式气囊
ISO	International Organization for Standardization	国际标准化组织
LFGT	Local Functionally Graded Thickness	局部梯度函数变厚度矩形管
LMI	Linear Matrix Inequality	线性矩阵不等式
LQR	Linear Quadratic Regulator	线性二次型调节器
LTR	Lateral-Load Transfer Ratio	横向载荷转移率
MCLK	Master Clock	主控时钟
MSC	Mechanical Simulation Corporation	机械仿真公司

(续)

缩略词	英文全称	释义
MPC	Model Predictive Control	模型预测控制
NHTSA	National Highway Traffic Safety Administration	美国高速公路安全管理局
NI	National Instruments	美国国家仪器公司
NCAP	New Car Assessment Programme	新车评价规程
NRI	New Rollover Index	新的侧翻评价指标
NERI	Normalized Energy Rollover Index	归一化能量侧翻评价指标
OEM	Original Equipment Manufacturer	原始开发厂商
PC	Personal Computer	个人计算机
PID	Proportional – Integral – Derivative	比例-积分-微分
PLL	Phase – Locked Loop	锁相环路
PLTR	Predictive Lateral – Load Transfer Ratio	预测型LTR
PSO	Particle Swarm Optimization	粒子群优化算法
PWM	Pulse Width Modulation	脉宽调制
RC	Rolling Center	侧倾中心
RI	Rollover Index	评价指标
SAE	Society of Automotive Engineers	美国汽车工程师学会
SD	Signed Distance	符号距离
SEA	Specific Energy Absorption	比吸能
SSF	Static Stability Factor	静态稳定因子
SPR	Side Pull Ratio	侧拉比例系数
SUV	Sport Utility Vehicle	运动型多功能汽车
SPLTR	Secondary Predictive Lateral – Load Transfer Ratio	二次预测型LTR
TTR	Time to Rollover	侧翻预警时间
T_{TR}	Tilt Table Ratio	侧倾试验台比例系数
UT	Unit Thickness	等厚度矩形管
V2I	Vehicle – to – Infrastructure	车对路通信
V2V	Vehicle to Vehicle	车对车通信
V2X	Vehicle to Everything	车对外界其他通信

目　录

前言
物理量符号及含义
缩略词

第1章　汽车侧翻动力学建模技术 …… 1
1.1　SUV侧翻动力学模型 …… 1
1.1.1　单自由度侧倾动力学模型 …… 1
1.1.2　横向-横摆-侧倾耦合动力学模型 …… 4
1.1.3　纵向-横向-横摆-侧倾耦合动力学模型 …… 11
1.1.4　垂向-横向-横摆-侧倾耦合动力学模型 …… 13
1.1.5　轮毂电机汽车侧翻动力学模型 …… 20
1.1.6　分布式驱动电动汽车侧翻动力学模型 …… 25
1.2　重型汽车侧翻动力学模型 …… 30
1.2.1　重型汽车非簧载质量侧翻动力学模型 …… 30
1.2.2　三轴式汽车侧翻动力学模型 …… 34
1.2.3　铰接式货车侧翻动力学模型 …… 40
1.3　多体动力学侧翻模型 …… 48
1.3.1　CarSim模型 …… 48
1.3.2　TruckSim模型 …… 56
1.3.3　ADAMS模型 …… 61
1.4　本章小结 …… 66

第2章　汽车侧翻稳定性评价与预警技术 …… 67
2.1　非绊倒型汽车侧翻评价指标 …… 67
2.1.1　静态侧翻评价指标 …… 67
2.1.2　动态稳定因子 …… 71
2.1.3　横向载荷转移率 …… 76
2.1.4　基于LTR的其他评价指标 …… 80
2.1.5　基于能量法的评价指标 …… 83
2.2　绊倒型汽车侧翻稳定性评价 …… 88
2.2.1　不平路面汽车侧翻稳定性评价 …… 88
2.2.2　单侧车轮离地汽车侧翻稳定性评价 …… 96
2.2.3　重型汽车侧翻稳定性评价 …… 99
2.3　汽车侧翻预警技术 …… 105
2.3.1　动态稳定性侧翻预警 …… 105
2.3.2　预测型汽车侧翻预警 …… 107

  2.3.3 二次预测汽车侧翻预警 ………………………………………… 109
 2.4 本章小结 ………………………………………………………………… 115
第3章 汽车防侧翻控制技术 ……………………………………………… 116
 3.1 被动防侧翻措施 ………………………………………………………… 116
  3.1.1 安全带及安全气囊 …………………………………………… 116
  3.1.2 SUV 结构设计与优化 ………………………………………… 120
  3.1.3 客车结构设计与优化 ………………………………………… 131
 3.2 主动防侧翻控制技术 …………………………………………………… 143
  3.2.1 主动横向稳定杆防侧翻控制 ………………………………… 143
  3.2.2 主动悬架防侧翻控制 ………………………………………… 154
  3.2.3 主动转向防侧翻控制 ………………………………………… 163
  3.2.4 主动制动防侧翻控制 ………………………………………… 167
  3.2.5 集成线控底盘防侧翻控制 …………………………………… 173
 3.3 智能汽车防侧翻控制技术 ……………………………………………… 185
  3.3.1 路径规划防侧翻控制 ………………………………………… 185
  3.3.2 路径跟踪防侧翻控制 ………………………………………… 194
  3.3.3 基于 V2X 智能车防侧翻控制 ………………………………… 202
 3.4 本章小结 ………………………………………………………………… 204
第4章 汽车侧翻试验技术 ………………………………………………… 206
 4.1 汽车静态侧翻试验 ……………………………………………………… 206
  4.1.1 SSF 试验法 …………………………………………………… 206
  4.1.2 侧拉试验法 …………………………………………………… 206
  4.1.3 倾斜台试验法 ………………………………………………… 207
 4.2 汽车动态侧翻试验 ……………………………………………………… 208
  4.2.1 Fish-Hook 工况测试 ………………………………………… 208
  4.2.2 Dolly 侧翻测试 ……………………………………………… 209
  4.2.3 斜坡侧翻测试 ………………………………………………… 211
  4.2.4 路缘绊倒测试 ………………………………………………… 212
 4.3 汽车防侧翻控制系统硬件在环试验 …………………………………… 214
  4.3.1 汽车防侧翻控制系统硬件在环试验平台 …………………… 214
  4.3.2 汽车侧翻预警器及控制器的软/硬件设计 ………………… 217
  4.3.3 电子机械制动系统设计及性能分析 ………………………… 221
  4.3.4 汽车防侧翻性能试验分析 …………………………………… 225
 4.4 本章小结 ………………………………………………………………… 228
第5章 其他汽车侧翻动力学分析技术 ……………………………………… 229
 5.1 汽车-驾驶员闭环系统汽车侧翻动力学分析 ………………………… 229
  5.1.1 汽车-驾驶员闭环系统侧翻稳定性分析 …………………… 229
  5.1.2 驾驶员参数影响汽车侧翻稳定性分析 ……………………… 237
 5.2 汽车追尾碰撞侧翻动力学分析 ………………………………………… 241

| 5.2.1 汽车追尾碰撞建模 ……………………………………………… 241
| 5.2.2 追尾碰撞模型验证 ………………………………………………… 244
| 5.3 交变载荷汽车侧翻动力学分析 …………………………………………… 246
| 5.3.1 混凝土搅拌车侧翻稳定性分析 …………………………………… 246
| 5.3.2 雷达车的侧翻稳定性分析 ………………………………………… 249
| 5.3.3 军用特种车辆侧翻稳定性分析 …………………………………… 251
| 5.4 本章小结 …………………………………………………………………… 253
| 参考文献 ……………………………………………………………………………… 254

第1章

汽车侧翻动力学建模技术

汽车侧翻动力学模型是研究汽车侧翻问题的基础,其形式和复杂程度因不同的研究目的而异。为了研究汽车侧翻动力学的一般规律,可以抓住汽车侧翻的主要特征,而对其他影响因素进行简化,建立简单的侧翻动力学模型。若需要研究某些特定类型汽车特殊行驶工况的侧翻行为,则考虑的因素必须更加接近汽车的实际运行环境,才能更真实地了解汽车的侧倾特性,反映汽车特殊工况的侧翻规律,有助于更好地对汽车抗侧翻功能施加控制。从不同研究目的出发,国内外学者建立的汽车侧翻模型主要有以下几类。

1.1 SUV 侧翻动力学模型

1.1.1 单自由度侧倾动力学模型

侧倾运动是导致侧翻事故发生的主因,建立一个适当的模型来描述侧倾运动是研究车辆侧翻的基础。因此,研究者提出了描述汽车侧倾运动的单自由度侧倾模型[1]。虽然单自由度侧倾模型忽略了轮胎等非簧载质量对侧倾的影响,但它包含了影响车辆侧倾稳定性的主要参数,如簧载质量、侧倾中心、悬架侧倾性能,并可用于描述车辆侧倾动力学的主要特征。因此,单自由度模型是研究和分析车辆侧倾的基础。单自由度侧倾动力学模型只有侧倾运动一个自由度,如图 1.1 所示。

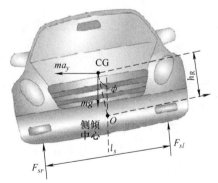

a) 车辆单自由度侧倾动力学模型　　　　b) 单自由度侧倾模型中车身运动

图 1.1　侧倾动力学模型和车身运动

整车质量为 m,绕 CG 的侧倾转动惯量为 I_x,左右悬架距离为 l_s,簧载质量质心距侧倾

中心的距离为 h_R，车辆侧向加速度为 a_y，左、右悬架作用力分别是 F_{sl} 和 F_{sr}，总的侧向轮胎力为 F_{lat}。根据车辆侧向动力学有：

$$F_y = ma_y \tag{1.1}$$

应指出达朗贝尔力 F_y 施加在图 1.1 所示的车辆质心 CG 处，车辆为准静态系统。对 O 点取矩，侧向动力学方程写为：

$$(I_{xx} + mh_R^2)\ddot{\varphi} = \sum M_x$$
$$= F_y h_R \cos\varphi + mgh_R \sin\varphi + F_{sl}\frac{l_s}{2} - F_{sr}\frac{l_s}{2} \tag{1.2}$$

悬架作用力 F_{sl} 和 F_{sr} 分别作用在两侧的悬架弹簧上，如图 1.2 所示。由侧倾导致的作用在左侧的簧载变化量如下：

$$z_{sl} = \frac{l_s}{2}\sin\varphi \tag{1.3}$$

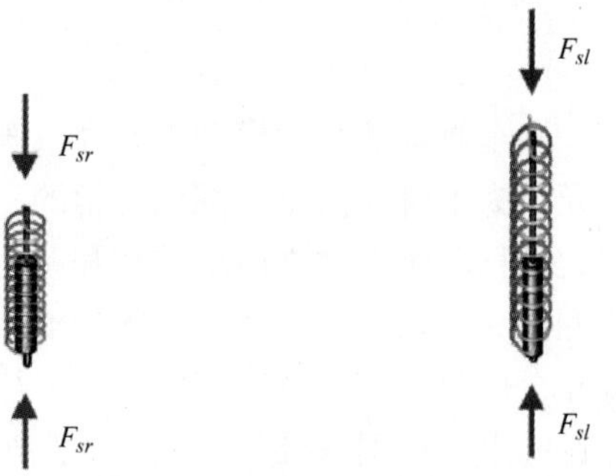

作用在右侧的簧载变化量：

$$z_{sr} = \frac{l_s}{2}\sin\varphi \tag{1.4}$$

图 1.2 悬架作用力

而且，动态悬架作用力为：

$$F_{sl} = -k_\varphi \frac{l_s}{2}\sin(\varphi)$$
$$F_{sr} = k_\varphi \frac{l_s}{2}\sin(\varphi) \tag{1.5}$$

由式（1.5）得：

$$F_{sl} - F_{sr} = -k_\varphi l_s \sin(\varphi) \tag{1.6}$$

将式（1.6）代入式（1.2）得：

$$(I_{xx} + mh_R^2)\ddot{\varphi} = F_y h_R \cos\varphi + mgh_R \sin\varphi - \frac{1}{2}k_\varphi l_s^2 \sin\varphi \tag{1.7}$$

式（1.7）没有考虑阻尼力。考虑悬架阻尼与刚度的侧向动力学参考式为：

$$(I_{xx} + mh_R^2)\ddot{\varphi} = F_z h_R \cos\varphi + mgh_R \sin\varphi - \frac{1}{2}k_\varphi l_s^2 \sin\varphi - \frac{1}{2}c_\varphi l_s^2 \dot{\varphi}\cos\varphi \tag{1.8}$$

这里的侧倾动力学是基于具有侧向加速度项 a_y 的侧向动力学。通过简化根据侧向轮胎力和侧向动力学建立的扩展项，可以避免侧倾运动的侧向运动的复杂耦合项。此外，应假定变量 a_y 可测，为已知输入。

不考虑侧倾角，左右轮胎作用于路面的静态力是 $mg/2$，作用于路面的全部轮胎力（包括动态力和静态力）为：

$$F_{zl} = \frac{mg}{2} + F_{sl} = \frac{mg}{2} - k_\varphi \frac{l_s}{2}\sin\varphi - c_\varphi \frac{l_s}{2}\dot{\varphi}\cos\varphi \tag{1.9}$$

$$F_{zr} = \frac{mg}{2} + F_{sr} = \frac{mg}{2} + k_\varphi \frac{l_s}{2}\sin\varphi + c_\varphi \frac{l_s}{2}\dot{\varphi}\cos\varphi \tag{1.10}$$

悬架作用力方向按下述方法给出。

在单自由度模型的推导中,假设悬架作用力总是垂直作用在簧载质量上,如图1.1所示,式(1.11)给出了簧载质量的侧倾运动:

$$(I_{xx} + mh_R^2)\ddot{\varphi} = F_z h_R \cos\varphi + mgh_R \sin\varphi + \frac{l_s}{2}(F_{sl} - F_{sr}) \qquad (1.11)$$

悬架作用力总是作用在垂直方向,如图1.3所示。

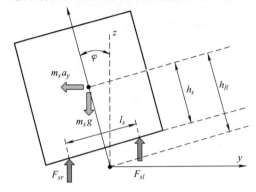
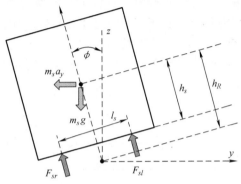

a) 悬架作用力保持垂直　　　　　　　b) 悬架作用力垂直于簧载质量

图1.3 悬架作用力的不同方向

此时,簧载质量的侧向动力学如式(1.12):

$$(I_{xx} + mh_R^2)\ddot{\varphi} = F_z h_R \cos\varphi + mgh_R \sin\varphi + \frac{l_s}{2}(F_{sl} - F_{sr})\cos\varphi - (F_{sl} + F_{sr})(h_R - h_s)\sin\varphi$$

(1.12)

因为:
$$F_{sl} + F_{sr} = mg$$

所以:
$$(I_{xx} + mh_R^2)\ddot{\varphi} = ma_y h_R \cos\varphi + mgh_R \sin\varphi + \frac{l_s}{2}(F_{sl} - F_{sr})\cos\varphi \qquad (1.13)$$

因此,式(1.11)与式(1.13)的主要差别在于重力项系数中用h_s代替h_R,两个模型其余部分均相似。

为了进一步说明单自由度车辆侧倾模型中的输入-输出关系,解式(1.13)非齐次线性微分方程得到$a_y - \varphi$映射关系,如图1.4所示。显然,侧向加速度的绝对值越大,侧倾角越大。

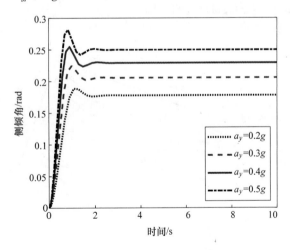

图1.4 单自由度模型$a_y - \varphi$关系

1.1.2 横向-横摆-侧倾耦合动力学模型

对于曲线运动引起的侧翻,造成汽车侧翻的主要因素是离心力,这个力的大小与汽车的速度、转向特性、轮胎的侧偏特性等有关。因此,为了能更全面地分析汽车侧翻特性与汽车各部件参数之间的关系,需要建立汽车的侧向动力学模型。最简单的汽车侧向动力学模型为二自由度模型,也称为"自行车"模型[2-3],如图1.5所示。该模型可以用来研究汽车侧向动力学因素对汽车操纵稳定性的影响,包括轮胎的侧偏特性,轮胎与路面的附着力系数,汽车质心位置以及汽车结构参数等。简单的汽车侧向动力学模型是研究汽车曲线运动的基础,结合汽车侧倾平面模型,可以建立研究汽车侧翻动力学规律的三自由度汽车侧倾模型。

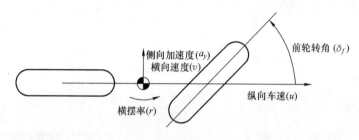

图1.5 自行车模型

三自由度汽车侧倾模型[4,5]是研究汽车侧倾运动的最为基础的模型。该模型由"自行车"模型和侧倾平面模型组成,包括汽车横向运动、横摆运动以及侧倾运动,如图1.6所示。运用理论力学可以得到这三个自由度方向反映的汽车侧翻运动特性的数学模型,根据数学模型可以分析汽车侧翻指标,以及汽车结构参数和随机因素对侧倾运动的影响。由于该模型简单,对汽车侧倾特性的研究又具有很重要的价值,因此,该模型成为应用集中质量模型进行汽车侧翻研究的基础。

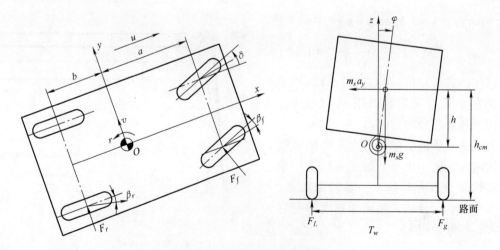

图1.6 三自由度汽车侧倾模型

1. 动力学分析

三个自由度为车辆的横向、横摆、侧倾运动,必须注意的是,为了简化理论研究的需要，建立数学模型时应做如下假设：

1) 忽略汽车的纵向动力学特征。汽车做稳态转向，故不考虑纵向运动的影响。
2) 忽略汽车垂向和俯仰方向的动力学特性，其中轮胎和悬架的垂向刚度和阻尼通过简化计算等效为侧倾刚度和阻尼。
3) 不考虑侧向风的影响，忽略其作用力的大小和方向。
4) 忽略悬架及轮胎的非线性因素。
5) 假设汽车左右轮动力学关于 x 轴对称。
6) 忽略非簧载质量以及前后轴不同特性对汽车侧翻特性的影响。
7) 假设侧倾角很小，横向速度以及横摆角速度相对车速很小，均可做线性化处理。
8) 在轮胎相对汽车转角很小的情况下，汽车质心位置的纵向前进速度 u 近似为一个常数。

根据上述假设，考虑三个自由度之间的耦合影响，根据达朗贝尔原理分别列出侧向运动的力平衡、横摆运动的力矩平衡，以及侧倾运动的力矩平衡关系式。

整车侧向力平衡：考虑簧载质量侧倾方向的耦合以及较大的前轮转角影响，可以得到：

$$ma_y - m_s h \ddot{\varphi} = 2F_f \cos\delta + 2F_r \tag{1.14}$$

整车横摆力矩平衡：忽略侧倾与横摆方向的转动惯性积的影响，列出绕 z 轴的力矩平衡方程可得：

$$I_z \dot{r} = 2aF_f \cos\delta - 2bF_r \tag{1.15}$$

簧载质量侧倾力矩平衡：忽略非簧载质量以及前后轴不同特性对侧翻的影响，列出簧载质量绕 x 轴的力矩平衡方程可得：

$$I_x \ddot{\varphi} - m_s a_y h = m_s g h \varphi - c_\varphi \dot{\varphi} - k_\varphi \varphi \tag{1.16}$$

根据汽车理论[6]，汽车横向加速度由横向速度的导数和车速与横摆角速度的乘积两部分构成，即：

$$a_y = \dot{v} + ur \tag{1.17}$$

式中 m——汽车质量；
  r——汽车的横摆角速度；
  m_s——汽车的簧载质量；
  g——重力加速度；
  I_z——汽车绕 z 轴的转动惯量；
  I_x——汽车绕侧倾中心的转动惯量；
  c_φ——悬架的等效侧倾阻尼；
  k_φ——悬架的等效侧倾刚度；
  u、v——分别为车辆坐标系中纵向和侧向速度；
  a、b——分别为质心到前后轴的距离；
  δ——前轮转角；
  φ——簧载质量侧倾角；
  h——汽车簧载质量重心的高度；
  F_f、F_r——分别为前后轮侧向力。

轮胎与地面的接触力可分解为侧向力和纵向力。纵向力可以满足汽车前进和制动的需要，侧向力提供汽车转向所需的动力，是影响汽车侧滑、甩尾以及侧翻的主要作用力。在进行汽车侧翻研究时，需要建立轮胎的侧向动力学模型，图1.7所示为前轮侧向力与速度及前轮转角的关系图。

为了简化汽车侧翻动力学特性的理论研究，忽略轮胎侧偏力中非线性因素的影响。由坐标系规定可知，负的侧向力与正的轮胎侧偏角对应，因此得到汽车前后轮的线性侧向力模型为：

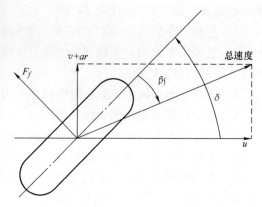

图1.7 前轮侧向力与速度及前轮转角的关系图

$$F_f = -k_f\beta_f, F_r = -k_r\beta_r \quad (1.18)$$

式中 k_f——前轮侧偏刚度；

k_r——后轮侧偏刚度。

根据图1.6中的矢量几何关系可以得到前轮的轮胎侧偏角为：

$$\beta_f = \arctan\left(\frac{v+ar}{u}\right) - \delta \quad (1.19)$$

对于只有前轮转向的汽车而言，后轮的轮胎侧偏角为：

$$\beta_r = \arctan\left(\frac{v-br}{u}\right) \quad (1.20)$$

应该指出，式（1.14）和式（1.15）中的轮胎侧偏角是根据几何关系推导而得的。汽车在实际转弯行驶时，即使方向盘转角固定不动，由于簧载质量侧倾会使得悬架导向杆系和转向杆系的运动变形。此时，车轮会绕主销有小角度的转动，从而引起轮胎侧偏角发生变化。同时，车轮行驶时并不是严格垂直地面的，设计时车轮相对于地面垂直平面存在一定的外倾角，当簧载质量侧倾时，车轮外倾角发生变化，也会引起轮胎侧偏角的变化。因此，在研究汽车侧翻时，需要考虑簧载质量侧倾后各种因素对轮胎侧偏角的影响，并对式（1.19）和式（1.20）加以修正。

定义前后轮等效侧偏刚度为：

$$k_1 = -2k_f\zeta_f\cos(\delta), k_2 = -2k_r\zeta_r \quad (1.21)$$

把式（1.18）及式（1.21）代入式（1.5）可得汽车侧翻系统微分方程为：

$$\begin{cases} m\dot{v} - m_sh\ddot{\varphi} - \dfrac{k_1+k_2}{u}v - \left(\dfrac{ak_1-bk_2}{u} - mu\right)r + (k_1c_f+k_2c_r)\varphi + k_1\delta = 0 \\ I_z\dot{r} - \left(\dfrac{ak_1-bk_2}{u}\right)v - \left(\dfrac{a^2k_1+b^2k_2}{u}\right)r + (ak_1c_f-bk_2c_r)\varphi + ak_1\delta = 0 \\ I_x\ddot{\varphi} - m_sh\dot{v} + c_\varphi\dot{\varphi} - m_shur + (k_\varphi - m_sgh)\varphi = 0 \end{cases} \quad (1.22)$$

由于在上述建模过程中对轮胎侧偏力做了线性化假设，因此式（1.22）是一组线性常微分方程。

在现代控制理论中，通常采用状态空间法来描述受控系统的输入 – 状态 – 输出关系。对于式（1.8）所描述的三自由度汽车侧翻系统，其状态空间本应为6维。但是，如果注意到式（1.22）中前两个方程是横向速度 v 及横摆角速度 r 的一阶微分方程，即该系统的状态微

分方程组已具有两个独立的首次积分,因此系统状态空间可缩减为4维。取系统的状态变量为:

$$x(t) = [x_1(t)\; x_2(t)\; x_3(t)\; x_4(t)]^T = [v\; r\; \varphi\; \dot{\varphi}]^T$$

代入式(1.6)并简化,得到系统的状态方程为:

$$\dot{x}(t) = f[x(t), \sigma] \tag{1.23}$$

其中:

$$f_1 = \frac{(-2k_f\beta_f\cos\delta - 2k_r\beta_r)I_x + m_s^2h^2g\sin\phi - m_shk_\varphi\phi - m_shc_\varphi\dot{\phi} - (mI_x - m_s^2h^2)ur}{mI_x - m_s^2h^2}$$

$$f_2 = \frac{2bk_r\beta_r - 2ak_f\beta_f\cos\delta}{I_z}, f_3 = x_4$$

$$f_4 = \frac{(-2k_f\beta_f\cos\delta - 2k_r\beta_r)m_sh + m_shmg\sin\varphi - mk_\varphi\varphi - mc_\varphi\dot{\varphi}}{mI_x - m_s^2h^2}$$

$$\gamma = (\delta, u, m, m_s, h, I_x, I_z, k_f, k_r, k_\varphi, c_\varphi, a, b)^T$$

2. 仿真结果

为了进一步说明三自由度车辆侧倾模型中的输入-输出关系,通过搭建 Simulimk 模型,给定方向盘转角输入,得到侧向、横摆及侧倾方向的参数输出。根据式(1.22),搭建 Simulink 模型如图 1.8 所示,其他车辆参数设置见表 1.1。分别选择典型侧翻工况 J-turn 工况(阶跃工况)、Fish-hook 工况(鱼钩工况)与 Double Lane Change 工况(双移线工况)进行仿真。方向盘转角输入分别如图 1.9、图 1.11、图 1.13 所示。同时,图 1.10、图 1.12 与图 1.14 分别给出了三种工况下侧倾角、侧倾角速度、横摆角速度与侧向加速度的仿真输出结果。

表 1.1 SUV 参数表

参数	值	参数	值
总质量 m	1862kg	簧载质量质心高度 h_s	1m
簧载质量 m_s	1592kg	非簧载质量质心高度 h_{us}	0.385m
非簧载质量 m_{us}	270kg	侧倾力臂 h_a	0.75m
簧载质量侧倾转动惯量 I_x	614kg·m²	悬架等效侧倾刚度 k_φ	187500N·m/rad
横摆转动惯量 I_z	3100kg·m²	悬架等效阻尼系数 c_φ	11422N·m·s/rad
前轴到质心的距离 a	1.18m	前轮等效侧偏刚度 k_f	73399N/rad
后轴到质心的距离 b	1.77m	后轮侧偏刚度 k_r	74788N/rad
轮距 T	1.575m	轮胎等效侧倾刚度 k_t	89616N·m/rad
总质心高度 h	0.91m		

(1) J-turn 工况

J-turn 工况下设置车速为 80km/h,方向盘转角为 90°,方向盘角速度为 450°/s。从图 1.10 可知,在该工况下,当输入方向盘转角后,侧倾角与横摆角持续增加,直至到达稳定状态,而侧倾角速度与侧向加速度在转角输入后的 1s 内到达峰值,之后小幅振荡,后在 $t=4$s 后恢复 0 值。

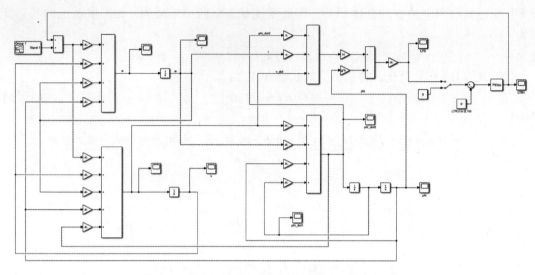

图 1.8　横向 – 横摆 – 侧倾三自由度 Simulink 模型

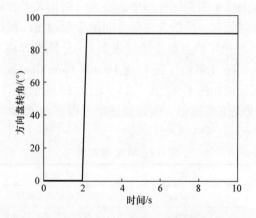

图 1.9　J – turn 工况方向盘转角输入

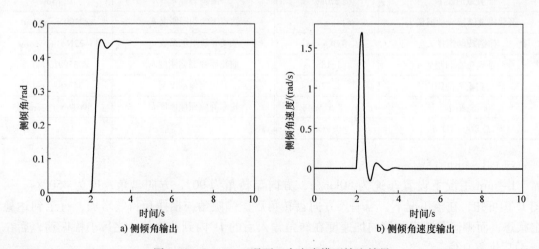

a) 侧倾角输出　　　　　　　　　　　　b) 侧倾角速度输出

图 1.10　J – turn 工况下三自由度模型输出结果

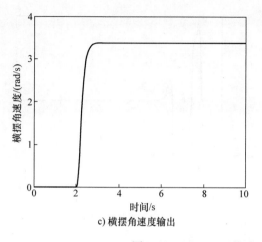
c) 横摆角速度输出

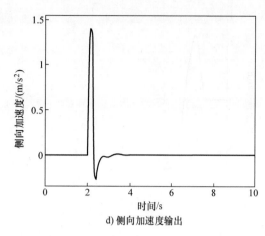
d) 侧向加速度输出

图 1.10　J-turn 工况下三自由度模型输出结果（续）

（2）Fish-hook 工况

Fish-hook 工况下同样设置车速为 80km/h，方向盘转角为 90°，方向盘角速度为 450°/s。从图 1.12 可知，在该工况下，当输入方向盘转角后，侧倾角与横摆角在短时间内到达峰值，之后迅速向反方向变化，在 $t=4s$ 后到达稳定状态，而侧倾角速度与侧向加速度同样在转角输入后的 1s 内到达峰值，之后反向增加，在 $t=4s$ 后恢复 0 值。

（3）Double Lane Change 工况

Double Lane Change 工况下设置车速为 80km/h，方向盘转角为 45°，方向盘角速度为 50°/s。从图 1.14 可知，在该工况下，当输入方向盘转角后，侧倾角与横摆角均处于振荡状态，且趋势相同。

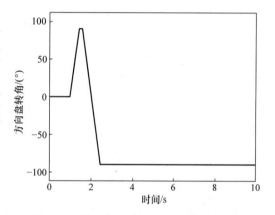

图 1.11　Fish-hook 工况方向盘转角输入

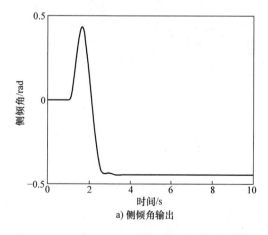
a) 侧倾角输出

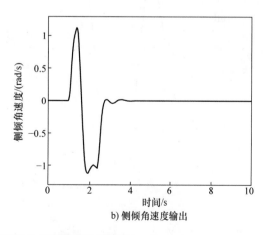
b) 侧倾角速度输出

图 1.12　Fish-hook 工况下三自由度模型输出结果

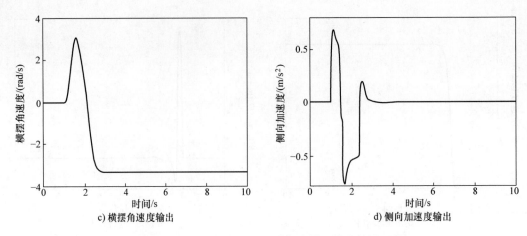

c) 横摆角速度输出   d) 侧向加速度输出

图 1.12　Fish-hook 工况下三自由度模型输出结果（续）

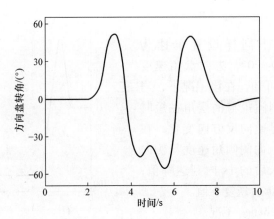

图 1.13　Double-Lane-Change 工况方向盘转角输入

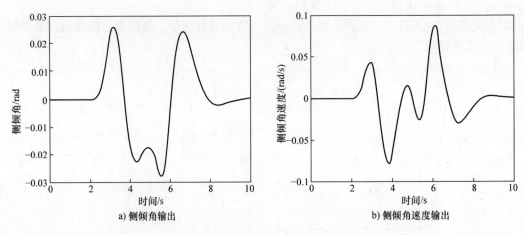

a) 侧倾角输出   b) 侧倾角速度输出

图 1.14　Double-Lane-Change 工况下三自由度模型输出结果

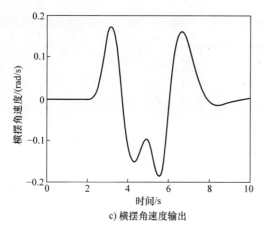 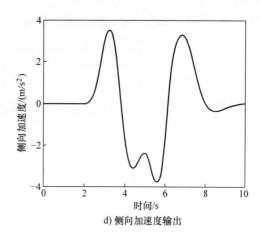

c) 横摆角速度输出　　　　　　　　　d) 侧向加速度输出

图 1.14　Double – Lane – Change 工况下三自由度模型输出结果（续）

1.1.3　纵向 – 横向 – 横摆 – 侧倾耦合动力学模型

为了更加真实和准确地反映汽车的行驶状态，在考虑对模型尽量简化的基础上，综合考虑车辆纵向、横向、横摆和侧倾运动，建立四自由度的车辆动力学模型[7]。

1. 动力学分析

为了简化理论研究的需要，建立四自由度车辆动力学模型时必须做如下假设：

1）坐标系原点和汽车的质心重合。
2）不考虑汽车的俯仰运动和垂直运动。
3）不考虑空气阻力的影响。
4）各轮胎侧偏特性相同。
5）忽略传动系的影响，直接以前轮转角进行控制。
6）将悬架简化为等效阻尼器和抗侧倾弹簧。

基于以上假设对车辆模型进行简化，车身质点为车身坐标系原点 o，车辆正前方指向车身 x 轴，y 轴为车辆横向，z 轴满足右手定则，z 轴方向垂直于 oxy 平面，指向车身上方，则可以把车辆简化成一个考虑纵向 – 横向 – 横摆 – 侧倾的四自由度模型，如图 1.15 所示，图 1.15a 为俯视图，图 1.15b 为正视图。

纵向力平衡方程：

$$\sum F_x = ma_x + m_s h_a \dot{r}\varphi \tag{1.24}$$

侧向力平衡方程：

$$\sum F_y = m(\dot{v} + ur) - m_s h_a \ddot{\varphi} \tag{1.25}$$

横摆力矩平衡方程：

$$\sum M_z = I_z \dot{r} + I_{xz} \ddot{\varphi} \tag{1.26}$$

侧倾力矩平衡方程：

$$\sum M_x = I_z \ddot{\varphi} - m_s h_a a_y - I_{xz} \dot{r} \tag{1.27}$$

其中，车辆受到的外力分别为：

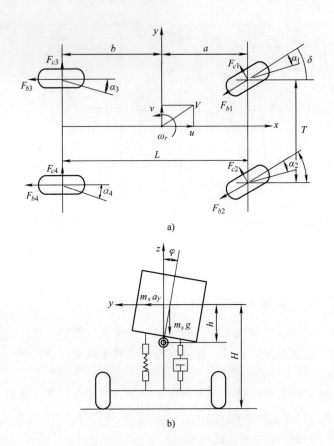

图 1.15 整车系统四自由度模型

纵向外力:
$$\sum F_x = F_{x1}\cos\delta - F_{y1}\sin\delta + F_{x2}\cos\delta - F_{y2}\sin\delta + F_{x3} + F_{x4} \quad (1.28)$$

侧向外力:
$$\sum F_y = F_{x1}\sin\delta + F_{y1}\cos\delta + F_{x2}\sin\delta + F_{y2}\cos\delta + F_{y3} + F_{y4} \quad (1.29)$$

横摆力矩:
$$\begin{aligned}\sum M_z =\ & a(F_{x1}\sin\delta + F_{y1}\cos\delta) - T(F_{x1}\cos\delta - F_{y1}\sin\delta) \\ & + a(F_{x2}\sin\delta + F_{y2}\cos\delta) + T(F_{x2}\cos\delta - F_{y2}\sin\delta) \\ & - b(F_{y3} + F_{y4}) - T(F_{x3} + F_{x4})\end{aligned} \quad (1.30)$$

侧倾力矩:
$$\sum M_x = m_s g h_s \varphi - k_\phi \varphi - c_\phi \dot{\varphi} \quad (1.31)$$

纵向加速度 a_x 可表示为:
$$a_x = \dot{u} - vr \quad (1.32)$$

侧向加速度 a_y 可表示为:
$$a_y = \dot{v} + ur \quad (1.33)$$

质心侧偏角 β 可表示为:

$$\beta = \arctan\frac{v}{u} \tag{1.34}$$

式中 m——整车质量；

m_s——簧载质量；

F_{x1}、F_{x2}、F_{x3}、F_{x4}——分别为四个车轮受到的 x 方向的力；

F_{y1}、F_{y2}、F_{y3}、F_{y4}——分别为四个车轮受到的 y 方向的力；

I_x——簧载质量绕 x 轴的转动惯量；

I_z——整车质量绕 z 轴的转动惯量；

I_{xz}——簧载质量绕 x 轴、z 轴的惯性积；

u、v——分别为质心处纵向速度与侧向速度；

a_x、a_y——分别为质心处纵向加速度和侧向加速度；

ω_r——横摆角速度；

h_a——侧倾力臂；

φ、$\dot\varphi$——分别为簧载质量侧倾角与侧倾角速度；

c_ϕ、k_ϕ——分别为侧倾阻尼系数和侧倾刚度系数；

a、b——分别为质心到前轴、后轴的距离；

T——轮距。

2. 仿真结果

为了进一步说明四自由度车辆侧倾模型中的输入-输出关系，分别在给定纵向车速 80km/h 与方向盘转角 90°的 J-turn 工况下，通过在 Simulink 中搭建模型，对输出参数如侧倾角、侧倾角速度、横摆角速度及侧向加速度进行对比，车辆参数见表 1.1，仿真结果如图 1.16、图 1.17 所示。由图 1.16 可知，给定纵向速度情况下，φ、$\dot\varphi$、r、a_y 与方向盘转角（前轮转角）输入成正相关，也就是说，在该工况下，方向盘转角输入越大，车辆发生侧翻危险的可能性越大，在实际驾驶过程中应尽量避免这样的操作。从图 1.17 同理可知，在给定方向盘转角的情况下，纵向车速越大，φ、$\dot\varphi$、r、a_y 的绝对值越大，即高速行驶的工况下进行急速转向操作时，发生侧翻的可能性很大，是很危险的行驶工况。

1.1.4 垂向-横向-横摆-侧倾耦合动力学模型

研究部分绊倒性侧翻问题时，考虑到来自路面的垂向激励及转向系和悬架在侧倾时产生的变形，研究者建立了考虑垂向-横向-横摆-侧倾耦合运动的六自由度[8]侧倾动力学模型，如图 1.18 所示。

六个自由度为簧载质量的侧向运动、横摆运动、侧倾运动及垂向运动，两个非簧载质量的垂向运动。需要注意的是，在建立简化模型时，必须做如下假设：忽略车辆的俯仰运动，前、后转向角很小，轮胎特性视为关于 x 轴对称，且侧向风、车辆纵向运动及非簧载质量的侧倾运动均忽略不计。

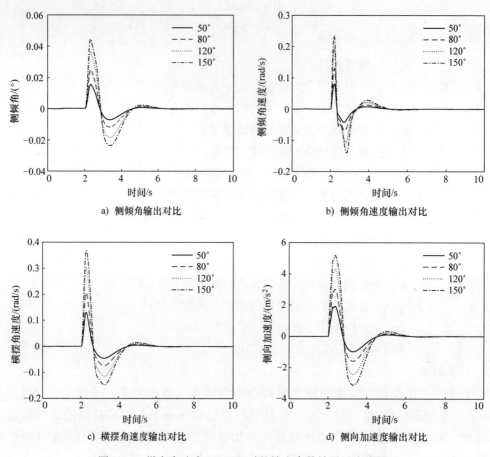

c) 横摆角速度输出对比　　　　d) 侧向加速度输出对比

图 1.16　纵向车速为 80km/h 时的输出参数结果（有彩插）

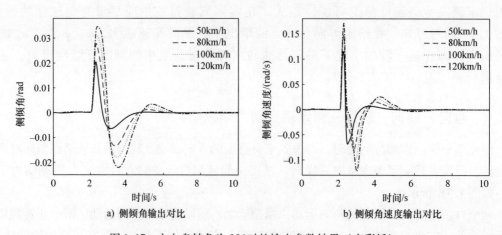

a) 侧倾角输出对比　　　　b) 侧倾角速度输出对比

图 1.17　方向盘转角为 90°时的输出参数结果（有彩插）

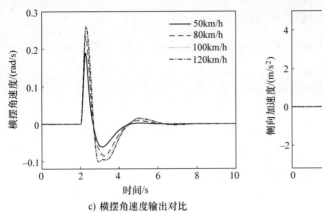
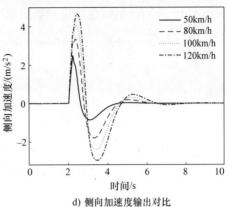

c）横摆角速度输出对比　　　　　d）侧向加速度输出对比

图 1.17　方向盘转角为 90°时的输出参数结果（有彩插）（续）

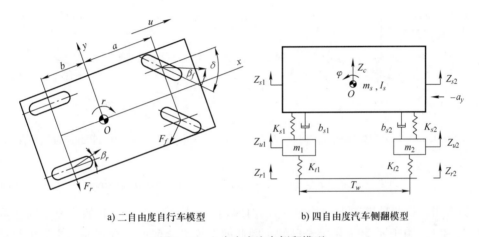

a）二自由度自行车模型　　　　　b）四自由度汽车侧翻模型

图 1.18　六自由度汽车侧翻模型

1. 动力学分析

根据达朗贝尔原理得到侧向和横摆运动微分方程。

侧向运动：

$$ma_y - m_s h \ddot{\varphi} = 2F_{yl} + 2F_{yr} \tag{1.35}$$

汽车质心位置横向加速度为：

$$a_y = \dot{v} + ur \tag{1.36}$$

横摆运动：

$$I_z \dot{r} = 2aF_{yl} - 2bF_{yr} + M_b \tag{1.37}$$

而左右侧悬架力可由式（1.38）、式（1.39）得出：

$$F_{sl} = -k_{\varphi 1}(z_{s1} - z_{u1}) - c_{\varphi 1}(\dot{z}_{s1} - \dot{z}_{u1}) \tag{1.38}$$

$$F_{sr} = -k_{\varphi 2}(z_{s2} - z_{u2}) - c_{\varphi 2}(\dot{z}_{s2} - \dot{z}_{u2}) \tag{1.39}$$

式中　$k_{\varphi 1}$、$k_{\varphi 2}$——分别为左/右悬架等效刚度；

　　　$c_{\varphi 1}$、$c_{\varphi 2}$——分别为左/右悬架等效阻尼系数。

簧载质量的侧倾运动有两种表达方式。

(1) 假设悬架力始终竖直方向作用于簧载质量块

如图 1.19 所示，则簧载质量侧倾运动可以由式（1.40）得到：

$$(I_x + m_s h^2)\ddot{\varphi} = \frac{T}{2}(F_{sr} - F_{sl})\cos\varphi + m_s a_y h\cos\varphi + m_s g h_s \sin\varphi - (F_{sr} + F_{sl})(h - h_s)\sin\varphi$$

(1.40)

简化得到：

$$(I_x + m_s h^2)\ddot{\varphi} = \frac{T}{2}(F_{sr} - F_{sl})\cos\varphi + m_s a_y h\cos\varphi + m_s g h_s \sin\varphi \tag{1.41}$$

(2) 假设悬架力始终作用垂直于所述簧载质量块

如图 1.20 所示，则从簧载质量块侧倾运动可得：

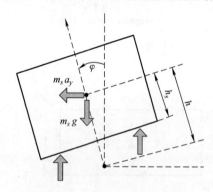

图 1.19　悬架力始终竖直方向

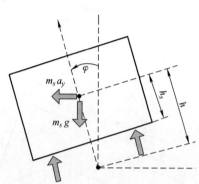

图 1.20　悬架力与簧载质量块垂直

$$(I_x + m_s h^2)\ddot{\varphi} = \frac{T}{2}(F_{sr} - F_{sl}) + m_s a_y h\cos\varphi + m_s g h\sin\varphi \tag{1.42}$$

可以看出，这两种模型十分相似。式（1.41）和式（1.42）之间的主要差别在重力项的系数 h_s 和 h。由于 h_s 和 h 不完全已知，因此两个模型之间的差异很小。为简单起见，将使用式（1.42）描述簧载质量的侧倾运动。

在典型工况下，侧倾运动的侧倾角很小，可进行线性化处理，即 $\sin\varphi \approx \varphi$、$\cos\varphi \approx 1$。式（1.42）可以简化为：

$$(I_x + m_s h^2)\ddot{\varphi} = \frac{T}{2}(F_{sr} - F_{sl}) + m_s a_y h + m_s g h\varphi \tag{1.43}$$

即：

$$I_x \ddot{\varphi} = (F_{sr} - F_{sl})\frac{T}{2} + m_s h a_y + m_s h g\varphi \tag{1.44}$$

其中：

$$I_x = I_{xx} + m_s h^2 \tag{1.45}$$

簧载质量块的垂向运动：

$$m_s \ddot{z}_s = F_{sl} + F_{sr} \tag{1.46}$$

非簧载质量的垂向运动：

$$m_{us1} \ddot{z}_{u1} = -F_{sl} - k_{t1}(z_{u1} - z_{r1}) \tag{1.47}$$

$$m_{us2} \ddot{z}_{u2} = -F_{sr} - k_{t2}(z_{u2} - z_{r2}) \tag{1.48}$$

由式(1.35)~式(1.48)可得,汽车六个自由度的运动微分方程为:

$$\begin{cases} ma_y - m_s h \ddot{\varphi} = 2F_{yf} + 2F_{yr} \\ I_z \dot{r} = 2aF_{yf} - 2bF_{yr} + M_b \\ m_s \ddot{z}_s = F_{sl} + F_{sr} \\ I_x \ddot{\varphi} = (F_{sr} - F_{sl})\dfrac{T}{2} + m_s h a_y + m_s h g \varphi \\ m_{us1} \ddot{z}_{u1} = -F_{sl} - k_{t1}(z_{u1} - z_{r1}) \\ m_{us2} \ddot{z}_{u2} = -F_{sr} - k_{t2}(z_{u2} - z_{r2}) \end{cases} \quad (1.49)$$

式中　a 和 b ——分别为前轴、后轴到质心的距离;
　　　m ——整车质量;
　　　m_s ——簧载质量;
　　m_{us1}、m_{us2} ——分别为左/右非簧载质量;
　　　T ——轮距宽度;
　　　I_x ——簧载质量绕侧倾中心转动惯量;
　　　I_z ——横摆转动惯量;
　　　u ——车速;
　　　r ——横摆角速度;
　　　φ ——侧倾角;
　　k_{t1}、k_{t2} ——分别为左/右轮垂向等效刚度;
　　　z_s ——簧载质量垂向位移;
　　z_{u1}、z_{u2} ——分别为左/右非簧载质量垂向位移;
　　z_{r1}、z_{r2} ——分别为左/右车轮的路面输入;
　　　a_y ——横向加速度;
　　F_{sl}、F_{sr} ——分别为左/右悬架垂向力;
　　　M_b ——车轮制动产生的力矩。

簧载质量左右侧垂向位移可由式(1.50)得到:

$$\begin{cases} z_{s1} = z_s - \dfrac{T}{2} \cdot \sin\varphi \\ z_{s2} = z_s + \dfrac{T}{2} \cdot \sin\varphi \end{cases} \quad (1.50)$$

式中 $\sin\varphi \approx \varphi$,则簧载质量垂向运动与侧倾运动耦合关系可表示为:

$$\begin{bmatrix} z_{s1} \\ z_{s2} \end{bmatrix} = \begin{bmatrix} 1 & -\dfrac{T}{2} \\ 1 & \dfrac{T}{2} \end{bmatrix} \begin{bmatrix} z_s \\ \varphi \end{bmatrix} \Rightarrow \begin{bmatrix} z_{s1} \\ z_{s2} \end{bmatrix} = G^T \begin{bmatrix} z_s \\ \varphi \end{bmatrix} \quad (1.51)$$

即:

$$\begin{bmatrix} z_{s1} \\ z_{s2} \end{bmatrix} = G^T \begin{bmatrix} z_s \\ \varphi \end{bmatrix} \quad (1.52)$$

其中:

$$G = \begin{bmatrix} 1 & 1 \\ -T/2 & T/2 \end{bmatrix} \quad (1.53)$$

轮胎与地面接触的侧向力是提供汽车转向的动力,也是影响汽车侧翻的作用力。考虑侧倾转向、侧倾外倾、变形转向,以及变形外倾对轮胎侧向特性的影响,进行线性化处理后,可得前后轮的侧偏角及侧偏力:

$$\beta_f = (v + ar)/u - \delta - c_f \varphi - c_{f1} F_f$$
$$\beta_r = (v - br)/u - c_r \varphi - c_{r1} F_r \quad (1.54)$$

$$F_f = -k_f \beta_f$$
$$F_r = -k_r \beta_r \quad (1.55)$$

式中　δ——前轮转角;

c_f、c_r——分别为侧倾外倾和侧倾转向对前/后车轮侧偏特性的影响系数;

c_{f1}、c_{r1}——分别为悬架变形外倾和变形转向对前/后车轮侧偏特性的影响系数。

根据式(1.54)~式(1.55)定义前后轮等效侧偏刚度:

$$k_{fe} = k_f/(1 - k_f c_{f1}) \quad (1.56)$$
$$k_{re} = k_r/(1 - k_r c_{r1}) \quad (1.57)$$

令 $z = [z_s \ \varphi \ z_{u1} \ z_{u2}]^T$,$w_d = [z_{r1} \ z_{r2} \ \delta]^T$ 为外部干扰,整理式(1.49)~式(1.57)可得:

$$M_q \begin{bmatrix} \ddot{z} \\ \dot{v} \\ \dot{r} \end{bmatrix} = B_q \begin{bmatrix} \dot{z} \\ v \\ r \end{bmatrix} + K_q z + U_q M_b + L_q w_d \quad (1.58)$$

其中:

$$K_q = \begin{bmatrix} -GK_sG^T + M & GK_s \\ K_s G^T & -K_s - K_t \\ K_1 & 0_{2\times 2} \end{bmatrix} L_q = \begin{bmatrix} 0_{2\times 2} & 0_{2\times 1} \\ K_t & 0_{2\times 1} \\ 0_{2\times 2} & K_d \end{bmatrix} E = \begin{bmatrix} 0 \\ 1 \end{bmatrix} M = \begin{bmatrix} 0 & 0 \\ 0 & m_s g h \end{bmatrix}$$

$$M_q = \begin{bmatrix} M_1 & 0_{2\times 2} & M_2 \\ 0_{2\times 2} & M_3 & 0_{2\times 2} \\ M_2^T & 0_{2\times 2} & M_4 \end{bmatrix} B_q = \begin{bmatrix} -GB_sG^T & GB_s & C_1 \\ B_sG^T & -B_s & 0_{2\times 2} \\ 0_{2\times 2} & 0_{2\times 2} & C_2 \end{bmatrix} U_q = \begin{bmatrix} 0_{5\times 1} \\ 1 \end{bmatrix} M_1 = \begin{bmatrix} m_s & 0 \\ 0 & I_x \end{bmatrix} M_2 = \begin{bmatrix} 0 & 0 \\ -m_s h & 0 \end{bmatrix}$$

$$M_3 = \begin{bmatrix} m_1 & 0 \\ 0 & m_2 \end{bmatrix} M_4 = \begin{bmatrix} m & 0 \\ 0 & I_z \end{bmatrix} K_s = \begin{bmatrix} k_{s1} & 0 \\ 0 & k_{s2} \end{bmatrix} K_t = \begin{bmatrix} k_{t1} & 0 \\ 0 & k_{t2} \end{bmatrix} K_d = \begin{bmatrix} 2k_{fe} \\ 2ak_{re} \end{bmatrix} B_s = \begin{bmatrix} b_{s1} & 0 \\ 0 & b_{s2} \end{bmatrix}$$

$$K_1 = \begin{bmatrix} 0 & 2k_{fe}c_f + 2k_{re}c_r \\ 0 & 2ak_{fe}c_f - 2bk_{re}c_r \end{bmatrix} C_1 = \begin{bmatrix} 0 & 0 \\ 0 & m_s h u \end{bmatrix}$$

$$C_2 = \frac{1}{u} \begin{bmatrix} -2k_{fe} - 2k_{re} & 2bk_{re} - 2ak_{fe} - mu^2 \\ 2bk_{re} - 2ak_{fe} & -2a^2 k_{fe} - 2b^2 k_{re} \end{bmatrix}$$

选取状态变量 $x = [z \ \dot{z} \ v \ r]^T$,可得到汽车侧翻动力学模型的**状态空间方程**为:

$$\dot{x} = Ax + B_1 M_B + B_2 w_d \quad (1.59)$$

其中：

$$A = \begin{bmatrix} 0_{4\times 4} & I_{4\times 6} \\ M_q^{-1}K_q & M_q^{-1}B_q \end{bmatrix} B_1 = \begin{bmatrix} 0_{4\times 1} \\ M_q^{-1}U_q \end{bmatrix} B_2 = \begin{bmatrix} 0_{4\times 3} \\ M_q^{-1}L_q \end{bmatrix}$$

2. 仿真结果

为了进一步说明垂向 – 横向 – 横摆 – 侧倾六自由度耦合动力学模型中的输入—输出关系，通过在 Simulink 中搭建模型，车辆参数见表 1.1。分别选择 J – turn 工况与绊倒型工况（轮胎垂向激励），给出输出参数如侧倾角、侧倾角速度、横摆角速度、侧向加速度。首先是 J – turn 工况，给定纵向车速 80km/h 与方向盘转角 90°，输出参数结果如图 1.21 所示。

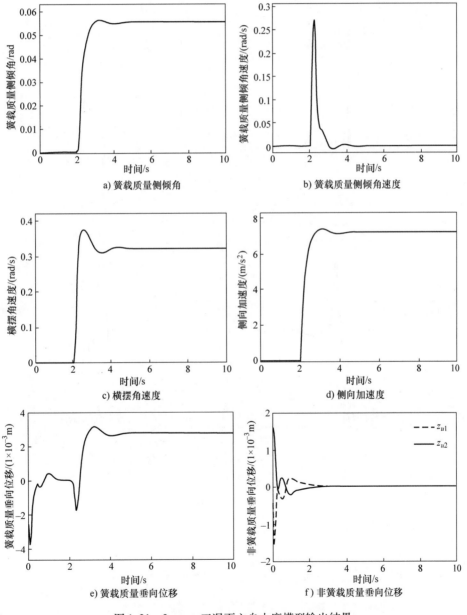

图 1.21　J – turn 工况下六自由度模型输出结果

给轮胎输入垂向载荷（图 1.22a），模拟车辆直行过程中路面激励输入，设定纵向车速 80km/h，结果如图 1.22b~g 所示。

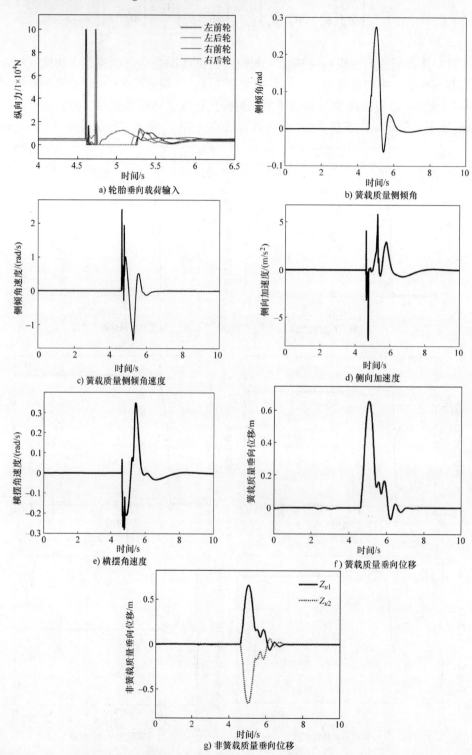

图 1.22 模拟绊倒型工况下六自由度模型输出结果（有彩插）

1.1.5 轮毂电机汽车侧翻动力学模型

基于四轮独立的轮毂电机驱动的电动汽车,驱动力矩可控、转矩转速易于测得,可实现防侧滑、防侧翻、差动助力转向等多种功能,从而极大提升了汽车的操作稳定性和行驶安全性[9]。轮毂电机驱动电动汽车时,电机定子与悬架系统刚性连接,车轮驱动力反作用力和力矩直接作用于悬架,在不平整路面上,悬架弹簧被压缩且势能被累积,车辆行驶一定距离后,悬架压缩势能释放,可与车体和车轮的运动耦合,转化为侧翻动能。研究轮毂电机驱动电动汽车的侧翻稳定性具有重要意义。

1. 侧翻动力学模型

针对轮毂电机驱动电动汽车四轮独立运动这一特性,陈国钰等[10]考虑汽车侧倾方向运动与横向运动、横摆运动及纵向运动之间的耦合关系,忽略垂向运动及俯仰运动的影响,忽略非簧载质量侧倾及侧向风影响,建立包括横向、纵向、横摆、侧倾、车轮旋转在内的八自由度电动汽车侧翻动力学模型,如图1.23所示。

如图1.23所描述,应用达朗贝尔原理可得汽车横向运动、纵向运动、横摆运动、侧倾运动、车轮旋转转动的运动方程依次如下:

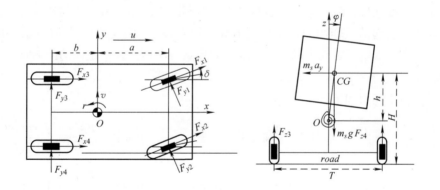

图1.23 八自由度电动汽车侧翻动力学模型

整车横向运动:

$$m(\dot{v} + ur) = F_{x1}\sin\delta + F_{y1}\cos\delta + F_{x2}\sin\delta + F_{y2}\cos\delta + F_{y3} + F_{y4} + m_s\ddot{\varphi}h \quad (1.60)$$

整车纵向运动:

$$m(\dot{u} - vr) = F_{x1}\cos\delta - F_{y1}\sin\delta + F_{x2}\cos\delta - F_{y2}\sin\delta + F_{x3} + F_{x4} \quad (1.61)$$

整车横摆运动:

$$I_z\dot{r} = a(F_{x1}\sin\delta + F_{y1}\cos\delta + F_{x2}\sin\delta + F_{y2}\cos\delta) - b(F_{y3} + F_{y4})$$
$$+ \frac{T}{2}[(F_{x2}\cos\delta - F_{y2}\sin\delta + F_{x4}) - (F_{x1}\cos\delta - F_{y1}\sin\delta + F_{x3})] \quad (1.62)$$

整车侧倾运动：

$$I_x\ddot{\varphi} = m_s h(\dot{v} + ur) + m_s gh\varphi - c_\varphi\dot{\varphi} - k_\varphi\varphi \tag{1.63}$$

车轮旋转运动：

$$J_i\dot{\omega}_i = T_{di} - F_{xi}r - \mu_0 F_{zi}R_i - M_{bi} \tag{1.64}$$

式中　$i = 1、2、3、4$——分别为车轮左前、右前、左后及右后的序号；

　　　F_{xi}、F_{yi}、F_{zi}——分别为车轮承受的纵向、横向、垂向力；

　　　ω_i——车轮转速；

　　　M_{bi}——车轮制动力矩；

　　　v——侧向速度；

　　　J_i——车轮转动惯量；

　　　T_{di}——驱动力矩；

　　　μ_0——滚动阻力系数；

　　　R_i——车轮半径。

2. 悬架模型

传统汽车的悬架通过半轴和车轮相连，相对独立。但对于轮毂电机驱动的电动汽车，悬架和电机定子刚性连接，悬架力不仅包括来自弹簧和阻尼的作用力，还包括行驶过程中的驱动力和制动力矩引起的反作用力，反作用力和力矩直接作用于悬架，并通过悬架作用于车身。因此，分析轮毂电机驱动电动汽车的非簧载质量对车辆侧翻稳定性的影响时，需要建立独立悬架模型。

悬架的弹簧阻尼力如下：

$$\begin{cases} F_{s1} = K_f\left(z_{u1} - z_s + a\sin\theta - \dfrac{T}{2}\sin\varphi\right) + C_f\left(\dot{z}_{u1} - \dot{z}_s + a\dot{\theta}\cos\theta - \dfrac{T}{2}\dot{\varphi}\cos\varphi\right) + \dfrac{m_s gb}{2L} \\[2mm] F_{s2} = K_f\left(z_{u2} - z_s + a\sin\theta + \dfrac{T}{2}\sin\varphi\right) + C_f\left(\dot{z}_{u2} - \dot{z}_s + a\dot{\theta}\cos\theta + \dfrac{T}{2}\dot{\varphi}\cos\varphi\right) + \dfrac{m_s gb}{2L} \\[2mm] F_{s3} = K_r\left(z_{u3} - z_s - b\sin\theta - \dfrac{T}{2}\sin\varphi\right) + C_r\left(\dot{z}_{u3} - \dot{z}_s - b\dot{\theta}\cos\theta - \dfrac{T}{2}\dot{\varphi}\cos\varphi\right) + \dfrac{m_s ga}{2L} \\[2mm] F_{s4} = K_r\left(z_{u4} - z_s - b\sin\theta + \dfrac{T}{2}\sin\varphi\right) + C_r\left(\dot{z}_{u4} - \dot{z}_s - b\dot{\theta}\cos\theta + \dfrac{T}{2}\dot{\varphi}\cos\varphi\right) + \dfrac{m_s ga}{2L} \end{cases} \tag{1.65}$$

式中　F_{si}——悬架产生的弹簧阻尼力；

　　　z_{ui}——非簧载质量的垂向位移；

　　　z_s——簧载质量垂向位移；

　　　K_f、K_r——前后悬架刚度；

　　　C_f、C_r——前后悬架阻尼；

　　　L——轴距；

　　　θ——俯仰角。

3. 车轮模型

根据车轮旋转运动方程和悬架模型可得车轮垂向动力学方程：

$$m_{ui}\ddot{z}_{ui} = K_{ui}(z_{ri} - z_{ui}) + C_{ui}(w_{ri} - w_{ui}) - F_{zi} \tag{1.66}$$

式中 m_{ui}——各个轮毂电机质量；

K_{ui}、C_{ui}——各轮轮胎的垂向刚度与阻尼；

z_{ri}——路面激励；

w_{ri}——各车轮接触路面的不平度变化率；

w_{ui}——各车轮的垂直速度。

可知，在稳定行驶工况任意时刻各轮垂直载荷为：

$$I_x\ddot{\varphi} - m_s uh(\dot{\beta} + r) = m_s gh\varphi - c_\varphi \dot{\varphi} - k_\varphi \varphi \tag{1.67}$$

式（1.66）中 F_{zi}'——各车轮的初始垂直载荷，其值为：

$$\begin{cases} F_{z1}' = F_{z2}' = \dfrac{mgb}{2L} \\ F_{z3}' = F_{z4}' = \dfrac{mga}{2L} \end{cases}$$

4. 仿真结果

为验证所建数学模型的正确性，在 Simulink 搭建分布式驱动电动汽车联合仿真模型。考虑汽车操纵稳定性测试常用的试验工况，分别取高附着系数路面 Fish – hook 工况和低附着系数路面 J – turn 工况进行模型验证。整车模型的主要参数如表 1.1 所示。

首先是 Fish – hook 工况，车辆在 $\mu = 0.20$ 的低附着系数路面上行驶，设定速度为 80km/h，方向盘转角设置如图 1.24a 所示，最大为 80°。此时，忽略电机模型输出的静态误差、车轮跳动产生的定位参数误差，以及侧向风的作用，得到横摆角速度、质心侧偏角、车辆行驶轨迹输出结果图，如图 1.24 所示。

第二种工况为 J – turn 工况，车辆在 $\mu = 0.85$ 的高附着系数路面上行驶，设定速度为 80km/h，方向盘转角设置如图 1.25a 所示。此时，忽略电机模型输出的静态误差、车轮跳动产生的定位参数误差，以及侧向风的作用。车轮转矩通过 PID 控制器获得后，平均分配给

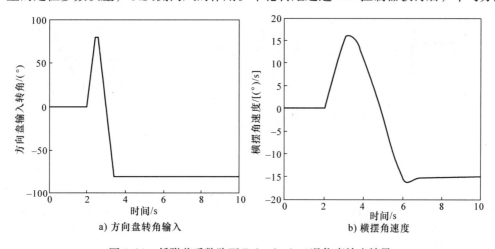

图 1.24 低附着系数路面 Fish – hook 工况仿真输出结果

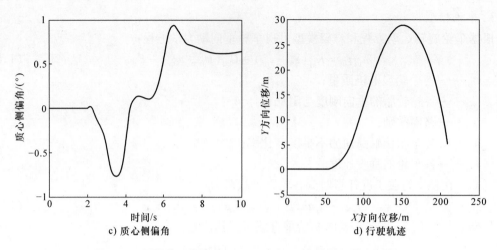

c) 质心侧偏角　　　　　　　　　　d) 行驶轨迹

图1.24　低附着系数路面 Fish-hook 工况仿真输出结果（续）

各车轮，得到横摆角速度、质心侧偏角、车辆行驶轨迹等对比图，如图1.25所示。

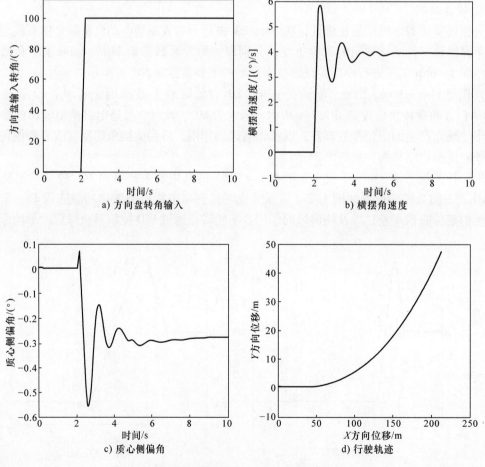

a) 方向盘转角输入　　　　　　　　b) 横摆角速度

c) 质心侧偏角　　　　　　　　　　d) 行驶轨迹

图1.25　高附着系数路面 J-turn 工况仿真输出结果

1.1.6 分布式驱动电动汽车侧翻动力学模型

考虑到整车的纵向、侧向、横摆运动,簧载质量的垂向、俯仰和侧倾运动,以及车轮的旋转和垂向跳动,钱飙建立了十四自由度的车辆模型,如图1.26所示。建模时并非所有的车辆参数都被考虑,为了研究问题的方便,对车辆模型进行了如下假设:

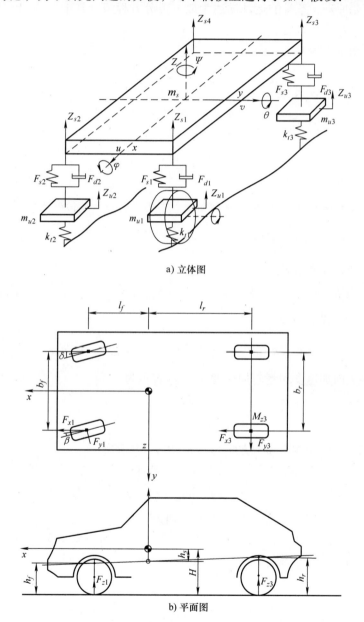

图1.26 十四自由度车辆动力学模型

1) 忽略低速时对车辆运动影响较小的空气阻力的影响。
2) 车轮的运动只考虑其垂向运动和旋转运动。

3）忽略转向系统影响，同时认为左右车轮特性一致。
4）假设车辆质心到前后轴的距离保持不变。
5）忽略车辆簧载质量存在的不均匀分布，假设其质量关于 X 轴对称。
6）将整车看成三个部分：簧载质量（车身）、非簧载质量、悬架系统。

1. 侧翻动力学模型

根据达朗贝尔原理，车身的运动描述为以下微分方程组。其中，$i = 1、2、3、4$，分别代表左前、右前、左后、右后。

车辆纵向运动方程表示为：
$$ma_x - m_s h_s \ddot{\theta} = F_{x1} + F_{x2} + F_{x3} + F_{x4} \tag{1.68}$$

车辆侧向运动方程表示为：
$$ma_y - m_s h_s \ddot{\varphi} = F_{y1} + F_{y2} + F_{y3} + F_{y4} \tag{1.69}$$

车辆簧载质量在其质心处的垂向运动方程表示为：
$$m_s \ddot{z}_s = \sum F_s - m_s g \tag{1.70}$$

车辆侧倾运动方程表示为：
$$(I_{xx} + m_s h_s^2)\ddot{\varphi} - m_s a_y h_s = (F_{y1} + F_{y2})h_f + (F_{y3} + F_{y4})h_r + m_s g h_s \varphi$$
$$+ (F_{s1} - F_{s2})\frac{b_f}{2} + (F_{s3} - F_{s4})\frac{b_r}{2} \tag{1.71}$$

车辆俯仰运动方程表示为：
$$I_y \ddot{\theta} + m_s a_x h_s = -(F_{s1} + F_{s2})b + (F_{s3} + F_{s4})a - \sum F_{xi}(h - h_s) + m_s g h_s \theta \tag{1.72}$$

车辆横摆运动方程表示为：
$$I_z \dot{r} = (F_{y1} + F_{y2})a - (F_{y3} + F_{y4})b + (F_{x2} - F_{x1})\frac{b_f}{2} + (F_{x4} - F_{x3})\frac{b_r}{2} \tag{1.73}$$

其中，车辆纵向加速度和侧向加速度 a_x、a_y 表示为：
$$a_x = \dot{u} - vr$$
$$a_y = \dot{v} + ur \tag{1.74}$$

在车辆坐标系中作用在 x 和 y 方向的力 F_{xi} 和 F_{yi} 表示为：
$$F_{xi} = F_x \cos\delta_i - F_y \sin\delta_i$$
$$F_{yi} = F_x \sin\delta_i + F_y \cos\delta_i \tag{1.75}$$

式中 F_x 和 F_y——分别表示轮胎的纵向力和侧向力；

δ_i——轮胎转角，本文研究车辆为前轮转向，可以认为 $\delta_1 = \delta_2 = \delta_f$，$\delta_3 = \delta_4 = 0$。

因为 h_f、h_r 和 h_s 均位于侧倾轴上，考虑 h_f、h_r 和 h_s 三者之间的几何关系，h_s 可以表示为：

$$h_s = \begin{cases} h - \min\{h_f, h_r\} - \dfrac{a}{a+b}(h_f - h_r), & h_f \geq h_r \\ h - \min\{h_f, h_r\} - \dfrac{b}{a+b}(h_r - h_f), & h_f < h_r \end{cases} \tag{1.76}$$

式中 m——整车质量；

m_s——簧载质量；

h_s——簧载质量质心到侧倾轴距离；

h_f——前轴处侧倾轴到地面的距离；

h_r——后轴处侧倾轴到地面的距离；

h——质心到地面的距离；

a、b——分别为前、后轴到质心的距离；

b_f——前轴宽度；

b_r——后轴宽度；

I_x——侧倾转动惯量；

I_y——俯仰转动惯量；

I_z——横摆转动惯量；

g——重力加速度；

u、v——车辆的纵向和横向运动速度；

r——横摆角速度；

z_s——车辆簧载质量垂向运动位移；

φ、θ——分别为侧倾角、俯仰角和横摆角；

F_{xi}——车辆坐标系车轮纵向力；

F_{yi}——车辆坐标系车轮侧向力；

F_x 和 F_y——分别表示轮胎模型纵向力和侧向力；

F_s——悬架力；$i=1、2、3、4$，分别代表左前、右前、左后、右后。

非簧载质量的运动主要考虑四个车轮的垂向运动和旋转运动，四个车轮的垂向运动方程为：

$$m_{ui}\ddot{Z}_{ui} = F_{zi} - F_s - m_{ui}g \tag{1.77}$$

式中 m_{ui}——非簧载质量；

Z_{ui}——非簧载质量垂向运动位移；

F_{zi}——轮胎垂向力，可以近似表示为：

$$F_{zi} = k_{ti}(Z_{ri} - Z_{ui}) \tag{1.78}$$

式中 k_{ti}——车轮近似刚度；

Z_{ri}——路面输入。

分布式驱动车辆的驱动力和制动力可以看成直接施加到车轮上的，不考虑轮胎半径的变化，忽略电机黏滞阻力，车轮转动的动力学方程可以写为：

$$j\dot{\omega}_i = T_{di} - M_{bi} - F_x R \tag{1.79}$$

式中 j——车轮的转动惯量；

ω_i——车轮转动角速度；

T_{di}——车轮驱动力；

M_{bi}——车轮制动力；

R——车轮半径。

2. 悬架模型

悬架系统用于连接簧载质量和非簧载质量，传递二者之间的力和力矩，是整车建模中不可缺少的部分。传统悬架通过配置合适的弹簧和阻尼，能够有效缓解路面冲击、振动对簧载质量的影响，提高车辆的舒适性。为了研究的方便，建模时将悬架简化为弹簧阻尼系统，如图1.27所示。同时，考虑后续主动悬架的设计，必须引入控制力，悬架力学模型可以表示为：

$$F_s = k_i(Z_{si} - Z_{ui}) + c_i(\dot{Z}_{si} - \dot{Z}_{ui}) + F_i \quad (1.80)$$

式中　k_i——悬架刚度；
　　　c_i——悬架阻尼；
　　　F_i——主动悬架控制力；
　　　Z_{si}——悬架处对应簧载质量垂向位移。

悬架处簧载质量的位移是计算悬架力的关键参数，一般通过车辆簧载质量质心处的位移来计算，得到每个具体悬架处的位移。考虑到簧载质量的俯仰和侧倾对悬架行程的影响，悬架处簧载质量的位移表示为：

$$\begin{bmatrix} Z_{s1} \\ Z_{s2} \\ Z_{s3} \\ Z_{s4} \end{bmatrix} = \begin{bmatrix} 1 & b_f/2 & -l_f \\ 1 & -b_f/2 & -l_f \\ 1 & b_r/2 & l_r \\ 1 & -b_r/2 & l_r \end{bmatrix} \begin{bmatrix} Z \\ \varphi \\ \theta \end{bmatrix} \quad (1.81)$$

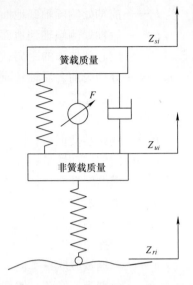

图1.27　悬架系统模型

考虑到车辆防侧翻控制的需要，增强悬架在车辆侧倾控制中的作用，设计相应的主动悬架。车辆主动悬架的主要结构分为动力源、作动器和控制器三部分。这里的分布式驱动电动SUV采用车辆动力电池为动力源，采用电液伺服比例阀为作动器，控制器根据需要输出电信号控制伺服阀输出控制力，实现主动悬架控制。现有伺服阀多为阀控缸、伺服阀、传感器的集成系统，伺服比例阀作动器的传递函数描述为：

$$G(s) = \frac{F(s)}{I(s)} = \frac{K_x\left(\dfrac{s^2}{w_m^2} + 1\right)}{\left(\dfrac{s^2}{w_{sv}^2} + \dfrac{2\xi_{sv}}{w_{sv}}s + 1\right)\left(\dfrac{s}{w_r} + 1\right)\left(\dfrac{s^2}{w_h^2} + \dfrac{2\xi_h}{w_h}s + 1\right)} \quad (1.82)$$

式中　K_x——增益系数；
　　　w_{sv}——伺服阀固有频率；
　　　w_m——负载固有频率；
　　　w_h——液压的固有频率；
　　　ξ_{sv}——伺服阀阻尼比；
　　　ξ_h——液压阻尼比。

考虑到伺服比例阀控制系统的时滞，对式（1.82）中建立的传递函数进行改写，时滞大小定义为τ，模型改写成：

$$G_m(s) = G(s)e^{-\tau s} = \frac{K_x\left(\dfrac{s^2}{w_m^2} + 1\right)}{\left(\dfrac{s^2}{w_{sv}^2} + \dfrac{2\xi_{sv}}{w_{sv}}s + 1\right)\left(\dfrac{s}{w_r} + 1\right)\left(\dfrac{s^2}{w_h^2} + \dfrac{2\xi_h}{w_h}s + 1\right)}e^{-\tau s} \quad (1.83)$$

3. 电机模型

对于分布式驱动电动 SUV 来说，轮毂电机是车辆的核心。车辆轮毂电机的选择，除了满足汽车日常行驶所需的转速和转矩要求外，还需要考虑其响应速度是否满足要求，质量是否过大，是否满足功能安全要求等。直流无刷电机具有质量轻、响应快、起动转矩大、体积小、高速转动时稳定易控等特性，且其结构简单、性价比高、过载能力强，作为电动汽车的驱动电机相比于其他电机更为合适[11]。

考虑到反电动势，由基尔霍夫定律可知，直流无刷电机的电压电流方程可以表示为：

$$U = r_m i + L\dot{i} + C_e \omega_m \tag{1.84}$$

式中　U——绕组电压；
　　　i——绕组电流；
　　　r_m——直流电机等效电阻；
　　　ω_m——电机转速；
　　　C_e——反电动势系数。

电机的电磁转矩与电流关系可以描述为：

$$T_m = K_T i \tag{1.85}$$

式中　T_m——电磁转矩；
　　　K_T——电磁转矩系数。

忽略电机黏滞阻力，结合电机转矩公式，无负载时电机电流表示为：

$$i = \frac{J_m}{K_T} \frac{\mathrm{d}\omega_m}{\mathrm{d}t} \tag{1.86}$$

式中　J_m——电机转动惯量。

联立上述电机相关方程，进行拉普拉斯变化，直流无刷电机的传递函数可以表示为：

$$G(s) = \frac{\omega(s)}{U(s)} = \frac{K_T}{LJ_m s^2 + r_m J_m s + K_T C_e} \tag{1.87}$$

4. 仿真结果

为了验证建立的分布式驱动电动 SUV 模型的准确性，通过在 Simulink 中搭建模型，在 J-turn 工况下进行仿真验证。车辆仿真车速设定为 80km/h。对车辆施加一个 60°的方向盘阶跃转角，转速为 600(°)/s，仿真结果如下。

所建立模型在 J-turn 工况下的侧倾角、侧倾角加速度、横摆角速度和侧向加速度响应仿真结果如图 1.28 所示。

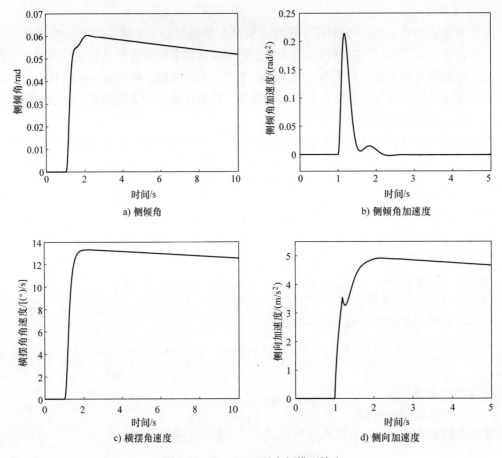

图 1.28　J - turn 工况车辆模型输出

1.2　重型汽车侧翻动力学模型

随着国民经济的发展和公路交通的改善，半挂汽车列车以其机动灵活的优点逐渐成为公路运输的主要车型之一。但是，由于半挂车载重量大、尺寸大、质心高等问题，容易导致侧翻和横向失稳而引发交通事故，造成巨大损失，故研究开发汽车列车稳定性控制系统有着极强的现实意义[12]。构建半挂汽车列车动力学模型是分析半挂汽车列车侧向稳定性的基础，并可以为车辆控制提供参考模型。然而，由于半挂汽车列车结构复杂，难以建立全面的模型，对其进行动力学和运动学分析需要结合具体工况进行[13]。

1.2.1　重型汽车非簧载质量侧翻动力学模型

相比于轿车及SUV，重型汽车最主要的一个特点是非簧载质量大。因此，在对重型汽车建立侧翻模型时，应以传统三自由度模型为基础，加入非簧载质量的侧倾运动。另外，重型车车的轴距较长，其前轴支撑的簧载系统和后轴支撑的簧载系统的侧倾运动之间存在着相互耦合,因此将重型车车分成前后两部分,用一个具有固定扭转刚度的等效扭杆相连。考虑到路面输入对侧翻稳定性的影响,在建模时考虑了悬架和非簧载质量的垂向运动,以及路面横纵向坡度。综上,建立了如图 1.29 所示的十自由度侧翻动力学模型[14]:

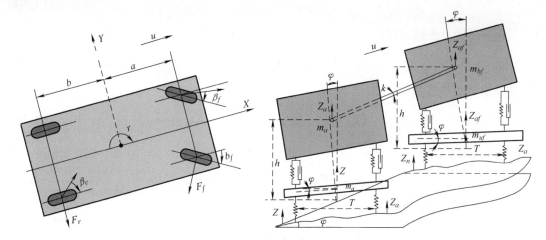

图 1.29 十自由度侧翻动力学模型

1. 动力学分析

为简化计算,对重型汽车进行了一些理想化的假设,包括:忽略行驶中的侧向风;忽略重型汽车的俯仰运动和纵向运动;只考虑前轮转向等。由达朗贝尔原理可得,整车模型中各个自由度的运动方程如下所示。

前/后簧载质量侧倾运动耦合下的侧向运动:

$$ma_y - m_{sf}h_{lf}\ddot{\varphi}_{sf} - m_{sr}h_{lr}\ddot{\varphi}_{sr} = -2F_{yf}\cos\delta_f - 2F_{yr} \quad (1.88)$$

与侧向运动耦合的横摆运动:

$$I_z\dot{r} = 2aF_{yf}\cos\delta_f - 2bF_{yr} + M_y \quad (1.89)$$

前轴簧载质量侧倾运动:

$$I_{xf}\ddot{\varphi}_{sf} = m_{sf}h_{lf}a_y + m_{sf}h_{lf}g(\varphi_{sf}+\varphi_R) + \frac{T_f(F_{sf2}-F_{sf1})}{2} + k_b(\varphi_{sf}-\varphi_{sr}) \quad (1.90)$$

后轴簧载质量侧倾运动:

$$I_{xr}\ddot{\varphi}_{sf} = m_{sf}h_{lf}a_y + m_{sf}h_{lf}g(\varphi_{sf}+\varphi_R) + \frac{T_f(F_{sf2}-F_{sf1})}{2} + k_b(\varphi_{sf}-\varphi_{sr}) \quad (1.91)$$

前轴非簧载质量侧倾运动:

$$m_{uf}g(h_{uf}-h_{cf})\varphi_{uf} + m_{uf}(h_{uf}-h_{cf})a_y = \frac{T_f(F_{Lf}-F_{Rf}+F_{sf2}-F_{sf1})}{2} + 2F_{yf}h_{cf} \quad (1.92)$$

后轴非簧载质量侧倾运动:

$$m_{ur}g(h_{ur}-h_{cr})\varphi_{ur}+m_{ur}(h_{ur}-h_{cr})a_y = \frac{T_r(F_{Lr}-F_{Rr}+F_{sr2}-F_{sr1})}{2}+2F_{yr}h_{cr} \quad (1.93)$$

前轴簧载质量垂向运动：

$$m_{sf}\ddot{z}_{sf} = F_{sf1}+F_{sf2} \quad (1.94)$$

后轴簧载质量垂向运动：

$$m_{sr}\ddot{z}_{sr} = F_{sr1}+F_{sr2} \quad (1.95)$$

前轴非簧载质量垂向运动：

$$m_{uf}\ddot{z}_{uf} = F_{Lf}+F_{Rf}-F_{sf1}-F_{sf2}-m_f g\cos\varphi_R\cos\theta_R \quad (1.96)$$

后轴非簧载质量垂向运动：

$$m_{ur}\ddot{z}_{ur} = F_{Lr}+F_{Rr}-F_{sr1}-F_{sr2}-m_r g\cos\varphi_R\cos\theta_R \quad (1.97)$$

侧向加速度可表示为：

$$a_y = \dot{v}+ru \quad (1.98)$$

为了推导出重型汽车在不平坦路面上的动态性能，通过车辆悬架将侧倾运动与簧载质量的垂向运动耦合起来，从而将车辆悬架简化为弹簧 – 阻尼系统，则每个悬架的垂向力可表示为：

$$\begin{cases} F_{sf1} = -k_{sf1}(z_{sf1}-z_{uf1})-c_{sf1}(\dot{z}_{sf1}-\dot{z}_{uf1}) \\ F_{sf2} = -k_{sf2}(z_{sf2}-z_{uf2})-c_{sf2}(\dot{z}_{sf2}-\dot{z}_{uf2}) \\ F_{sr1} = -k_{sf1}(z_{sr1}-z_{ur1})-c_{sr1}(\dot{z}_{sr1}-\dot{z}_{ur1}) \\ F_{sr2} = -k_{sr2}(z_{sr2}-z_{ur2})-c_{sr2}(\dot{z}_{sr2}-\dot{z}_{ur2}) \end{cases} \quad (1.99)$$

根据车辆的几何关系，可由式（1.100）~式（1.103）计算出前/后轴簧载质量的侧倾角和垂直位移：

$$\varphi_{sf} = \arctan\frac{z_{sf2}-z_{sf1}}{T_f} \quad (1.100)$$

$$\varphi_{sr} = \arctan\frac{z_{sr2}-z_{sr1}}{T_r} \quad (1.101)$$

$$z_{sf} = \frac{z_{sf1}+z_{sf2}}{2} \quad (1.102)$$

$$z_{sr} = \frac{z_{sr1}+z_{sr2}}{2} \quad (1.103)$$

同样地，前/后轴非簧载质量的侧倾角和垂向位移可由式（1.104）~式（1.107）获得：

$$\varphi_{uf} = \arctan\frac{z_{uf2}-z_{uf1}}{T_f} \quad (1.104)$$

$$\varphi_{ur} = \arctan \frac{z_{ur2} - z_{ur1}}{T_r} \tag{1.105}$$

$$z_{uf} = \frac{z_{uf1} + z_{uf2}}{2} \tag{1.106}$$

$$z_{ur} = \frac{z_{ur1} + z_{ur2}}{2} \tag{1.107}$$

式中　　　　　m——整车质量；

m_f——质心前部总质量；

m_r——质心后部总质量；

m_{sf}——前轴簧载质量；

m_{sr}——后轴簧载质量；

m_{uf}——前轴非簧载质量；

m_{ur}——后轴非簧载质量；

a——前轴到质心的距离；

a_y——汽车的侧向加速度；

b——后轴到质心的距离；

L——汽车的轴距；

u——汽车的纵向速度；

v——汽车的侧向速度；

r——横摆角速度；

h_{lf}——前轴簧载质量的质心到侧倾中心的距离；

h_{lr}——后轴簧载质量的质心到侧倾中心的距离；

h_{uf}——前轴非簧载质量质心高度；

h_{ur}——后轴非簧载质量质心高度；

h_{cf}——前侧倾中心的高度；

h_{cr}——后侧倾中心的高度；

I_{xf}——前轴簧载质量转动惯量；

I_{xr}——后轴簧载质量转动惯量；

I_z——汽车的横摆转动惯量；

φ_{sf}——前轴簧载质量侧倾角；

φ_{sr}——后轴簧载质量侧倾角；

φ_R——路面横向坡度角；

θ_R——路面纵向坡度角；

$F_{Lf}/F_{Lr}/F_{Rf}/F_{Rr}$——分别表示左前/左后/右前/右后车轮的总垂直载荷；

F_{yf}——前轴轮胎侧偏力；

F_{yr}——后轴轮胎侧偏力；

F_{sf1}——前轴左侧悬架力；

F_{sf2}——前轴右侧悬架力；

F_{sr1}——后轴左侧悬架力；

F_{sr2}——后轴右侧悬架力；

k_b——车身扭转刚度；

M_y——横摆力矩；

z_{sf}/z_{sr}——前轴/后轴簧载质量垂向位移；

z_{sf1}/z_{sf2}——前轴簧载质量左侧/右侧垂向位移；

z_{sr1}/z_{sr2}——后轴簧载质量左侧/右侧垂向位移；

z_{uf}/z_{ur}——前轴/后轴非簧载质量垂向位移；

z_{uf1}/z_{uf2}——前轴非簧载质量左侧/右侧垂向位移；

z_{ur1}/z_{ur2}——后轴非簧载质量左侧/右侧垂向位移；

k_{sf1}/k_{sf2}——前悬架左侧/右侧垂向刚度；

k_{sr1}/k_{sr2}——后悬架左侧/右侧垂向刚度；

c_{sf1}/c_{sf2}——前悬架左侧/右侧垂向阻尼；

c_{sr1}/c_{sr2}——后悬架左侧/右侧垂向阻尼；

T_f/T_r——前后轴的轮距。

2. 仿真结果

为了进一步说明重型汽车侧翻动力学模型中，簧载质量与非簧载质量的动力学参数变化，通过在 Simulink 中搭建重型车侧翻模型，设置车辆以 60km/h 的初始速度行驶，工况选取 J-turn 工况（即阶跃转角工况），其中方向盘转角为 90°，输出参数包括前、后轴簧载质量侧倾角，横摆角速度，侧向加速度等。重型汽车满载时的主要参数如表 1.2 所示：

表 1.2 重型汽车参数表

参数	值	单位	参数	值	单位
a	3.473	m	k_b	4×10^5	Nm/rad
b	1.527	m	k_{sf1}, k_{sf2}	250	N/mm
c_{sf1}, c_{sf2}	1.5×10^4	N/(m·s)	k_{sr1}, k_{sr2}	700	N/mm
c_{sr1}, c_{sr2}	3×10^4	N/(m·s)	k_{wf1}, k_{wf2}	980	N/mm
h_{cf}, h_{cr}	0.457	m	k_{wr1}, k_{wr2}	980	N/mm
h_f, h_r	0.716	m	m_{sf}	3465	kg
h_{uf}	0.51	m	m_{sr}	7781	kg
h_{ur}	0.528	m	m_{uf}	570	kg
I_{xf}	1576.4	kg·m²	m_{ur}	735	kg
I_{xr}	708.6	kg·m²	T_f	2.03	m
I_Z	34823	kg·m²	T_r	1.863	m

图 1.30 表示了 J-turn 工况下重型汽车的动态响应，黑色实线代表所建立数学模型的仿真结果。

1.2.2 三轴式汽车侧翻动力学模型

与两轴式汽车不同，三轴式汽车的特点不仅在于它拥有随动桥，而且车辆的长度尺寸也

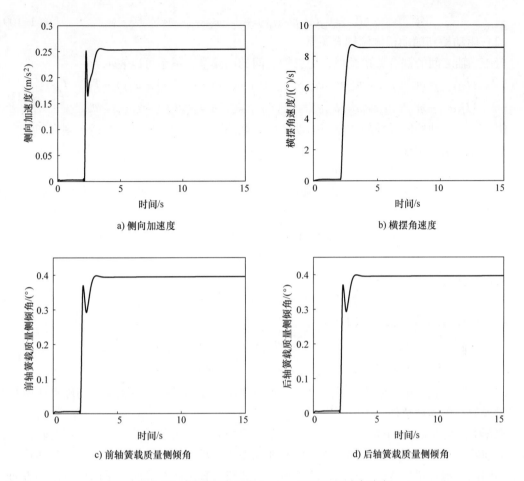

图 1.30 重型车模型在 J – turn 工况下的动态响应

变大了。三轴式汽车的车体长度超过 13m，转向桥与驱动桥之间的距离超过 5.5m，这使得汽车各车桥处的侧倾状态和侧翻稳定性会呈现出一些差异性。针对各车桥侧倾耦合关系，王超[15]建立了六自由度侧翻动力学模型，并做了参数估计。

1. 耦合关系分析

（1）转向桥和驱动桥侧倾耦合关系

当三轴式客车在进行转向行驶，客车便会发生侧倾。此时，客车第一轴（即转向桥）和第二轴（及驱动桥）所处的侧倾状况是不同的，但由于三轴式客车采用一体式承载式车身，两处的侧倾运动又会相互影响。

三轴式客车转向桥和驱动桥处的车身侧倾关系可以表示成如下形式：

$$\begin{cases} I_{x1}\ddot{\varphi}_{s1} = m_{s1}h_{s1}a_y + m_{s1}gh_{s1}\varphi_{s1} - k_{\varphi 1}(\varphi_{s1} - \varphi_{u1}) - c_{\varphi 1}(\dot{\varphi}_{s1} - \dot{\varphi}_{u1}) + T_{12} \\ I_{x2}\ddot{\varphi}_{s2} = m_{s2}h_{s2}a_y + m_{s2}gh_{s2}\varphi_{s2} - k_{\varphi 2}(\varphi_{s2} - \varphi_{u2}) - c_{\varphi 2}(\dot{\varphi}_{s2} - \dot{\varphi}_{u2}) - T_{12} + T_{23} \end{cases} \quad (1.108)$$

式中　T_{12}——一二轴之间的侧倾耦合力矩；

　　　T_{23}——二三轴之间的侧倾耦合力矩。

假设客车转向桥所承载的质量与驱动桥所承载的质量之间，通过一根拥有刚度和阻尼的无质量的理想扭杆相连，则有：

$$T_{12} = k_\varphi(\varphi_{s2} - \varphi_{s1}) + c_\varphi(\dot\varphi_{s2} - \dot\varphi_{s1}) \tag{1.109}$$

（2）驱动桥和随动桥侧倾耦合关系

与一二轴之间的耦合关系类似，二三轴之间的侧倾耦合关系可以表示为：

$$\begin{cases} I_{x2}\ddot\varphi_{s2} = m_{s2}h_{s2}a_y + m_{s2}gh_{s2}\varphi_{s2} - k_{\varphi 2}(\varphi_{s2} - \varphi_{u2}) - c_{\varphi 2}(\dot\varphi_{s2} - \dot\varphi_{u2}) - T_{12} + T_{23} \\ I_{x3}\ddot\varphi_{s3} = m_{s3}h_{s3}a_y + m_{s3}gh_{s3}\varphi_{s3} - k_{\varphi 3}(\varphi_{s3} - \varphi_{u3}) - c_{\varphi 3}(\dot\varphi_{s3} - \dot\varphi_{u3}) - T_{23} \end{cases} \tag{1.110}$$

假设客车驱动桥所承载的质量与随动桥所承载的质量之间，通过一根拥有刚度和阻尼的无质量的理想扭杆相连，则有

$$T_{23} = k_{\varphi 2}(\varphi_{s3} - \varphi_{s2}) + c_{\varphi 2}(\dot\varphi_{s3} - \dot\varphi_{s2}) \tag{1.111}$$

由图 1.31 的分析可知，驱动桥和随动桥位置的车身侧倾角与侧倾角速度之间的差值很小，可以忽略，即：

$$\begin{cases} \phi_{s3} - \phi_{s2} \approx 0 \\ \dot\phi_{s3} - \dot\phi_{s2} \approx 0 \end{cases} \tag{1.112}$$

所以，就有：

$$T_{23} \approx 0 \tag{1.113}$$

将式（1.112）代入式（1.110）可得：

$$\begin{cases} I_{X2}\ddot\varphi_{s2} = m_{s2}h_{s2}a_Y + m_{s2}gh_{s2}\phi_{s2} - K_{h2}(\phi_{s2} - \phi_{u2}) - D_{h2}(\dot\phi_{s2} - \dot\phi_{u2}) - T_{12} \\ I_{X3}\ddot\varphi_{s3} = m_{s3}h_{s3}a_Y + m_{s3}gh_{s3}\phi_{s3} - K_{h3}(\phi_{s3} - \phi_{u3}) - D_{h3}(\dot\phi_{s3} - \dot\phi_{u3}) \end{cases} \tag{1.114}$$

因此，第二轴与第三轴之间的耦合关系可以忽略。故而，可以将驱动桥与随动桥所承载的质量视为一个运动整体。

根据上述分析的各轴耦合关系，可将前车的簧载质量分为前后两部分，前部为转向桥所承载的前轴簧载质量部分，后部为驱动桥和随动桥共同承载的后轴簧载质量部分。通过一二轴之间的侧倾耦合扭杆连接车身的前部和后部。忽略三轴式客车纵向、垂向以及俯仰方向三个自由度的动力学特征，建立如图 1.31 所示的六自由度的三轴式客车侧翻模型。

2. 动力学分析

假设该模型中车辆左右侧均关于车身坐标系 x 轴相对称。根据达朗贝尔理论，可以得到如下六个自由度的动力学微分方程：

将前后轴簧载质量侧倾角加速度分开计算得到：

侧向运动：

$$ma_y - m_{sf}h_{sf}\ddot\varphi_{sf} - m_{sr}h_{sr}\ddot\varphi_{sr} = \sum F_Y \tag{1.115}$$

横摆运动：

$$I_z\dot r = 2aF_{y1} - 2bF_{y2} - 2cF_{y3} \tag{1.116}$$

前轴簧载质量侧倾运动：

$$I_{xf}\ddot\varphi_{sf} = m_{sf}h_{sf}a_y + m_{sf}gh_{sf}\varphi_{sf} - k_{\varphi f}(\varphi_{sf} - \varphi_{uf}) - c_{\varphi f}(\dot\varphi_{sf} - \dot\varphi_{uf}) + T_{12} \tag{1.117}$$

后轴簧载运动侧倾运动：

$$I_{xr}\ddot\varphi_{sr} = m_{sr}h_{sr}a_y + m_{sr}gh_{sr}\varphi_{sr} - k_{\varphi r}(\varphi_{sr} - \varphi_{ur}) - c_{\varphi r}(\dot\varphi_{sr} - \dot\varphi_{ur}) - T_{12} \tag{1.118}$$

前轴非簧载质量侧倾运动：

$$2F_{y1}h_c + m_{uf}(h_{uf} - h_c)a_y = k_{\varphi f}\varphi_{uf} - m_{uf}g(h_{uf} - h_c)\varphi_{uf}$$
$$- k_{\varphi f}(\varphi_{sf} - \varphi_{uf}) - c_{\varphi f}(\dot\varphi_{sf} - \dot\varphi_{uf}) \tag{1.119}$$

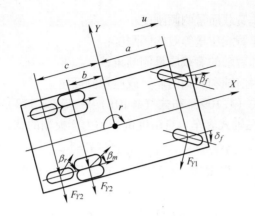

a) 横摆平面二自由度系统

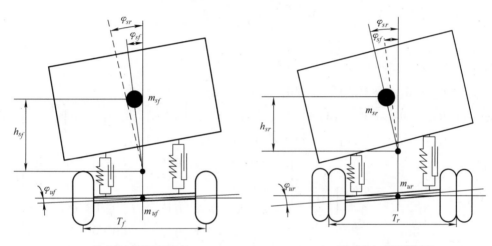

b) 三轴式客车前轴侧翻系统　　　　c) 三轴式客车后轴侧翻系统

图1.31　考虑前后轴侧倾差异的三轴式客车侧翻动力学模型

后轴非簧载质量侧倾运动：

$$2(F_{y2}+F_{y3})h_c + m_{ur}(h_{ur}-h_c)a_y = k_{\varphi r}\varphi_{ur} - m_{ur}g(h_{ur}-h_c)\varphi_{ur} \\ - k_{\varphi r}(\varphi_{sr}-\varphi_{ur}) - c_{\varphi r}(\dot{\varphi}_{sr}-\dot{\varphi}_{ur}) \tag{1.120}$$

式中　m_{sf} 和 m_{sr} ——分别为前轴簧载质量和后轴簧载质量；

m_{uf} ——转向桥处的前轴非簧载质量；

m_{ur} ——驱动桥和随动桥处的后轴非簧载质量；

h_{sf} 和 h_{sr} ——分别为前轴簧载质量和后轴簧载质量质心到侧倾轴线的竖直距离；

h_{uf} 和 h_{ur} ——分别前轴非簧载质量和后轴非簧载质量质心的高度；

I_{xf} ——前轴簧载质量的侧倾转动惯量；

I_{xr} ——后轴簧载质量的侧倾转动惯量；

$k_{\varphi f}$ ——前轴悬架等效侧倾刚度；

$k_{\varphi r}$ ——后轴悬架等效侧倾刚度；

$c_{\varphi f}$ ——前轴悬架等效侧倾阻尼系数；

$c_{\varphi r}$ ——后轴悬架等效侧倾阻尼系数；

$k_{\varphi f}$——前轴非簧载质量侧倾刚度；

$k_{\varphi r}$——后轴非簧载质量等效侧倾刚度；

φ_{sf} 和 φ_{sr}——前轴和后轴的簧载质量侧倾角；

φ_{uf} 和 φ_{ur}——分别为前轴和后轴的非簧载质量侧倾角。

整理式（1.108）-式（1.109）和式（1.101）-式（1.112）所示侧翻动力学模型，以及轮胎模型，可以得到三轴式客车六自由度侧翻动力学模型的状态空间形式。设

$$S = [\varphi_{sf} \quad \varphi_{sr} \quad \varphi_{uf} \quad \varphi_{ur}]^T, \quad T = [\dot{\varphi}_{sf} \quad \dot{\varphi}_{sr}]^T$$

$S_a = \delta_f$ 为前轮转角输入，根据式（1.110）~式（1.114），可以得到三轴式客车侧翻动力学模型状态空间方程组：

$$M_T \begin{bmatrix} \dot{v} \\ \dot{r} \\ \dot{S} \\ \dot{T} \end{bmatrix} = A_T \begin{bmatrix} v \\ r \\ S \\ T \end{bmatrix} + B_T S_a \tag{1.121}$$

其中：

$$M_T = \begin{bmatrix} M_{11} & 0_{2\times 4} & M_{13} \\ M_{21} & M_{22} & M_{23} \\ 0_{2\times 2} & M_{32} & 0_{2\times 2} \end{bmatrix}; A_T = \begin{bmatrix} A_{11} & 0_{2\times 4} & 0_{2\times 2} \\ A_{21} & A_{22} & A_{23} \\ 0_{2\times 2} & 0_{2\times 4} & A_{33} \end{bmatrix}; B_T = \begin{bmatrix} B_{11} \\ B_{21} \\ 0_{2\times 1} \end{bmatrix}; M_{11} = \begin{bmatrix} m & 0 \\ 0 & I_z \end{bmatrix};$$

$$M_{13} = \begin{bmatrix} -h_{sf}m_{sf} & -h_{sr}m_{sr} \\ 0 & 0 \end{bmatrix}; M_{21} = \begin{bmatrix} h_{sf}m_{sf} & 0 \\ h_{sr}m_{sr} & 0 \\ -m_{uf}(h_{uf}-h_c) & 0 \\ -m_{ur}(h_{ur}-h_c) & 0 \end{bmatrix}; M_{22} = \begin{bmatrix} 0 & 0 & 0 & 0 \\ 0 & 0 & 0 & 0 \\ 0 & 0 & D_{hf} & 0 \\ 0 & 0 & 0 & D_{hr} \end{bmatrix};$$

$$M_{23} = \begin{bmatrix} -I_{xf} & 0 \\ 0 & -I_{xr} \\ 0 & 0 \\ 0 & 0 \end{bmatrix}; M_{32} = \begin{bmatrix} 1 & 0 & 0 & 0 \\ 0 & 1 & 0 & 0 \end{bmatrix};$$

$$A_{11} = \begin{bmatrix} \dfrac{-2(k_f + k_m + k_r)}{u} & \dfrac{-(mu^2 + 2ak_f - 2bk_m - 2ck_r)}{u} \\ \dfrac{-2(ak_f - bk_m - ck_r)}{u} & \dfrac{-2(a^2 k_f + b^2 k_m + c^2 k_r)}{u} \end{bmatrix};$$

$$A_{21} = \begin{bmatrix} 0 & -h_{sf}m_{sf}u \\ 0 & -h_{sr}m_{sr}u \\ \dfrac{-2k_f h_c}{u} & \dfrac{m_{uf}u^2(h_{uf}-h_c) - 2ak_f h_c}{u} \\ \dfrac{-2(k_m + k_r)h_c}{u} & \dfrac{m_{ur}u^2(h_{ur}-h_c) + 2h_c(bk_m + ck_r)}{u} \end{bmatrix};$$

$$A_{22} = \begin{bmatrix} k_\varphi + K_{hf} - m_{sf}gh_{sf} & -k_\varphi & -k_{\varphi f} & 0 \\ -k_\varphi & k_\varphi + k_{\varphi r} - m_{sr}gh_{sr} & 0 & -k_{\varphi r} \\ K_{hf} & 0 & -k_{\varphi r} + m_{uf}g(h_{uf} - h_c) - k_{\varphi f} & 0 \\ 0 & K_{hr} & 0 & -k_{\varphi f} + m_{ur}g(h_{ur} - h_c) - k_{\varphi r} \end{bmatrix};$$

$$A_{23} = \begin{bmatrix} c_{\varphi f} + c_\varphi & -c_\varphi \\ -c_\varphi & c_{\varphi r} + c_\varphi \\ c_{\varphi f} & 0 \\ 0 & c_{\varphi r} \end{bmatrix}; A_{33} = \begin{bmatrix} 1 & 0 \\ 0 & 1 \end{bmatrix}; B_{11} = \begin{bmatrix} 2K_f \\ 2aK_f \end{bmatrix}; B_{21} = \begin{bmatrix} 0 \\ 0 \\ 2h_{sf}K_f \\ 0 \end{bmatrix} \circ$$

由此，三轴式客车侧翻动力学模型状态空间方程可以写成：

$$\dot{x} = Ax + BS_a \tag{1.122}$$

式中

$$A = M_T^{-1} A_T; \quad B = M_T^{-1} B_T$$

3. 仿真结果

为了进一步说明三轴式汽车侧翻动力学模型中，簧载质量与非簧载质量的动力学参数变化，通过在 Simulink 中搭建三轴式汽车侧翻模型，设置车辆以 60km/h 的初始速度行驶，工况选取 J-turn 工况（即阶跃转角工况），其中方向盘转角为 90°，输出参数如前、后轴簧载质量侧倾角、横摆角速度、侧向加速度等。重型汽车满载时的主要参数如表 1.3 所示。

表 1.3 三轴式汽车各轴的主要参数表

参数	值	参数	值
前轴簧载质量 m_{sf}/kg	3174	后轴簧载质量 m_{sr}/kg	3826
前轴非簧载质量 m_{uf}/kg	570	后轴非簧载质量 m_{ur}/kg	1145
前轴簧载质量侧倾转动惯量 I_{xf}/(kg·m²)	1033.1	后轴簧载质量侧倾转动惯量 I_{xr}/(kg·m²)	1277.4
前轴侧倾臂长 h_{sf}/m	0.575	后轴侧倾臂长 h_{sr}/m	0.575
前轴簧载质量侧倾中心高度 h_{cf}/m	0.675	后轴簧载质量侧倾中心高度 h_{cr}/m	0.675
前轴非簧载质量质心高度 h_{uf}/m	0.51	后轴非簧载质量质心高度 h_{ur}/m	0.51
前轮距 T_f/m	2.03	后轮距 T_r/m	1.863
前轴悬架侧倾刚度 K_{hf}/(N·m/rad)	449216	后轴悬架侧倾刚度 K_{hr}/(N·m/rad)	398060
前轴悬架侧倾阻尼 D_{hf}/(N·m·s/rad)	3444	悬架侧倾阻尼 D_{hr}/(N·m·s/rad)	3444
前轴非簧载质量等效侧倾刚度 K_{uf}/(N·m/rad)	489978	后轴非簧载质量等效侧倾刚度 K_{ur}/(N·m/rad)	979956

图 1.32 表示了 J-turn 工况下重型汽车的动态响应，蓝色实线代表所建立数学模型的仿真结果。

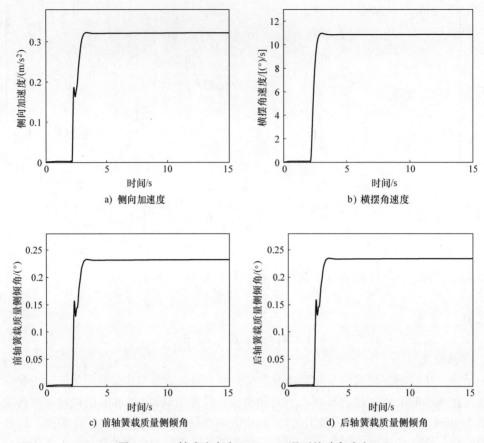

图 1.32 三轴式汽车在 J – turn 工况下的动态响应

1.2.3 铰接式货车侧翻动力学模型

根据汽车的运动学原理,建立二十五自由度[16]三轴半挂汽车列车非线性整车动力学模型,包括牵引车纵向、侧向、横摆及其簧载质量的垂直、俯仰和侧倾运动 6 个自由度,半挂车纵向、侧向、横摆及其簧载质量的垂直、俯仰、侧倾运动 6 个自由度,非簧载质量的垂直、侧倾运动、每个车轮的转动,共 4 个自由度,计入转向轴车轮的转向运动,转向轴非簧载质量则有 5 个自由度。

同样地,在建模过程中,必须对模型进行适当的简化:

1)载货汽车的车架具有很大扭转弹性,忽略车架的扭转,即为刚性车架。

2)假设牵引车前、后侧倾中心的高度相同,并且都位于汽车纵向平分面上,并且簧载质量绕前、后侧倾中心连线产生侧倾运动。

3)假设簧载质量与非簧载质量在坐标系 Z 轴方向是弹性连接的,而 X 轴、Y 轴方向是刚性连接的,即忽略非簧载质量和簧载质量在纵向和横向的相对运动。

4)假设所有车轮半径一样,且具有相同的特性。

5)忽略轮胎定位参数、车辆侧倾和悬架变形对转向性能的影响。

6)假设第五轮(鞍座)在牵引车的中间轴线上,半挂车簧载质量相对牵引车车架的侧倾转动存在弹性阻力。

分析半挂汽车不同部分的运动时使用三种不同的坐标系,如图 1.33 所示。

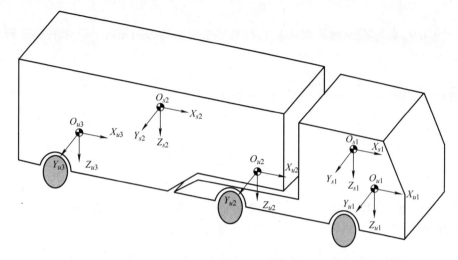

图 1.33 车辆的坐标系统

(1)地面坐标系

地面坐标系($O_n X_n Y_n Z_n$),原点 O_n 固定在地面上,其原点为列车静止时车辆质心在地面上的投影。X_n 轴正方向为车辆初始行驶方向;Z_n 轴方向与重力加速度方向相同(垂直向下);Y_n 轴为汽车的侧向轴,方向符合右手规则。

(2)簧载质量坐标系

簧载质量坐标系($O_s X_s Y_s Z_s$),为固定于每个簧载质量上的坐标系,坐标原点 O_s 位于簧载质量的质心位置。X_s 轴为纵轴,以汽车的前进方向为正;Z_s 轴为簧载质量的垂直轴,向下为正方向;Y_s 轴为横轴,方向符合右手规则。

(3)非簧载质量坐标系

非簧载质量坐标系($O_u X_u Y_u Z_u$)为固定在每个非簧载质量上的坐标系。原点 O_u 为非簧载质量的质心,X_u 轴垂直于车轴轴线,以汽车的前进方向为正;Z_u 轴垂直于轴线,向下为正;Y_u 轴为非簧载质量的侧向轴,方向符合右手规则。

为描述车体坐标系与大地坐标系之间的关系,将地面坐标系分别绕 Z、Y、X 三个轴线转过有限角度(φ,θ,ψ),使之与车辆坐标系重合,每次转动的坐标系间的转换关系为:

绕簧载质量坐标 Z_s 轴:

$$T_{RotZ} = \begin{bmatrix} \cos\psi & -\sin\psi & 0 \\ \sin\psi & \cos\psi & 0 \\ 0 & 0 & 1 \end{bmatrix} \quad (1.123)$$

绕簧载质量坐标 Y_s 轴:

$$T_{RotY} = \begin{bmatrix} \cos\theta & 0 & \sin\theta \\ 0 & 1 & 0 \\ -\sin\theta & 0 & \cos\theta \end{bmatrix} \quad (1.124)$$

绕簧载质量坐标 X_s 轴：

$$T_{RotX} = \begin{bmatrix} 1 & 0 & 0 \\ 0 & \cos\varphi & -\sin\varphi \\ 0 & \sin\varphi & \cos\varphi \end{bmatrix} \quad (1.125)$$

令 $[T_n^s]$ 为 $O_n X_n Y_n Z_n$ 坐标系向 $O_s X_s Y_s Z_s$ 坐标系变换的转换矩阵，其余转换矩阵类似标记，则：

$$T_{RotZ} \cdot T_{RotY} \cdot T_{RotX} = [T_n^s]$$

簧载质量坐标系关于地面坐标系的转换矩阵为：

$$T_{RotZ} \cdot T_{RotY} \cdot T_{RotX} = [T_n^s]$$

$$\begin{Bmatrix} X_s \\ Y_s \\ Z_s \end{Bmatrix} = T_{RotZ} \cdot T_{RotY} \cdot T_{RotX} \begin{Bmatrix} X_n \\ Y_n \\ Z_n \end{Bmatrix} = [T_n^s] \begin{Bmatrix} X_n \\ Y_n \\ Z_n \end{Bmatrix} \quad (1.126)$$

整车动力学模型如图 1.34 所示，分别进行侧向、垂直、侧倾俯仰四个方向的运动分析，可以得出运动平衡方程，而纵向和横摆运动则与整个牵引车一起分析。

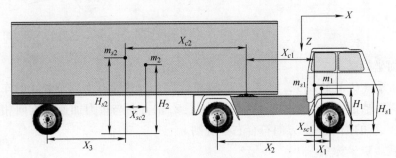

a) 半挂汽车动力学模型(正视图)

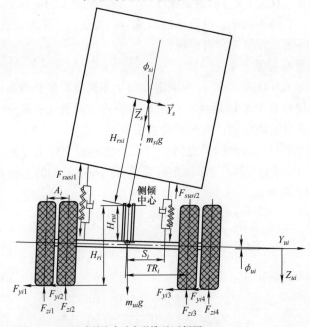

b) 半挂汽车动力学模型(后视图)

图 1.34 半挂汽车动力学模型

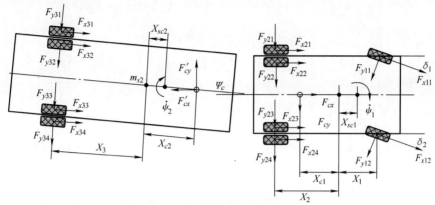

c) 半挂汽车动力学模型(俯视图)

图 1.34 半挂汽车动力学模型（续）

1. 运动学分析

（1）侧翻动力学

簧载质量坐标系下簧载质量平动和转动的运动方程为：

$$\vec{v}_s = u_s\vec{X}_s + v_s\vec{Y}_s + \omega_s\vec{Z}_s, \vec{\omega}_s = p_s\vec{X}_s + q_s\vec{Y}_s + r_s\vec{Z}_s \qquad (1.127)$$

于是，惯性坐标系下簧载质量的加速度为：

$$\vec{a}_s = (\dot{u}_s + q_s\omega_s - r_sv_s)\vec{X}_s + (\dot{v}_s + u_sr_s - p_s\omega_s)\vec{Y}_s + (\dot{\omega}_s + p_sv_s - q_su_s)\vec{Z}_s \qquad (1.128)$$

根据式（1.128），转换到非簧载质量坐标系下为：

$$\begin{aligned}\vec{a}_s =& [(\dot{u}_s + q_s\omega_s - r_sv_s) + (\dot{v}_s + u_sr_s - p_s\omega_s)\varphi_s\sin\theta_s + (\dot{\omega}_s + p_sv_s - q_su_s)\theta_s\cos\theta_s]\vec{X}_u \\ &+ [-(\dot{u}_s + q_s\omega_s - r_sv_s)\theta_s\sin\varphi_s + (\dot{v}_s + u_sr_s - p_s\omega_s)\cos(\varphi_s - \varphi_u) \\ &- (\dot{\omega}_s + p_sv_s - q_su_s)\sin(\varphi_s - \varphi_u)]\vec{Y}_u \\ &+ [-(\dot{u}_s + q_s\omega_s - r_sv_s)\theta_s\cos\varphi_u + (\dot{v}_s + u_sr_s - p_s\omega_s)\sin(\varphi_s - \varphi_u) \\ &+ (\dot{\omega}_s + p_sv_s - q_su_s)\cos(\varphi_s - \varphi_u)]\vec{Z}_u \end{aligned} \qquad (1.129)$$

根据上述式（1.127）~式（1.129），牵引车簧载质量坐标系下牵引车的速度为：

$$\vec{v}_1 = \vec{v}_{s1} + \frac{\mathrm{d}}{\mathrm{d}t}[X_{sc1}\vec{X}_{s1} + (h_{s1} - h_1)\vec{Z}_{s1}] =$$
$$[u_{s1} + (h_{s1} - h_1)q_{s1}]\vec{X}_{s1} + [v_{s1} + X_{sc1}r_{s1} - (h_{s1} - h_1)p_{s1}]\vec{Y}_{s1} + [\omega_{s1} - X_{sc1}q_{s1}]\vec{Z}_{s1}$$
$$(1.130)$$

半挂车簧载质量坐标系下半挂车的速度为：

$$\vec{v}_2 = \vec{v}_{s2} + \frac{\mathrm{d}}{\mathrm{d}t}[X_{sc2}\vec{X}_{s2} + (h_{s2} - h_2)\vec{Z}_{s2}] =$$
$$[u_{s2} + (h_{s2} - h_2)q_{s2}]\vec{X}_{s2} + [v_{s2} + X_{sc2}r_{s2} - (h_{s2} - h_2)p_{s2}]\vec{Y}_{s2} + [\omega_{s2} - X_{sc2}q_{s2}]\vec{Z}_{s2}$$
$$(1.131)$$

非簧载质量的速度为：

$$\vec{v}_{ui} = \vec{v}_s + \vec{v}_{Ri/s} + \vec{v}_{u/Ri} \qquad (1.132)$$

$$\vec{v}_{Ri/s} = \dot{\vec{d}}_{sRi/s} = h_{rsi}q_s \vec{X}_s + (X_{Ri}r_s - h_{rsi}p_s)\vec{Y}_s - X_{Ri}q_s \vec{Z}_s \tag{1.133}$$

$$\vec{v}_{u/Ri} = \dot{\vec{d}}_{u/Ri} = -h_{rui}p_{ui}\vec{Y}_u \tag{1.134}$$

$$\vec{v}_{ui} = (u_s + h_{rsi}q_s)\vec{X}_u + (v_s + X_{Ri}r_s - h_{rsi}p_s - h_{rui}p_{ui})\vec{Y}_s + (\omega_s - X_{Ri}q_s)\vec{Z}_s \tag{1.135}$$

牵引车的加速度为:

$$\vec{a}_1 = \vec{a}_{s1} + \frac{d}{dt^2}[X_{sc1}\vec{X}_{s1} + (h_{s1} - h_1)\vec{Z}_{s1}] =$$

$$[\dot{u}_{s1} + q_{s1}\omega_{s1} - r_{s1}v_{s1} - X_{sc1}(r_{s1}^2 + q_{s1}^2) + (h_{s1} - h_1)(\dot{q}_{s1} + p_{s1}r_{s1})]\vec{X}_{s1}$$

$$+ [\dot{v}_{s1} + u_{s1}r_{s1} - p_{s1}\omega_{s1} + X_{sc1}(\dot{r}_{s1} + p_{s1}q_{s1}) + (h_{s1} - h_1)(q_{s1}r_{s1} - \dot{p}_{s1})]\vec{Y}_{s1}$$

$$+ [\dot{\omega}_{s1} + p_{s1}v_{s1} - q_{s1}u_{s1} + X_{sc1}(p_{s1}r_{s1} - \dot{q}_{s1}) - (h_{s1} - h_1)(q_{s1}^2 + p_{s1}^2)]\vec{Z}_{s1}$$

$$\tag{1.136}$$

式中　　u_{si}、v_{si}、ω_{si}——簧载质量的纵向、侧向和垂向的速度;

　　　　p_{si}、q_{si}、r_{si}——侧倾、俯仰和横摆角速度;

　　　　h_{si}——簧载质量质心高度;

　　　　h_i——质心高度;

　　　　$i = 1$——牵引车;

　　　　$i = 2$——半挂车;

　　　　X_{Ri}——各车轴侧倾中心至簧载质量质心的纵向距离。

半挂车的加速度为:

$$\vec{a}_2 = \vec{a}_{s2} + \frac{d}{dt^2}[X_{sc2}\vec{X}_{s2} + (h_{s2} - h_2)\vec{Z}_{s2}] =$$

$$[\dot{u}_{s2} + q_{s2}\omega_{s2} - r_{s2}v_{s2} - X_{sc2}(r_{s2}^2 + q_{s2}^2) + (h_{s2} - h_2)(\dot{q}_{s2} + p_{s2}r_{s2})]\vec{X}_{s2}$$

$$+ [\dot{v}_{s2} + u_{s2}r_{s2} - p_{s2}\omega_{s2} + X_{sc2}(\dot{r}_{s2} + p_{s2}q_{s2}) + (h_{s2} - h_2)(q_{s2}r_{s2} - \dot{p}_{s2})]\vec{Y}_{s2}$$

$$+ [\dot{\omega}_{s2} + p_{s2}v_{s2} - q_{s2}u_{s2} + X_{sc2}(p_{s2}r_{s2} - \dot{q}_{s2}) - (h_{s2} - h_2)(q_{s2}^2 + p_{s2}^2)]\vec{Z}_{s2} \tag{1.137}$$

假设侧倾中心到簧载质量质心的距离不变,则侧倾中心相对于簧载质量质心的距离为:

$$\vec{d}_{Ri/s} = X_{Ri}\vec{X}_s + h_{rsi}\vec{Z}_s \tag{1.138}$$

假设各轴的侧倾中心在轴的正上方,则:

$$X_{R1} = X_1, X_{R2} = -X_2, X_{R3} = -X_3 \tag{1.139}$$

可求得侧倾中心的速度和加速度为:

$$\vec{v}_{Ri/s} = \dot{\vec{d}}_{Ri/s} = h_{rsi}q_s\vec{X}_s + (X_{Ri}r_s - h_{rsi}p_s)\vec{Y}_s - X_{Ri}q_s\vec{Z}_s \tag{1.140}$$

$$\vec{a}_{Ri/s} = (h_{rsi}\dot{q}_s - X_{Ri}q_s^2 + h_{rsi}p_sr_s - X_{Ri}r_s^2)\vec{X}_s + (X_{Ri}\dot{r}_s + X_{Ri}p_sq_s - h_{rsi}\dot{p}_s + h_{rsi}q_sr_s)\vec{Y}_s$$

$$+ (X_{Ri}p_sr_s - X_{Ri}\dot{q}_s - h_{rsi}p_s^2 - h_{rsi}q_s^2)\vec{Z}_s \tag{1.141}$$

根据式(1.126),转换到非簧载质量坐标系下为:

$$\vec{a}_{Ri/s} = [(h_{rsi}\dot{q}_s - X_{Ri}q_s^2 + h_{rsi}p_sr_s - X_{Ri}r_s^2) +$$

$$(X_{Ri}\dot{r}_s + R_{Ri}p_sq_s - h_{rsi}\dot{p}_s + h_{rsi}q_sr_s)\theta_s\sin\varphi_s +$$

$$(X_{Ri}p_sr_s - X_{Ri}\dot{q}_s - h_{rsi}p_s^2 - h_{rsi}q_s^2)\theta_s\cos\varphi_s]\vec{X}_u$$

$$+ [- (h_{rsi} \dot{q}_s - X_{Ri} q_s^2 + h_{rsi} p_s r_s - X_{Ri} r_s^2) \theta_s \sin\varphi_u$$
$$+ (X_{Ri} \dot{r}_s + X_{Ri} p_s q_s - h_{rsi} \dot{p}_s + h_{rsi} q_s r_s) \cos(\varphi_s - \varphi_u)$$
$$- (X_{Ri} p_s r_s - X_{Ri} \dot{q}_s - h_{rsi} p_s^2 - h_{rsi} q_s^2) \sin(\varphi_s - \varphi_u)] \vec{Y}_u$$
$$+ [- (h_{rsi} \dot{q}_s - X_{Ri} q_s^2 + h_{rsi} p_s r_s - X_{Ri} r_s^2) \theta_s \cos\varphi_u$$
$$+ (X_{Ri} \dot{r}_s + X_{Ri} p_s q_s - h_{rsi} \dot{p}_s + h_{rsi} q_s r_s) \sin(\varphi_s - \varphi_u)$$
$$+ (X_{Ri} p_s r_s - X_{Ri} \dot{q}_s - h_{rsi} p_s^2 - h_{rsi} q_s^2) \cos(\varphi_s - \varphi_u)]_s \vec{Z}_u \quad (1.142)$$

忽略非簧载质量的俯仰运动，则相对于各自侧倾中心的加速度为：

$$\vec{d}_{u/Ri} = h_{rui} \vec{Z}_u \quad (1.143)$$
$$\vec{v}_{u/Ri} = \dot{\vec{d}}_{u/Ri} = -h_{rui} p_{ui} \vec{Y}_u \quad (1.144)$$
$$\vec{a}_{u/Ri} = h_{rui} p_{ui} \vec{X}_u - h_{rui} \dot{p}_{ui} \vec{Y}_u - h_{rui} p_u^2 \vec{Z}_u \quad (1.145)$$

根据式（1.126），簧载质量坐标系中非簧载质量的加速度为：

$$\vec{a}_{ui} = \vec{a}_s + \vec{a}_{Ri/s} + \vec{a}_{u/Ri}$$
$$= [[\dot{u}_s + q_s \omega_s - r_s v_s + h_{rui} p_{ui} r_{ui} + h_{rsi} \dot{q}_s - X_{Ri} q_s^2 + h_{rsi} p_s r_s - X_{Ri} r_s^2]$$
$$+ (\dot{v}_s + u_s r_s - p_s \omega_s + X_{Ri} \dot{r}_s + X_{Ri} p_s q_s - h_{rsi} \dot{p}_s + h_{rsi} q_s r_s) \theta_s \sin\varphi_s$$
$$+ (\dot{\omega}_s + p_s v_s - q_s u_s + X_{Ri} p_s r_s - X_{Ri} \dot{q}_s - h_{rsi} p_s^2 - h_{rsi} q_s^2) \theta_s \cos\varphi] \vec{X}_u$$
$$+ [-(\dot{u}_s + q_s \omega_s - r_s v_s + h_{rsi} \dot{q}_s - X_{Ri} q_s^2 + h_{rsi} p_s r_s - X_{Ri} r_s^2) \theta_s \sin\varphi_u - h_{rui} \dot{p}_{ui}$$
$$+ (\dot{v}_s + u_s r_s - p_s \omega_s + X_{Ri} \dot{r}_s + X_{Ri} p_s q_s - h_{rsi} \dot{p}_s + h_{rsi} q_s r_s) \cos(\varphi_s - \varphi_u)$$
$$- (\dot{\omega}_s + p_s v_s - q_s u_s + X_{Ri} p_s r_s - X_{Ri} \dot{q}_s - h_{rsi} p_s^2 - h_{rsi} q_s^2) \sin(\varphi_s - \varphi_u)] \vec{Y}_u$$
$$+ [-(\dot{u}_s + q_s \omega_s - r_s v_s + h_{rsi} \dot{q}_s - X_{Ri} q_s^2 + h_{rsi} p_s r_s - X_{Ri} r_s^2) \theta_s \cos\varphi_u - h_{rui} p_u^2$$
$$+ (\dot{v}_s + u_s r_s - p_s \omega_s + X_{Ri} \dot{r}_s + X_{Ri} p_s q_s - h_{rsi} \dot{p}_s + h_{rsi} q_s r_s) \sin(\varphi_s - \varphi_u)$$
$$+ (\dot{\omega}_s + p_s v_s - q_s u_s + X_{Ri} p_s r_s - X_{Ri} \dot{q}_s - h_{rsi} p_s^2 - h_{rsi} q_s^2) \cos(\varphi_s - \varphi_u)] \vec{Z}_u$$
$$(1.146)$$

（2）操纵动力学

牵引车纵向运动平衡方程：

$$m_1 (\dot{u}_1 - v_1 \cdot r_{c1}) = F_{x11} \cos\delta_1 - F_{y11} \sin\delta_1 + F_{x12} \cos\delta_2 - F_{y12} \sin\delta_2$$
$$+ F_{x21} + F_{x22} + F_{x23} + F_{x24} + F_{cx} \quad (1.147)$$

牵引车侧向运动平衡方程：

$$m_1 (\dot{v}_1 + u_1 \cdot \dot{\psi}_1) = F_{x11} + F_{y11} + F_{x12} + F_{y12} + F_{y21} + F_{y22} + F_{y23} + F_{y24} + F_{cy}$$
$$(1.148)$$

牵引车簧载质量垂直运动平衡方程：

$$m_{s1} (\dot{w}_{s1} + p_{s1} v_{s1} - q_{s1} u_{s1}) = -\sum_{i=1}^{2} (F_{s1} + F_{s2}) + m_{s1} g + F_{cz} \quad (1.149)$$

牵引车簧载质量俯仰运动平衡方程：

$$I_{ys1}\dot{q}_{s1} - (I_{zs1} - I_{xs1})p_{s1}r_{s1} = M_{cy} + F_{cz}X_{c1} + (F_{s11} + F_{s12})\cos(\varphi_{s1} - \varphi_{u1})X_1$$
$$- (F_{s21} + F_{s22})\cos(\varphi_{s1} - \varphi_{u2})X_2$$
(1.150)

由于非簧载质量和簧载质量一起承受横摆运动，可将二者结合在一起分析横摆运动，牵引车绕鞍座连接点的横摆运动平衡方程为：

$$(X_{c1} + X_{sc1})m_1(a_{1y}\cos\varphi_{s1} - a_1\sin\varphi_{s1}) + I_{zc1}\dot{r}_{c1} =$$
$$(F_{x11}\sin\delta_1 + F_{x12}\sin\delta_2 + F_{y11}\cos\delta_1 + F_{y12}\cos\delta_2)(X_1 + X_{c1})$$
$$+ (F_{x11}\cos\delta_1 - F_{y11}\sin\delta_1 - F_{x12}\cos\delta_2 + F_{y12}\sin\delta_2)TR_1 - \sum_{i=1}^{2}M_{1i} \quad (1.151)$$
$$+ (F_{x22} - F_{x23}) \cdot TR_2 + (F_{x21} - F_{x24})(TR_2 + A_2)$$
$$- (F_{y21} + F_{y22} + F_{y23} + F_{24})(X_2 - X_{c1}) - \sum_{i=1}^{4}M_{2i}$$

半挂汽车簧载质量和非簧载质量的运动学方程与牵引车类似。半挂车纵向运动平衡方程：

$$m_2(\dot{u}_2 - v_2 \cdot r_{c2}) = F_{x31} + F_{x32} + F_{x33} + F_{x34} - F'_{cx} - F'_{cx}\sin(\psi_{s2} - \psi_{s1}) \quad (1.152)$$

半挂车侧向运动平衡方程：

$$m_2(\dot{v}_2 - u_2 \cdot \psi_2) = F_{y31} + F_{y32} + F_{y33} + F_{y34} - F'_{cx}\sin\psi_c - F'_{cx}\cos\psi_c \quad (1.153)$$

半挂车簧载质量垂直运动平衡方程：

$$m_{s2}(\dot{w}_{s2} + p_{s2}v_{s2} - q_{s2}u_{s2}) = (F_{s31} + F_{s32})\cos(\varphi_{s2} - \varphi_{u3}) + m_{s2}g\cos\varphi_{s2} - F'_{cz}$$
(1.154)

半挂车簧载质量侧倾运动平衡方程：

$$I_{xs2}\dot{p}_{s2} - (I_{ys2} - I_{zs2})q_{s2}r_{s2} = M'_{cx} + F_{s31} + F_{s32}[H_{rs3}\sin(\varphi_{s2} - \varphi_{u3}) - S_3] \quad (1.155)$$

半挂车簧载质量俯仰运动平衡方程：

$$I_{ys2}\dot{q}_{s2} - (I_{zs2} - I_{xs2})p_{s2}r_{s2} = M'_{cy} + F'_{cz}X_{c2} - (F_{s31} + F_{s32})\cos(\varphi_{s2} - \varphi_{u3})X_3 \quad (1.156)$$

半挂车绕牵引鞍座的横摆运动平衡方程：

$$- (X_{c2} + X_{sc2})m_2(a_{2y}\cos\varphi_{s2} - a_{z2}\sin\varphi_{s2}) + I_{zc2}\dot{r}_{c2} =$$
$$(F_{x32} - F_{x33})TR_2 + (F_{x31} - F_{x34})(TR_3 + A_3) - \sum_{i=1}^{4}F_{y3i}(X_3 + X_{c2}) - \sum_{i=1}^{4}M_{3i}$$
(1.157)

半挂车非簧载质量垂直运动平衡方程：

$$m_{u1}a_{u1} = m_{u1}g\cos\varphi_{u1} + F_{sus11} + F_{sus12} - \sum_{j=1}^{2}F_{z1j}\cos\varphi_{ui} - \sum_{j=1}^{2}F_{y1j}\sin\varphi_{ui}$$
$$m_{ui}a_{ui} = m_{ui}g\cos\varphi_{ui} + F_{susi1} + F_{susi2} - \sum_{j=1}^{4}F_{zij}\cos\varphi_{ui} - \sum_{j=1}^{4}F_{y1j}\sin\varphi_{ui} \quad i = 2,3$$
(1.158)

半挂车非簧载质量侧倾运动平衡方程：

$$I_{xu1}\dot{p}_{u1} = - (F_{s11} - F_{s12})S_1 + (h_{r1}\cos\varphi_{u1} - h_{ru1})\sum_{i=1}^{2}F_{y1i}$$

$$+ (F_{z11} - F_{z12})TR_1\cos\varphi_{u1}$$

$$I_{xu2}\dot{p}_{u2} = -(F_{s21} - F_{s22})S_2 + (h_{r2}\cos\varphi_{u2} - h_{ru2})\sum_{i=1}^{4}F_{y2i}$$

$$+ [(F_{z21} - F_{z24})(TR_2 + A_2) + (F_{z22} - F_{z23})TR_2]\cos\varphi_{u2}$$

$$I_{xu3}\dot{p}_{u3} = -(F_{s31} - F_{s32})S_3 + (h_{r3}\cos\varphi_{u3} - h_{ru3})\sum_{i=1}^{4}F_{y3i}$$

$$+ [(F_{z31} - F_{z34})(TR_3 + A_3) + F_{z32}TR_2]\cos\varphi_{u3} \quad (1.159)$$

式中 F_{xij}、F_{yij}、F_{zij}、M_{ij}——分别为轮胎受到的纵向力、侧向力、垂向力和回正力矩；

I_{xui}——非簧载质量的侧倾转动惯量；

$i = 1、2、3$；

$j = 1、2、3、4$；

F_{cx}、F_{cy}、F_{cz}——分别为作用在牵引车上的第五轮处的纵向、侧向力和垂向力；

I_{sxi}、I_{syi}、I_{zsi}——分别为簧载质量的侧倾、俯仰和横摆转动惯量；

I_{zci}——绕第五轮的横摆转动惯量。

2. 仿真分析

为了进一步说明半挂汽车列车侧翻动力学模型中牵引车与挂车的动力学参数变化，通过在 Simulink 中搭建重型车侧翻模型，设置 J-turn 工况进行仿真，仿真初始车速 80km/h，车辆满载，高附着路面附着系数 0.85，低附着 0.3。高附着方向盘角阶跃输入转向角为 100°，对比结果如图 1.35 所示。

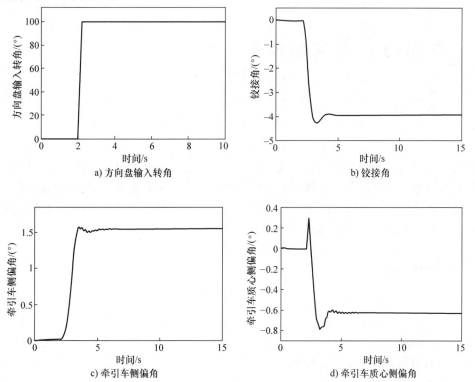

图 1.35　半挂汽车列车模型在 J-turn 工况下的动态响应

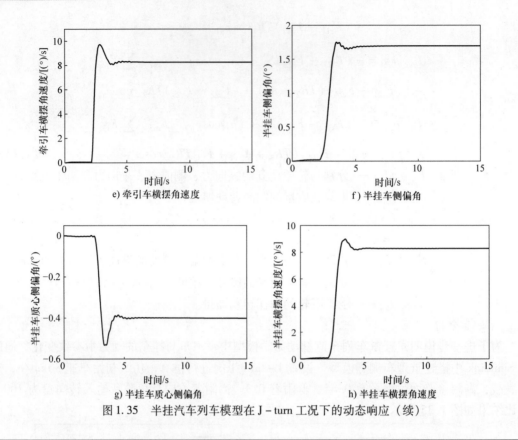

图1.35 半挂汽车列车模型在J-turn工况下的动态响应（续）

1.3 多体动力学侧翻模型

通过试验来改善和提高车辆安全性固然准确性高，但是试验成本高，同时也具有一定的危险性。所以，近年来研究者们使用多体动力学模型来研究车辆的侧翻动力学。

多体动力学是虚拟样机的核心理论，是由多刚体和多柔体系统组成的。多刚体系统动力学的研究领域是由多个刚体组成的系统，这些刚体通过一些约束进行连接。多柔体系统动力学的研究领域是由刚体以及柔性体组成的耦合系统。在分析研究这些动力学系统时，需要建立一些量的表达式，如非线性系统方程、运动学表达式、能量表达式等。常用的车辆多体动力学建模工具有CarSim、TruckSim、ADAMS等。

1.3.1 CarSim 模型

CarSim软件由美国机械仿真公司MSC（Mechanical Simulation Corporation）于1996年开发[17]。它的汽车静态和非静态仿真的基础来自于密歇根大学运输研发中心在车辆领域数年研究成果的累积。目前，CarSim软件已被通用、福特、丰田等大企业认可，并应用于新产品的开发和虚拟仿真试验。该软件采用简洁易懂的人机交互界面，具有快速、准确、易于上手、可直观展示等特点，该软件通过参数化建模，可以模拟不同路面和外界环境的情况下汽车的加速踏板、制动踏板和方向盘操纵的调整，并可通过直观的仿真过程动画，或者车辆仿真过程中各个参数的变化,来分析车辆的各种响应和性能。同时,CarSim 软件还可以与 Matlab 软件联合仿真,通过两个软件的联合,可以发挥各自的优势,完成包含控制器和车辆动力学模型的闭环仿真。CarSim 软件由如下三部分组成[17,18],如图 1.36 所示:

1) 图形化数据库。该部分包含三块内容,依次是车辆模型的数据库、路径和车速控制数据库,以及外环境的数据库(如路面信息,风等外部环境)。这三个库涵盖了人一车一路闭环仿真的各个部分,软件可以选择默认的数据库,也能自己搭建数据库。

2) 数学模型求解器。该求解器是整个软件求解仿真运算的核心部分,在该部分可以设置仿真相关信息,如仿真时间、仿真步长等。CarSim 中的模型不仅具有快速精确的优点,而且可与 Matlab/simulink 和 C 语言等联合仿真。

3) 仿真结果后处理部分。CarSim 软件具有强大的仿真结果后处理功能,包括两部分,分别是仿真结果的动画生成和参数曲线的绘制。生成的仿真动画可以直观地观察车辆在仿真过程中的响应变化,参数曲线的绘制则可以选择某些表征车辆特性的参数,从而方便进行定量分析。

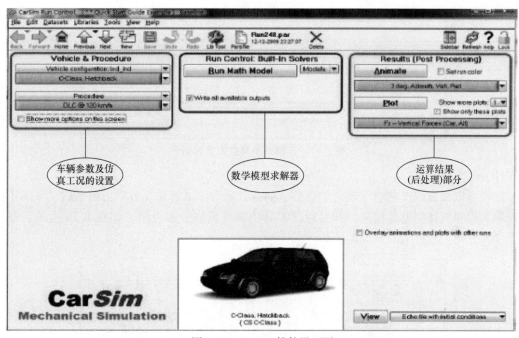

图 1.36　CarSim 软件界面图

1. CarSim 操作界面

CarSim 中的车辆模型的数据库是图形化的。用图形展示的模型仿真设定简明易懂,并涵盖三个部分,分别是车辆模块,路径和车速控制部分和外环境部分(包含道路信息,风等外部干扰)。本节将在 CarSim 中建立起整车模型,为后续的仿真验证奠定基础。接下来将详细介绍汽车模型的建立步骤和过程。CarSim 将对汽车进行大量简化,进而通过各个子系统来描述,这种方法既包含了常见的车辆动力学模型构建法,又包涵盖了当前的多体动力学模型构建法。对车辆抽象后,Carsim 中车辆图形化数据库包括八大模块,分别是车身底盘、车辆外形的空气动力学、仿真动画中车辆外形、传动系统、制动系统、转向系统、前后轴的悬架系统和四轮所用轮胎等,下面将对每一部分一一详细说明。

(1) 车体部分

车体部分包含了整车的质量、绕各个轴的转动惯量,以及车辆的一些尺寸参数等信息,如图1.37所示。它主要包括车身尺寸、质心到前后轴的距离、前后轴的轮距、整车质量和簧载质量、质心到地面高度和整车绕各个轴的转动惯量等信息。车辆类型选择E – Class,HighCGSUV,是一种质心较高(1024mm)的SUV,由于其易侧翻的特点,常用来研究小汽车侧倾动力学。

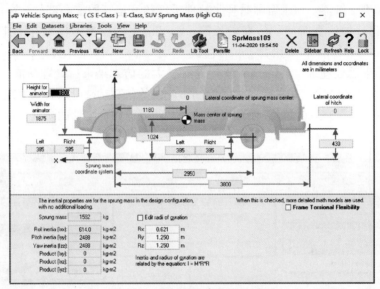

图1.37 车辆基本参数设置界面

(2) 空气动力学

此处可以设置汽车的空气动力学参数,如空气动力学坐标系、各项力的系数、车辆正面的投影面积和气体密度等信息,并且包含了其中某些量的公式说明,如图1.38所示。空气动力学部分使用软件的默认设定。

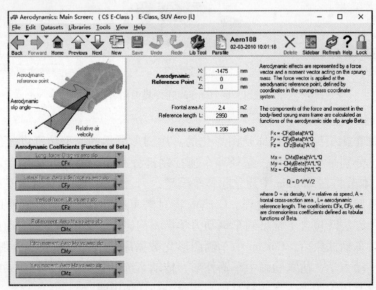

图1.38 空气动力学参数设置界面

(3)传动系统

该部分介绍了车辆动力的传输过程：经过发动机、离合器、变速器，再到差速器，最终到四个车轮。它可以设置每一部分的性能参数，如发动机的万有特性曲线、离合器的扭转刚度、阻尼和结合特性曲线、变速器的档位数和各档位传动比、传动效率、转动惯量以及换档逻辑等，如图1.39所示，一般采取默认设置。

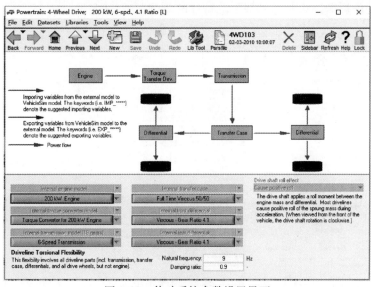

图1.39　传动系统参数设置界面

(4)制动系统

该部分简单介绍了车辆制动系统相关内容，包括车辆液压制动的各种性能参数设定和ABS的参数设定，如图1.40所示。车辆液压制动系统的各种性能参数包括车辆制动力力矩和压力的关系、制动压力的分配关系、制动液的流体动力学参数和流体的时滞；ABS防抱死系统的设定包括ABS工作的前后轮的最低车速，以及功能开启和关闭的前后轮的滑移率阈值。

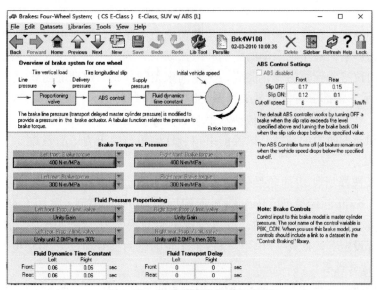

图1.40　制动系统参数设置界面

(5) 转向系统

该部分介绍了车辆模型的转向系统的特性，主要包括转向系统的运动学特性，即转向 K 特性和顺从特性，也就是转向 C 特性，如图 1.41 所示。该部分可以设置前轮转向和后轮转向的形式，设置转向齿轮的运动学特性曲线和转向系角传动比特性曲线等。一般使用默认设置。需要特别说明的是 CarSim 中的车辆模型的转向特性不仅受到此部分转向系统的运动学特性和顺从特性的影响，也受到悬架系统特性的影响。

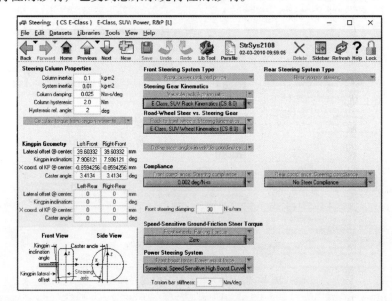

图 1.41 转向系统参数设置界面

(6) 前后轴的悬架系统

CarSim 中前轴悬架有两种形式：独立和非独立悬架，后轴悬架除了上述两种之外，还可以选择扭转梁悬架。前后悬架可以设置各自的运动学的特性和顺从特性。这里前后悬架均选择独立悬架，如图 1.42 所示。在悬架的运动学参数设置界面，可以设置簧下质量、车轮旋转惯性、轮心高度、车轮外倾角和前束角的初始值等参数，同时可以设置由于悬架颠簸运动对车轮驱动的影响，对车轮滚动的影响和对操纵的影响，比如车轮外倾角随着轮胎跳动的曲线，轮心侧向位移随轮跳的变化曲线，车轮前束角随着轮胎跳动的曲线等。悬架的顺从特性如图 1.42 所示。该部分可设置悬架弹簧、减振器和横向稳定杆的相关参数特性曲线和悬架顺从系数等。其中悬架顺从系数包括八个参数，分别是前束角、外倾角、轮心纵向位移与纵向力的系数和与侧向力的系数，以及前束角、外倾角与回正力矩的系数。

(7) 轮胎部分

该部分可以选择所使用的轮胎类型，同时软件中也提供了多种常用的轮胎模型，如 Delft 轮胎模型、Swift 轮胎模型、Pacejka 轮胎模型和 MF 轮胎模型，如图 1.43 所示。这里使用的是 CarSim 软件的内置轮胎模型，可以设置轮胎的垂向力、滚动阻力、剪切力、剪切力矩和轮胎的动画设定等。此外，车辆模型四个车轮的轮胎型号均设为 265/70 R17。

2. CarSim 仿真设置

车辆模型是研究汽车侧翻预警和防侧翻控制的基础，为了验证防侧翻控制策略的有效

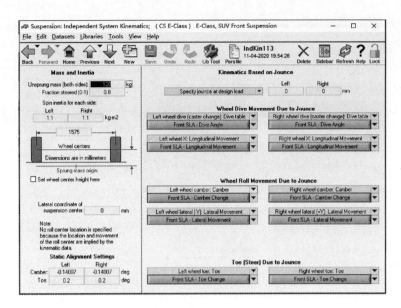

图 1.42　前悬架系统参数设置界面

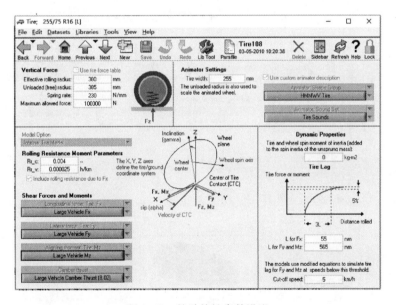

图 1.43　轮胎特性参数设置

性，需要建立能准确反映车辆参数变化规律的模型，并进行侧翻动态仿真，研究者往往通过采用精度较高的 CarSim 中的非线性车辆模型，来模拟真实汽车在不同路面、不同工况下的驾驶运行。接下来介绍 CarSim 软件仿真输入设置步骤。

CarSim 路面参数设置如图 1.44 所示。

CarSim 车辆模型如图 1.45 所示。车辆类型选择 E – Class，HighCGSUV，是一种质心较高（1024mm）的 SUV，由于其易侧翻的特点，常用来研究小汽车侧倾动力学，其他车辆参数如整车质量、前后轴长及转动惯量等设置如表 1.1 所示。簧载质量空气动力学、转向系

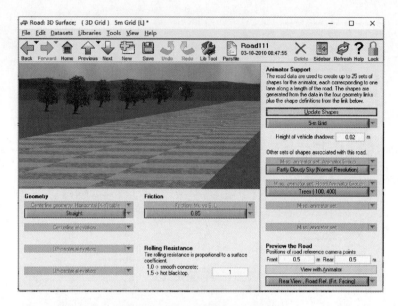

图 1.44　CarSim 路面参数设置

统、悬架系统及路面设置分别如图 1.38～图 1.45 所示。

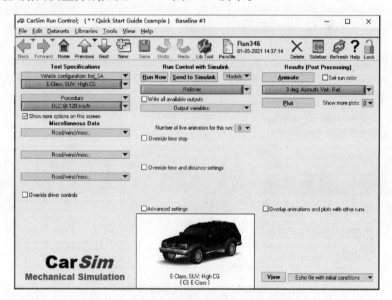

图 1.45　CarSim 车辆模型

运行仿真,得到仿真界面如图 1.46 所示。仿真中可以得到 SUV 的侧倾角、侧向加速度及横摆角速度曲线,如图 1.47 所示。

仿真工况设置为 J-turn 工况,方向盘输入如图 1.47 所示。车速设置为恒速 80km/h,制动控制设置开环制动压力输入为 0,路面设置平坦平直路面,其路面粗糙度设置为 0.85。

图 1.46 CarSim 仿真界面

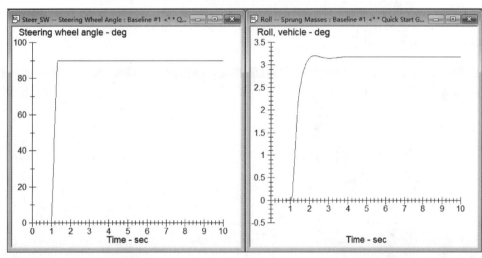

a) 方向盘输入   b) 簧载质量侧倾角

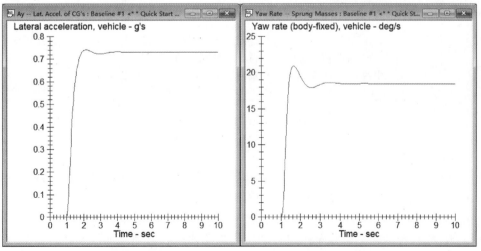

c) 侧向加速度   d) 横摆角速度

图 1.47 CarSim 仿真结果

1.3.2 TruckSim 模型

TruckSim 软件是由 MSC（Mechanical Simulation Corporation）公司开发的另一款汽车动态模拟仿真软件，主要用于模拟和分析轻型货车、客车、重型半挂车、重型货车、多轴军用车辆。TruckSim 软件可以方便灵活定义试验环境和试验过程，详细定义整车各系统的特性参数和特性文件，通过输入车辆情况（动力性能、外观尺寸、载重情况等）、道路情况（平、纵线形、路面摩擦系数）、速度等要素来仿真汽车的运行情况。不仅能够有效避免现场试验的危险性，而且可以缩短试验周期，降低开发成本。TruckSim 软件的仿真结果可以通过图表和情景动画模拟表现出来，可以从不同视角分析车辆的运动特征[19]。除此之外，TurckSim 软件还具有较高的精度及可靠性，因此它被广泛应用于车辆性能测试和现代汽车控制系统的开发。

1. TruckSim 主界面

TruckSim 软件主界面主要由图形化数据库、车辆数学模型及求解器、仿真动画显示器三部分组成，如图 1.48 所示。

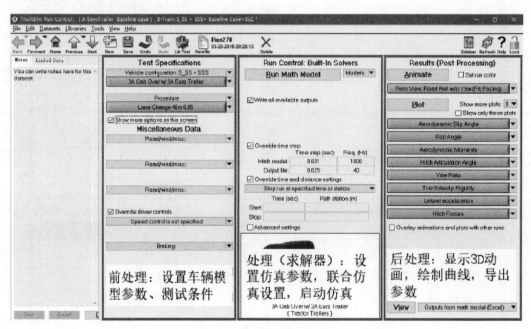

图 1.48　TruckSim 主界面

（1）图形化数据库

图形化数据库即前处理，它主要由车辆参数设置模块和测试工况设置模块两部分组成。TruckSim 软件车辆参数设置内容还包括牵引车和挂车整体外形、转向系统、动力传动系统、悬架系统和空气动力学参数等。测试工况用于车辆的仿真研究，测试工况包括驾驶员模型（车速控制、换档控制和车辆方向控制）和三维道路建模（道路几何线性、路面附着系数，以及路侧环境）。TruckSim 软件包含 140 多个仿真实例，按照不同参数进行仿真演示，用户也可以通过选择内置实例进行仿真分析。

(2) 车辆仿真运算模块

车辆仿真运算模块即处理器,通过该模块可进行仿真参数设置、联合仿真设置,同时利用车辆动力学计算公式,计算出车辆运行过程中质心侧偏角、横摆角速度、侧向加速度等参数的变化,以及车辆的运行轨迹,完成仿真数学运算。

(3) 视频演示及绘图模块

视频演示及绘图模块又称后处理器,该模块能够演示车辆运动整体过程,从不同视角观看车辆的运动特征。结合车辆的运行信息可以确定各项车辆参数,通过读取某个参数,可以建立时间或空间下的参数变化曲线,也可以选择相关的两项进行参数读取并绘制图像。

利用 TruckSim 软件所建立的重型半挂汽车列车整车动力学模型,具有符合实际、易于仿真计算、仿真精度高的特点,并具有很强的实时性、通用性和可扩展性。

TruckSim 建模过程[20]如图 1.49 所示。

2. TruckSim 仿真设置

选取 TruckSim 软件中车型为 3A Cab Over w/3A Euro Trailer 的六轴半挂汽车列车作为范例说明,如图 1.50 所示。该半挂汽车列车由三轴牵引车(前轴为转向轴,中、后轴都是驱动轴)和三轴半挂车

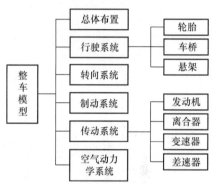

图 1.49 TruckSim 建模过程

(传统半挂汽车列车挂车车轴都不转向)。通过鞍式连接装置连接组成,除牵引车前桥采用单胎外,其余车桥均采用双胎。该车型也是国内比较常见的半挂汽车列车车型。

图 1.50 TruckSim 中的半挂汽车列车模型

半挂汽车列车整车的建模按车辆组成可分为三部分:牵引车建模、半挂车建模和挂车载重货物建模,其建模界面分别如图 1.51~图 1.53 所示。牵引车建模、半挂车建模和挂车载重货物建模还包括其各自的若干子系统建模。以牵引车建模为例,其包括车体结构参数设置、动力系统、转向系统、空气动力学系统、悬架系统、轮胎系统等系统建模。半挂汽车列车整个建模过程工作量较大,且系统仿真模型时还需要大量参数,模型精度要求较高,模型数据不易获取。这里车辆模型所需的各项参数通过读取 TruckSim 软件中的车辆参数特性获取。

车辆仿真工况输入设置包括车速、制动控制、档位控制、转向控制、路面情况等,如图 1.54~图 1.56 所示。车速设置为 80km/h,制动控制设置开环制动压力输入为 0,档位控制系统设置为 16 档开环换档控制,转向控制输入设置为 2s 时输入方向盘转角为 90°,路面设置为 1km^2 的平坦方形路面,其路面粗糙度设置为 0.85。

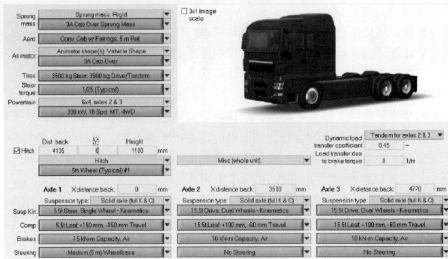

图1.51　牵引车模型参数设置界面

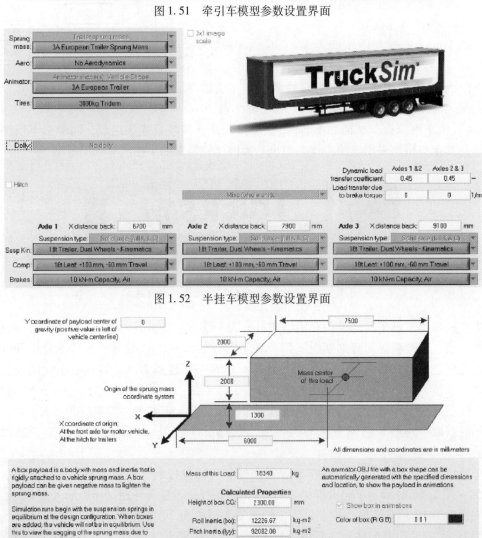

图1.52　半挂车模型参数设置界面

图1.53　挂车载荷模型参数设置界面

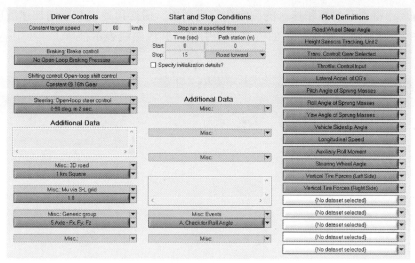

图 1.54　车辆仿真工况输入设置界面

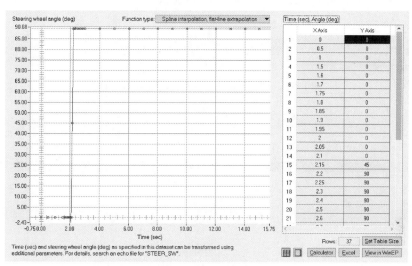

图 1.55　车辆仿真转向控制输入设置界面

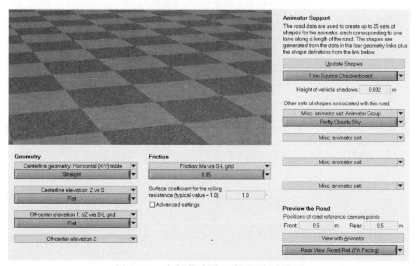

图 1.56　车辆仿真路面情况设置界面

运行仿真，得到牵引车和挂车的侧倾角、横摆角、横摆角速度和横向加速度值，结果如图 1.57～图 1.60 所示，图中蓝色曲线表示牵引车，红色曲线表示挂车。

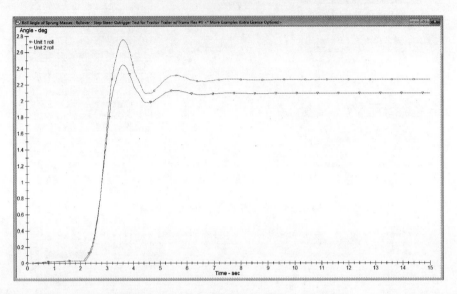

图 1.57　牵引车和挂车侧倾角曲线（有彩插）

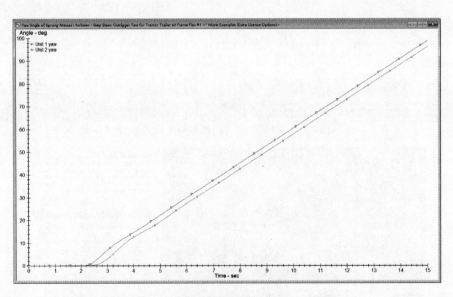

图 1.58　牵引车和挂车横摆角曲线（有彩插）

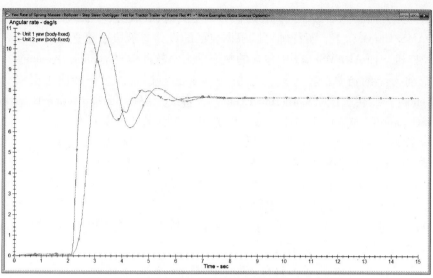

图 1.59　牵引车和挂车横摆角速度曲线（有彩插）

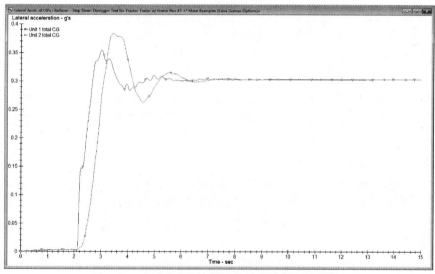

图 1.60　牵引车和挂车横向加速度曲线（有彩插）

1.3.3　ADAMS 模型

ADAMS 软件，即 Automatic Dynamic Analysis of Mechanical System，是由美国 Mechanical Dynamics 公司开发的虚拟样机动力学仿真分析软件。它是一款功能强大的虚拟样机分析软件，可广泛应用于多体系统动力学的分析以及建模过程中，其功能和作用如图 1.61 所示。

ADAMS/Car 是 MSC 公司针对车辆建模仿真而开发的专用模块，在车辆的建模

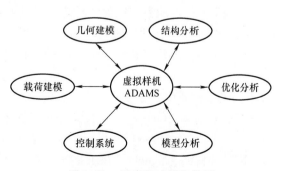

图 1.61　ADAMS 功能和作用

仿真和数值计算方面功能非常强大。在建模方法上具有面向建模对象的性质[21]。

在 ADAMS/Car 平台上，工程师可以根据自己的设计要求快速建立起具有较高精度和可靠性的虚拟样机。而 ADAMS/Car 中包含的整车动力学软件包（Vehicle Dynamics）可以对样机进行系统动力学的仿真。整车动力学仿真的工况包括有：开环转向工况（Open - loop Steering Events）、回转工况（Cornering Events）、直线工况（Straight - line Behavior）、双移线工况（ISO Lane Change）几大类。每一大类里又包含若干常见的仿真工况，可以充分满足研究者对车辆操纵稳定性、制动性、乘坐舒适性等各个领域的研究要求。仿真过程中可以同时设定节气门开度和变速器档位等，使仿真结果更加接近实际样车。

仿真结束之后，通过 ADAMS/Car 强大的后处理（Post - process）功能，研究者可以直接地观看仿真动画，并可以自动生成后处理分析曲线。

ADAMS 本身具有的控制模块可以实现简单的系统控制；也可以借助与 MATLAB 等其他软件的接口实现复杂的联合仿真控制。

总结起来通过 ADAMS/Car 进行整车动力学建模具有以下优势[22]：
1）建立物理样车之前，最大可能地探索和修正设计者的设计思想；
2）使计算加建模变得简单、方便；
3）可以进行一些极限和复杂工况的仿真；
4）可以与一些仿真软件进行实时的联合仿真控制。

1. ADAMS/Car 的建模方法

在 ADAMS/Car 中包括三类系统文件，它们分别是：子系统模板文件（Template）、子系统文件（Subsystem）、装配体文件（Assembly）。在介绍 ADAMS/Car 建模过程之前，首先对这三类重要的文件加以介绍。

（1）子系统模板文件（Template）

模板是参数化的模型，它包含了模型最基本的拓扑关系和设计参数。可以通过单一的模板代表一组具有相同拓扑结构的子系统。模板文件的建立是生成其他两类文件的基础。

建立模板文件可分为以下几个步骤：

1）物理模型的简化。根据系统中各个零件之间的相对运动关系来定义各个零件之间的拓扑关系。之后对零件进行整合，把没有相对运动关系的零件定义为一个整合零件（General Part）。

2）确定硬点（Hard Point）。硬点是指各个零件之间连接处的关键几何定位点。确定了硬点的位置，也就是确定了在子系统坐标系内零件之间连接点的几何位置。

3）确定零件的动力学参数。通过计算或测量的方法获得整合零件的质量、质心位置，以及绕质心坐标系 3 个坐标轴的转动惯量，并输入模型。

4）创建零件的几何模型（Geometry）。在硬点的基础上建立零件的几何模型。由于零件的动力学参数已经确定，因此几何模型的形状对动力学仿真分析结果实际上无任何影响。但是，在运动学分析中，零件的外轮廓直接关系到机构运动校核。

5）定义约束（Constrain）。按照各个零件之间的运动关系确定约束类型，通过约束将各个零件连接起来，从而构成子系统结构模型。

6）定义装配（Mount）。在子系统模型（包括外部环境）之间连接处定义装配命令。这一步是获得最后样机装配体的基础。

7)建立交换器(Communicator)。建立各个子系统模板之间,或者模板与试验台架之间进行数据交换的输入/输出交换器。

通过以上的几个步骤可以获得参数化的样机模型。这个模型已经包含了样机的基本拓扑信息,普通使用者只需在此基础上进行修改,便可获得符合自己设计研究要求的样机模型。

(2)子系统文件(Subsystem)

建立一整套车辆的模板文件是相当困难的,对于一般的使用人员很难达到以上要求,而且重复建模浪费会很多的时间。故此,ADAMS/Car 提供了两个工作界面,即标准界面(Standard Interface)和模板界面(Template Builder)。这就为不同类别等级的人员使用 ADAMS/Car 创造了方便。

专业技术人员在 Template Builder 下,通过上面介绍的步骤建立模板,而普通的使用人员,可以在 Standard Interface 下通过调用已经建立好的模板,并对模板进行修改,调用合适的特性文件,从而得到适用于自己研究需要的子系统文件。

(3)装配体文件(Assembly)

用户在标准界面下将各个子系统装配成整车,形成装配体文件。装配体代表了一组子系统和试验台架的集合,之后利用 ADAMS/Solver 可以对装配体进行仿真分析。

这里需要说明的是,虽然在标准界面下用户可以对模板文件进行修改,但是这种修改是有限制的。用户可以对一些结构尺寸、质量、转动惯量信息进行直接修改,也可以通过修改特性文件来重新定义诸如橡胶衬套、弹簧、阻尼器等非线性元件。但是,零件的种类和零件之间的拓扑关系(零件之间的连接方式和相对运动的方式)是不能够在标准界面下,通过对子系统文件的修改来改变的。模板文件、子系统文件和特性文件之间的关系如图 1.62 所示。

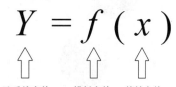

图 1.62 模板、子系统、特性文件关系

以齿轮齿条转向系统的模板文件为例。在模板界面下设计者定义了零件之间的拓扑关系,即"齿轮齿条相互啮合,齿轮绕套管转动,齿条在套管中滑动"。在标准界面下,用户可以从新定义齿轮齿条的质量或传动比,但是对于它们之间的连接方式和相互作用的形式则是无法改变的。

由此可知,专业技术人员在建立模板文件的时候,应该将精力主要放在如何定义零件之间相互连接、相互作用的关系上,而对细节部分,如质量性等,可以暂时忽略。因为这部分信息在建立子系统文件的时候可以重新定义修改。而对于普通使用人员则更关心如何对模板文件赋值,从而获得符合要求的个性化的子系统,并最终形成装配体文件。图 1.63 是 ADAMS/Car 的工作原理图。

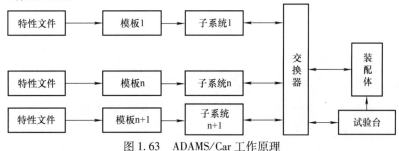

图 1.63 ADAMS/Car 工作原理

2. ADAMS/Car 仿真

张雷基于 ADAMS 软件建立了汽车侧翻的多体动力学模型[23]；采用横向载荷转移率作为汽车侧翻的评价指标，对驾驶员能够控制的侧翻因素，诸如方向盘转角、方向盘转速，以及特殊情况的转向频率进行了定性分析，获得了驾驶员因素对汽车侧翻的影响规律。

在 ADAMS – Car 中建立整车模型，设置 Fish – hook 转向工况，设置仿真初始车速为 30m/s，方向盘转角 180°，同时转向速率 50°/s，观察各个车轮的垂向载荷随时间的变化曲线，及横向载荷转移率曲线。改变仿真的初始车速，当横向载荷转移率绝对值最大值正好等于 1 时，记录此时车速为侧翻临界车速。ADAMS 模型如图 1.64a 所示，车辆仿真工况设置如图 1.64b 所示。

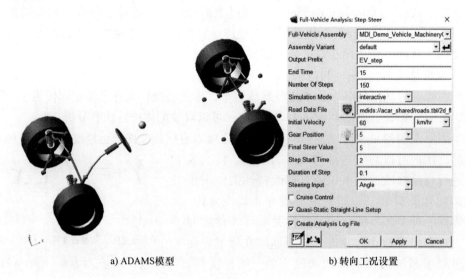

a) ADAMS模型　　　　　　　b) 转向工况设置

图 1.64　ADAMS 仿真

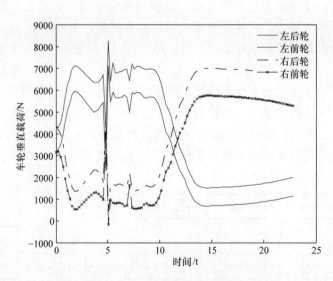

图 1.65　Fish – Hook 工况车轮垂直载荷（有彩插）

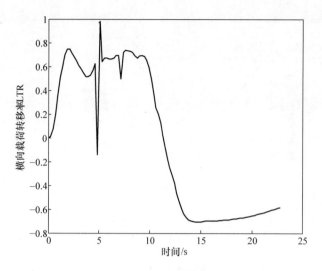

图 1.66　汽车在 Fish – Hook 工况的横向载荷转移率

图 1.65 和图 1.66 为方向盘转角为 180°，转向速率为 50°/s，初始车速为 36.9m/s 时的仿真结果。可以看出，当汽车运行到 5s 左右时，右前轮和右后轮垂直载荷为正好为零，横向载荷转移率为 1，表明汽车右侧车轮离地，汽车在 5s 左右表明汽车达到临界侧翻危险状态。

改变方向盘转角，保持方向盘转向速率为 50°/s 时，获得方向盘转角在 50°~300°范围内的汽车侧翻临界速度，得到侧翻临界速度与方向盘转角关系如图 1.67 所示。同理，改变方向盘转角速率，保持方向盘转角幅值为 180°时，得到汽车侧翻临界速度与方向盘转速关系如图 1.68 所示。从图 1.67 和图 1.68 可以看出，在转向速率一定的情况下，方向盘转角越大时，侧翻临界速度越小；且在小转角范围内变化时临界速度变化越明显。当方向盘转角一定时，侧翻临界速度随着转向速率增大而减小。因此，方向盘转角越大，驾驶员操纵方向盘的速度越快，则汽车越容易发生侧翻。

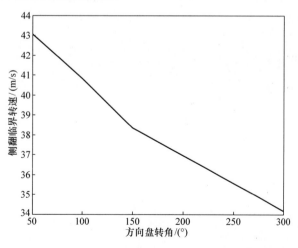

图 1.67　侧翻临界速度与方向盘转角关系

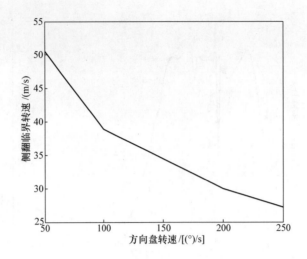

图 1.68　侧翻临界速度与方向盘转速关系

1.4　本章小结

本章介绍了常见的非绊倒型与绊倒型汽车侧翻模型，包括单自由度侧翻模型、"自行车"模型，以及考虑侧倾及其他因素在内的更复杂的多自由度模型、轮毂电机汽车与分布式驱动电动汽车侧翻动力学模型，在分析模型动力学的基础上，通过搭建 Simulink 数学模型，对汽车侧翻模型中的动态响应参数进行了对比研究。除小车模型外，还有二轴式汽车、三轴式汽车、铰接式货车等重型汽车的侧翻动力学模型。与小车侧翻模型相比，由于它们的车身结构复杂，自由度更多，在建立侧倾动力学模型时需要考虑的因素更多。最后，介绍了常用的多体动力学软件：CarSim、TruckSim 以及 ADAMS。通过介绍以上多体动力学软件的仿真设置步骤，阐述了通过软件进行车辆侧倾动力学分析的过程，并进一步分析了在高精度模型中车辆的动态响应。

第 2 章
汽车侧翻稳定性评价与预警技术

汽车侧翻指标是描述汽车任意时刻侧翻危险程度的一个指标量，也是作为判断汽车是否达到临界侧翻点的标准。根据汽车侧翻定义，当汽车侧倾程度达到绕轴线 90°时为侧翻临界点。在实际应用中，尤其是对于曲线运动引起的侧翻，定义一侧车轮离开地面为侧翻临界点。因为高速运动的汽车，存在很大的运动惯性，研究表明，当一侧车轮离开地面后，大部分汽车都会发生绕轴线翻转 90°的侧翻，只有特殊的赛车，在经验丰富的赛车手操纵下，即使一侧车轮离开地面也能继续行驶，并最终恢复到稳定状态。对于绊倒型侧翻，以汽车重心在地面的投影恰好落在未离开地面的一侧车轮与地面接触线上为临界侧翻点。因此，针对不同的研究问题，侧翻指标的选择也不相同，归结起来主要有以下几种。

2.1 非绊倒型汽车侧翻评价指标

2.1.1 静态侧翻评价指标

1. SSF

最初的侧翻评价指标是基于静态或者是稳态侧翻模型，其中最著名的评价指标为静态稳定因数（SSF，Static Stability Factor）[24]。在 SSF 的侧翻模型中，悬架系统和轮胎的刚度和阻尼忽略不计，将力矩平衡方程应用于车辆一侧轮胎可得：

$$ma_y h - mg\sin\theta_R h = F_{zi}T - \frac{1}{2}mgT \tag{2.1}$$

式中 θ_R——道路坡度角；
h——车辆质心高；
F_{zi}——单侧轮胎的垂向载荷；
T——汽车轮距。

假设道路坡度角为 0°，当另一侧轮胎垂向力为 0 时，$F_{zi}=0$。此时，车辆将发生侧翻，则 SSF 表达式可由式（2.1）推导可得：

$$\text{SSF} = \frac{a_{y\_max}}{g} = \frac{T}{2h} \tag{2.2}$$

式中 a_{y_max}——最大侧向加速度。

SSF 试验示意图如图 2.1 所示。由 SSF 的表达式可知，SSF 只与汽车的轮距与质心高度有关，便于计算。SSF 作为车辆静态侧翻的一个评价指标虽然比较简单，却是一个非常直接有效的指标。

图 2.2 为车身临界侧倾角 φ_{cr} 与 SSF 以及摩擦系数 μ 的关系。如图 2.2 所示，SSF 的值越大，临界侧倾角越大，即车辆发生侧翻的可能性越低。相反，SSF 越小，则侧翻可能性越大。采用静态稳定因子来描述汽车抗侧翻性能非常直观，通过简单的计算就可以获得汽车的抗侧翻能力，且有利于采用试验测量的方法获得汽车侧翻静态稳定因子值。这对于获得汽车侧翻的基本规律，并指导汽车防侧翻安全设计起着非常积极的作用。就是说可以降低汽车重心高度，或者增加汽车左右车轮之间距离宽度，来提高汽车抗侧翻安全等级。

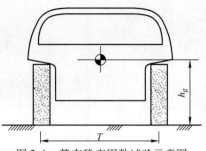

图 2.1 静态稳定因数试验示意图

对于 SUV 和箱式货车，虽然轮距与其他乘用车相差不大，但其质心高度通常比其他乘用车更高，因此理论上其侧翻稳定性相对较差。此外，由于静态稳定性因数 SSF 将整车视作刚体，没有具体考虑车身柔性变化、悬架刚度和阻尼、横向稳定杆的刚度以及轮胎的弹性等因素，因此得到的侧翻倾向值整体偏高。

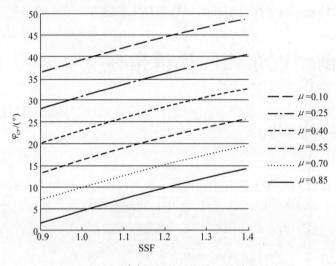

图 2.2 SSF 与临界侧倾角及摩擦系数关系示意图

美国 NHTSA 对车辆侧翻所做的 NCAP 评分中，关于车辆静态测试的评价指标是按照 LTR 计算公式，结合动态试验中车辆轮胎在极限运动工况下是否离地而得出的数值。如图 2.3 所示，当计算出的 SSF 的数值为 1.20 时；根据轮胎是否离地进行判断：单侧轮胎不离地，车辆侧翻的概率为 19%；若单侧轮胎离开地面，车辆侧翻的概率为 22%。

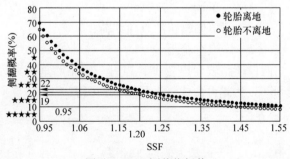

图 2.3 SSF 评价指标值

然后，根据表 2.1 给出的评分范围划分车辆的防侧翻等级，概率越小，车辆的防侧翻能力就越好。

表 2.1　美国 NCAP 关于车辆侧翻的星级评价指标

发生侧翻可能性的概率（%）	星级
<10	5（★★★★★）
10~20	4（★★★★）
21~30	3（★★★）
31~40	2（★★）
≥41	1（★）

而通过 SSF 判断侧翻发生的倾向性没有考虑悬架和轮胎的影响，所以无法分析动态情况下的侧翻。其他的静态评价指标，如通过试验获得的 SPR（Side Pull Ratio）及 T_{TR}（Tilt Table Ratio）与 SSF 类似。

2. SPR

侧拉试验法是 GeneraMotor 公司在 1960 年开发的一套用于研究汽车静态侧翻的试验装置，这种试验设备十分复杂，但一直沿用至今。与 SSF 类似，侧拉比例系数 SPR（Side Pull Ratio）也是一种根据车辆静态特性，来评估车辆侧翻倾向的评价指标[24]。SPR 通过侧向拉力试验来获得，通过试验来模拟稳态情况下车身的侧向加速度直至其发生侧翻，侧拉试验装置如图 2.4 所示。将汽车置于试验台上，一侧轮胎用挡板约束。在同侧施加一个通过车身质心的水平力，缓慢地侧向牵引汽车直到另一侧轮胎离地。SPR 在 SSF 的基础上考虑了车轮和悬架运动学及柔顺性的影响，具有一定的改进。侧拉比例系数（SPR）为：

$$\text{SPR} = \frac{F_P}{m} \tag{2.3}$$

式中　F_P——侧拉力。

1989 年设备制造股份有限公司建造了一台简单的侧拉装置。同样，在 1989 年，车辆研究和试验中心也建造了一台侧拉试验装置（图 2.4）。

这种试验是准静态的试验，侧拉速度十分缓慢。侧拉力是通过缠绕在车辆上的一根或几根宽皮带作用于簧载质量上。侧拉试验存在两个问题：

1）当作用于车身上的侧拉力等于车辆重量时，车身薄钢板将有被损坏的可能性。用几根宽皮带可减小车身损坏的危险，但将增加试验的复杂程度和试验所需时间。

2）试验时，要求精确了解车辆质心高度，任何质心高度的测量误差都会影响侧拉试验的结果。

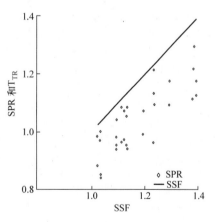

图 2.4　SSF、SPR 和 T_{TR} 的关系

3. 侧倾试验台比例系数

与 SPR 类似，侧倾试验台比例系数 T_{TR}（Tilt Table Ratio）也是一种根据车辆静态特性来评估车辆侧翻倾向的评价指标[24]。T_{TR} 通过倾斜台试验获得。它是将车辆置于一个可绕纵向轴倾斜的平台上，平台的倾角缓慢增加，直到车辆发生侧翻，试验装置如图 2.5 所示。作用于车辆上的侧向力和垂直力及 T_{TR} 表达式给出如下：

$$F_y = mg\sin\varphi_e, \quad F_z = mg\cos\varphi_e \quad (2.4)$$

$$T_{TR} = \frac{F_y}{F_z} \quad (2.5)$$

式中 φ_e ——车辆一侧两车轮刚离地平台的试验台倾斜角。

与侧拉试验相比，侧倾试验装置更加简单，侧倾试验不需要预先测量车辆的质心高度，甚至不需要提前测量汽车的质量，在减少试验流程的基础上，大大减小了试验误差。最接近车辆侧翻时的实际情况，估计值更能反映真实的汽车侧翻倾向性。

1990 年，联合国推荐了侧倾试验台试验方法，而后侧倾试验已广泛用于重型货车和商用车辆静态侧翻限值的测量。Michigan 大学运输研究所建造了大型侧倾试验台，1997 年上海交通大学机械系和国家消防装备质量监督检验中心也建造了重型货车和消防车的大型侧倾试验台。此外，故障分析协会、Millbrook proving Ground 公司（英）等也建造了轻型车辆的侧倾试验台[25]。

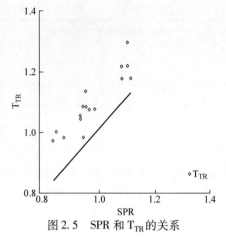

图 2.5　SPR 和 T_{TR} 的关系

4. SSF、SPL 及 T_{TR} 的测量结果比较

SSF、SPL 及 T_{TR} 三种静态评价指标的静态侧翻阈值测量比较如表 2.2 所示，以 SSF 为基准，SPL 和 T_{TR} 的试验结果比较非常接近，如图 2.6 所示。显然对于所有车辆，SSF 比 SPR 和 T_{TR} 要高，这与每个评价指标的基本假设有关。SSF 不考虑车身侧倾、悬架和轮胎的柔顺性，而这些因素都会降低静态侧翻阈值。

表 2.2　三种静态评价指标的阈值测量比较

车型	SSF		SPL		T_{TR}	
	Value	Rank	Value	Rank	Value	Rank
小型车	1.39	1	1.12	1	1.17	4
中型车	1.38	2	1.11	3	1.29	1
小型车	1.38	2	1.11	2	1.21	2
中型车	1.29	4	1.09	4	1.17	5
皮卡	1.23	5	1.09	5	1.21	3
小型车	1.23	5	0.96	8	1.13	6
皮卡	1.19	7	0.99	6	1.07	9
轻型货车	1.13	8	0.95	10	1.08	7
轻型货车	1.13	8	0.94	12	1.05	11
厢式货车	1.12	10	0.97	7	1.07	10
轻型货车	1.11	11	0.96	9	1.08	8
厢式货车	1.09	12	0.95	11	0.98	14
轻型货车	1.09	12	0.94	13	1.04	12
轻型货车	1.03	14	0.84	16	0.97	16
轻型货车	1.03	14	0.85	15	1.00	13
轻型货车	1.02	16	0.88	14	0.98	15

T_{TR} 与 SPR 的关系如图 2.7 所示，显然，几乎所有车辆 T_{TR} 都高于 SPR，这说明在侧倾试验中减小侧向力可能忽略了一部分悬架柔顺性的影响。总体来说，SSF、SPR 和 T_{TR} 三个评价指标比较吻合。

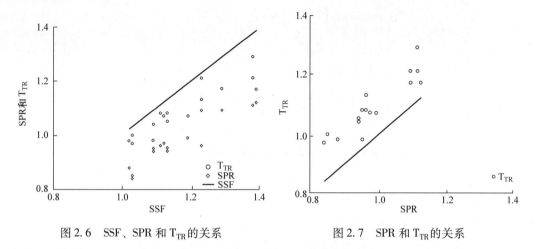

图 2.6　SSF、SPR 和 T_{TR} 的关系　　　　　图 2.7　SPR 和 T_{TR} 的关系

2.1.2　动态稳定因子

由于路面宽度的限制，对于各种类型的汽车，都有一定的标准限制左右轮距宽度。SUV 为了追求轿车舒适性和越野车的动力性，保证具有良好的通过性，其质心高度必然比普通轿车更高。因此，在相同轮距宽度的汽车中，SUV 的静态稳定因子值较小。如果在确定固定轮距，且满足良好的通过性时，改变其他影响因素来改善 SUV 侧翻稳定性，其作用将会非常明显。而这点在静态稳定因子（SSF）中无法体现。汽车运动过程时，静态稳定因子只限制汽车转弯的横向加速度，没有考虑转弯过程中车速、前轮转角、轮胎及悬架变形等因素对侧翻动力特性的影响，且静态稳定因子无法考虑侧倾运动与横向运动之间的相互耦合关系。因此，采用静态稳定因子来描述汽车抗侧翻性能有很大的局限性。

为了能解决静态稳定因子描述汽车运动过程防侧翻性能存在的缺陷，Jin 等在 SSF 的基础上，提出了动态稳定性因子 DSF（Dynamics Stability Factor）[26]。该评价指标使用的侧翻模型为包括簧载质量的侧向、横摆及侧倾运动在内的三自由模型，DSF 公式推导如下，假设车辆方向盘转角恒定且保持恒速运动，侧向、横摆及侧倾运动的动力学方程参见式（1.14）~式（1.16）。

假设侧倾角 φ 很小，有 $\sin\varphi \approx \varphi$。

将侧倾运动引起的方向盘转角的变化考虑在内，则式（1.19）、式（1.20）的侧偏角可表示为：

$$\beta_f = \arctan\left(\frac{v+ar}{u}\right) - \delta - c_f\varphi, \quad \beta_r = \arctan\left(\frac{v-br}{u}\right) - c_r\varphi \quad (2.6)$$

左、右轮胎的侧向力为：

$$F_{yf} = -k_f\beta_f, \quad F_{yr} = -k_r\beta_r \quad (2.7)$$

假设在稳态运动中，侧向速度和侧倾率相对车辆行驶速度很小，则方程（2.6）可简化为：

$$\beta_f = \arctan\left(\frac{v+ar}{u}\right) - \delta - c_f\varphi \approx \frac{v+ar}{u} - \delta - c_f\varphi \quad (2.8)$$

$$\beta_r = \arctan\left(\frac{v-br}{u}\right) - c_f\varphi \approx \frac{v-br}{u} - c_r\varphi$$

将方程（2.8）代入车辆状态方程式（1.23）中，令方程（2.8）等号左侧的所有导数值均为零，可得到控制车辆稳态运动的方程为：

$$\left(\frac{mu^2}{2} + ak_f\cos\delta - bk_r\right)r + (k_f\cos\delta + k_r)v -$$
$$(k_f c_f\cos\delta + k_r c_r)u\varphi - k_f u\delta\cos\delta = 0$$
$$(a^2 k_f\cos\delta + b^2 k_r)r + (ak_f\cos\delta - bk_r)v -$$
$$(ak_f c_f\cos\delta - bk_r c_r)u\varphi - ak_f u\delta\cos\delta = 0$$
$$m_s hur - (k_\varphi - m_s gh)\varphi = 0 \quad (2.9)$$

车辆轴距 $L = a + b$，定义 K 为：

$$K = 1 - \frac{mu^2}{L^2}\left(\frac{a}{2k_r} - \frac{b}{2k_f\cos\delta}\right) - \frac{u^2 m_s h(c_f - c_r)}{L(k_\varphi - m_s gh)} \quad (2.10)$$

当车辆稳态转向时，由方程（2.9）可得：

$$v_0 = \left(\frac{u^2 m_s h c_r}{k_\varphi - m_s gh} + b - \frac{mu^2 a}{2k_r L}\right)\frac{u\delta}{LK}$$

$$r_0 = \frac{u\delta}{LK} \quad (2.11)$$

$$\varphi_0 = \frac{m_s h u^2 \delta}{LK(k_\varphi - m_s gh)}$$

$$\dot{\varphi}_0 = 0$$

当车辆转向时，轮胎载荷从内测轮胎转移至外侧轮胎，当内侧轮胎载荷 F_L 减小至零时，到达侧倾轴临界点，即车轮即将离开地面，以上讨论的方程中显然是不包括这种情况的，故 SSF 的研究仅限于车轮未离开地面的侧翻分析，保持车轮未离开地面的约束条件为：

$$F_z = \frac{I_x\ddot{\varphi} - m_s h a_y + m_s g(T/2 - h\varphi)}{T} \geqslant 0 \quad (2.12)$$

将方程（2.11）代入方程（2.12）中，可得稳态运动的物理约束为：

$$\frac{a_y}{g} \leqslant \frac{T}{2h} - \frac{m_s h^2 u^2 \delta}{Lh(k_\varphi - m_s hg)K} \quad (2.13)$$

对于刚性小车的传统静态模型来说，侧向加速度的侧翻阈值 $a_{ylim} = g\text{SSF}$。结合传统 SSF 与方程（2.13）的约束条件，可将动态侧翻评价指标 DSF 定义如下：

$$\text{DSF} = \frac{T}{2h} - \frac{u^2 m_s h^2 \delta}{Lh(k_\varphi - m_s hg)\left[1 - \frac{mu^2}{L^2}\left(\frac{a}{2k_r} - \frac{b}{2k_f}\cos\delta\right) - \frac{u^2 m_s h(c_f - c_r)}{L(k_\varphi - m_s hg)}\right]} \quad (2.14)$$

在稳态运动中，侧向加速度的侧翻阈值可由 DSF 的值来预测，车辆的 DSF 值越大，则侧翻阈值越高。与 SSF 相比，DSF 有以下特点：

1) DSF 比 SSF 更小,并且相对于 SSF,对侧翻的预测性更好,如图 2.8 所示。

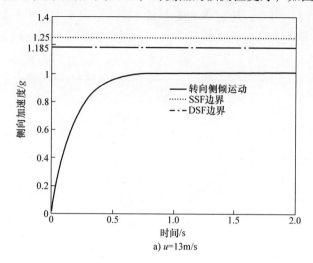

a) u=13m/s

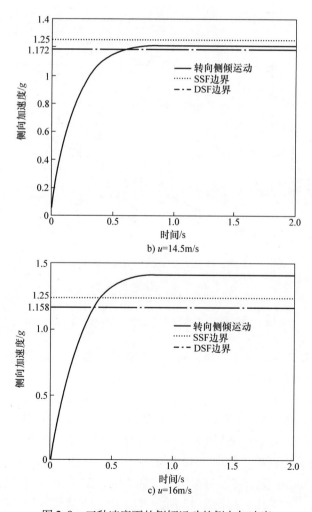

b) u=14.5m/s

c) u=16m/s

图 2.8 三种速度下的侧倾运动的侧向加速度

2）由 SSF 表达式可知，提高车辆的侧翻稳定性有两个办法，减小质心高 h 或者增大轮距宽 T。由方程（2.14）可知，轮距 T 和质心高 h 这两个因素中，第二部分只与质心高 h 有关，即降低 h 值对车辆侧翻稳定性的提升更大，如图 2.9 所示，而通过 SSF 表达式无法看出此趋势。

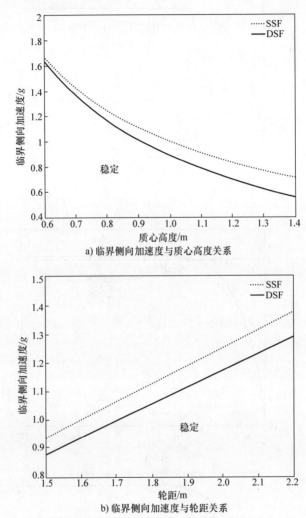

图 2.9 临界侧向加速度与质心高度及轮距的关系，SSF 与 DSF 结果对比

3）与上一条类似，由方程（2.14）可知，簧载质量的质心离前轴近一些，可以提高车辆的侧翻稳定性，如图 2.10 所示。

4）DSF 将车辆行驶速度与方向盘转角的因素考虑在内，由方程（2.14）可知，采用低的车辆行驶速度 U 和小的方向盘转角 δ 同样可提高车辆的侧翻稳定性，如图 2.11 所示。

5）由方程（2.14）可知，DSF 随悬架等效侧倾阻尼的变化而变化，故可知该因素对车辆的侧倾稳定性同样存在影响，如图 2.12 所示。

6）此外，DSF 包括了轮胎特性对车辆侧翻的影响，定义 μ 为前、后轮角刚度的比值即 $\mu = k_f / k_r$，则 DSF 与 μ 成反比，如图 2.13 所示。由 DSF 表达式可知，DSF 与 c_f 和 c_r 同样成反比，如图 2.14、图 2.15 所示。

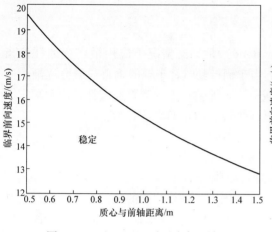

图 2.10　(a, u_c) 平面稳定区域

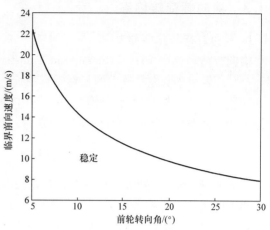

图 2.11　(δ, u_c) 平面稳定区域

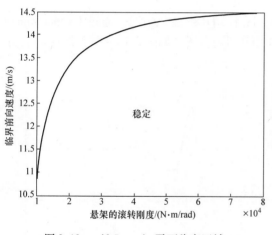

图 2.12　$(k\Phi, u_c)$ 平面稳定区域

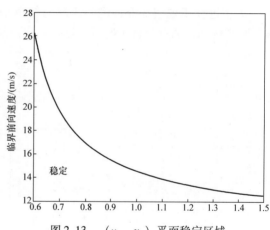

图 2.13　(μ_1, u_c) 平面稳定区域

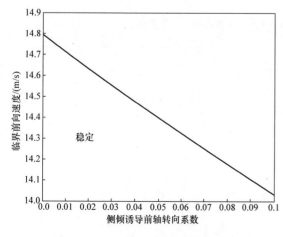

图 2.14　(c_f, u_c) 平面稳定区域

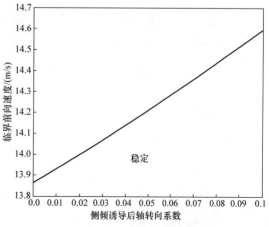

图 2.15　(c_r, u_c) 平面稳定区域

2.1.3 横向载荷转移率

1. 横向载荷转移率定义

横向载荷转移率 LTR（Lateral load Transfer Ratio）是动态情况下应用最广泛的评价指标[27-30]，表示车辆左右轮胎的相对垂直载荷。当车辆行驶时，车辆的垂直荷载会逐渐由内向外转移，LTR 根据车轮在行驶过程中的垂直载荷，来评估车辆的侧翻稳定性。由侧翻定义可知，当一侧车轮离开地面时即发生了侧翻，具体来说，LTR 的表达式为：

$$LTR = \frac{F_{zr} - F_{zl}}{F_{zr} + F_{zl}} \tag{2.15}$$

式中　F_{zr} 和 F_{zl}——分别表示车辆左、右轮胎的垂直载荷。

当 LTR 小于 -1 或者大于 1 时，即可认为发生了侧翻。必须注意的是，当车辆直线行驶时，F_{zr} 等于 F_{zl}，即 LTR = 0。当 F_{zr} 等于 0 时，LTR = -1，表示车辆右轮胎离开地面。同理，当 F_{zl} 等于 0 时，LTR = 1，表示车辆左轮离开地面，即汽车已经发生侧翻。

2. 仿真结果

为了进一步说明在非绊倒型工况与绊倒型工况下 LTR 的变化情况，通过 CarSim/Simulink 联合仿真，通过设置工况对轮胎垂向载荷与 LTR 进行分析，如图 2.16 ~ 图 2.20 所示，分

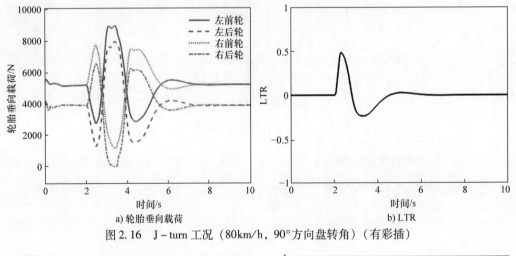

a) 轮胎垂向载荷　　　　b) LTR

图 2.16　J-turn 工况（80km/h，90°方向盘转角）（有彩插）

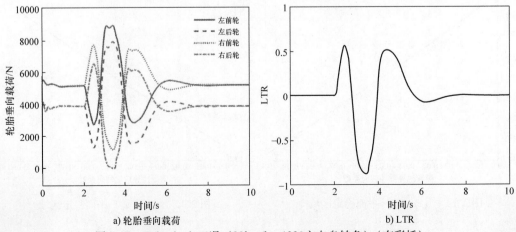

a) 轮胎垂向载荷　　　　b) LTR

图 2.17　Fish-hook 工况（80km/h，120°方向盘转角）（有彩插）

别为 J-turn 工况、Fish-hook 工况、Double-Lane-Change 工况、绊倒型侧翻工况及特定绊倒与非绊倒型结合侧翻工况。由于 LTR 只与轮胎垂向载荷力有关，以最准确的方式表示了车辆发生侧翻的危险性，所以 LTR 常被用来作为侧翻评价指标验证的标准。

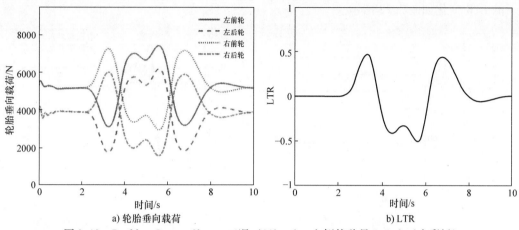

图 2.18 Double-Lane-Change 工况（80km/h，左侧偏移量 3.5m）（有彩插）

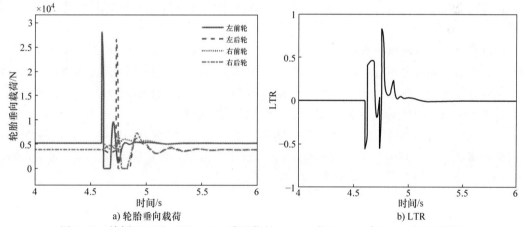

图 2.19 绊倒型工况（80km/h，障碍物长 0.4m，宽 3.5m，高 0.1m）（有彩插）

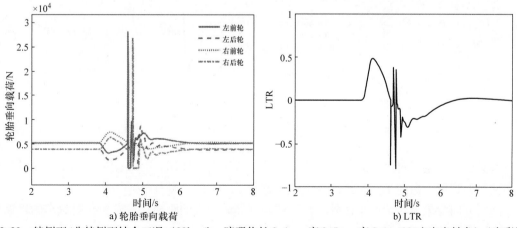

图 2.20 绊倒型/非绊倒型结合工况（80km/h，障碍物长 0.4m，宽 3.5m，高 0.1m/90°方向盘转角）（有彩插）

3. 横向载荷转移率影响因素

为了进一步分析 LTR 的影响因素[31]，对 J-turn 工况进行分析，设定汽车的行驶速度为 80km/h，方向盘转角阶跃值在 90°~240°内变化，输入信号如图 2.21 所示，不同角阶跃值下的 LTR 变化如图 2.22 所示。

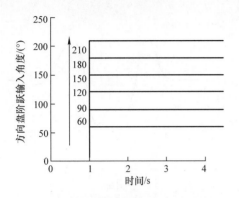

图 2.21 方向盘角阶跃输入信号　　　　图 2.22 不同角阶跃输入下的 LTR 曲线

在方向盘转角阶跃值为 140°，汽车纵向行驶车速在 40~120km/h 范围内变化时，仿真结果如图 2.23 所示。

可以看出，当方向盘角阶跃输入一定时，增加纵向行驶车速，LTR 值越来越接近 LTR 极限值，这与实际情况相符。当 u 大于等于 80km/h，t 在 1~2s 内 LTR 超过 0.8，也就是说汽车此时已经发生了侧翻，并且随着车速增加，LTR 进入稳态所经历的时间变长，超调量变大，这将导致汽车的操纵稳定性大大降低，侧倾敏感性增加。

为了探讨作为防侧倾的横向稳定杆（ARB）对汽车抗侧翻能力的影响，图 2.24 为设定方向盘角阶跃输入为 140°，车速为 40km/h 的工况下，前悬无横向稳定杆，前、后均无横向稳定杆，以及前后均有横向稳定杆的 LTR 变化情况。

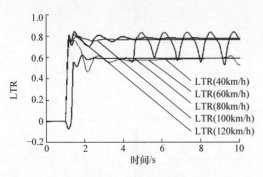 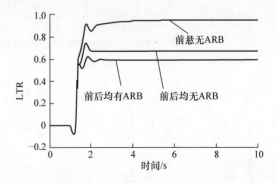

图 2.23 不同车速下的仿真　　　　图 2.24 横向稳定杆对 LTR 的影响

可见横向稳定杆对汽车的行驶安全性起着非常重要的作用，有效减少了汽车转向时车身横向侧倾的程度，提高了汽车操纵稳定性，改善了汽车的平顺性。

除了方向盘最大转角、车速外，汽车质心到侧倾中心的距离以及轮距，对汽车的操纵稳定性也有很大的影响。在 CarSim 中，固定方向盘转角幅值为 140°，车速为 60km/h，并使 h

和 T 在原有数值的 ±10% 范围内变化，横向载荷转移率的变化如图 2.25 及图 2.26 所示。

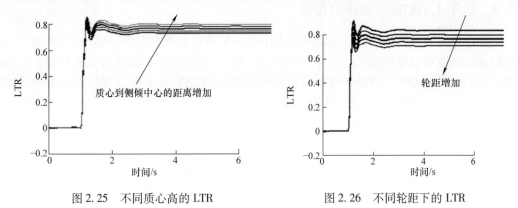

图 2.25　不同质心高的 LTR　　　　　图 2.26　不同轮距下的 LTR

可以看出，质心越高、轮距越小，汽车发生侧翻的可能性越大。轮距不变，质心到侧倾中心的距离增大到原值的 105% 时，LTR 的稳态值十分接近阈值，车辆处于危险状态；质心高不变，轮距减小到原值的 95% 时，LTR 达到 0.8，汽车有侧翻危险。所以，适当降低质心高度、增加轮距，可以提高汽车的抗侧翻能力，保证汽车行驶的稳定性。

接下来对 Fish-hook 工况做进一步分析，研究方向盘转角与方向盘转速对 LTR 即侧倾稳定性的影响。改变方向盘转角，保持方向盘转向速率为 400°/s 时，获得方向盘转角在 50°~300° 范围内的汽车侧翻临界速度，从而得到侧翻临界速度与方向盘转角关系，如图 2.27 所示。

同理，改变方向盘转速，保持方向盘转角幅值为 180°，得到汽车侧翻临界速度与方向盘转速关系，如图 2.28 所示。

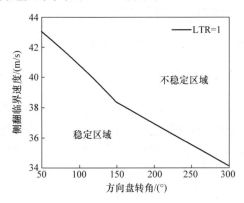 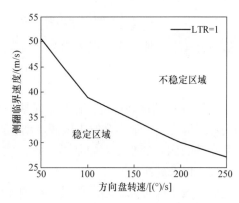

图 2.27　侧翻临界速度与方向盘转角的关系　　图 2.28　侧翻临界速度与方向盘转速的关系

从图 2.27 和图 2.28 可以看出：在转向速率一定的情况下，方向盘转角越大，侧翻临界速度越小，且方向盘在小转角范围内变化时临界速度变化明显，而当方向盘转角一定时，侧翻临界速度随着转向速率的增大而减小。因此，方向盘转角越大，驾驶员操纵方向盘的速度越快，则汽车越容易发生侧翻。

2.1.4 基于 LTR 的其他评价指标

LTR 在研究车辆侧翻动力学和侧翻仿真中是一个非常实用的指标，而由于车辆各个车轮的垂向载荷难以实时测量和估计，导致方程（2.15）中的 LTR 不能直接实时计算，因为轮胎力 F_{zl} 和 F_{zr} 不易测得，所以不得不通过使用侧倾动力学模型来获得评价指标估计值，将 $F_{zl} - F_{zr}$ 和 $F_{zl} + F_{zr}$ 变量转化为容易测量的变量。许多研究人员基于车辆侧翻动力学模型和 LTR 的定义推导出新的侧翻评价指标[32-35]。

1. RI_1

由 1.1.1 小节中单自由度侧倾动力学模型可得到，轮胎力为：

$$F_{zl} + F_{zr} = mg \tag{2.16}$$

$$F_{zr} - F_{zl} = k_s l_s \sin\varphi + b_s l_s \dot{\varphi}\cos\varphi \tag{2.17}$$

则 LTR 可以表示为：

$$\text{LTR} = \frac{F_{zr} - F_{zl}}{F_{zr} + F_{zl}} = \frac{k_s l_s \sin\varphi + b_s l_s \dot{\varphi}\cos\varphi}{mg} \tag{2.18}$$

式（2.18）需要测量簧载质量侧倾角和侧倾角速度。然而，侧倾角在绝大多数现有车辆上无法测到，侧倾角的测量需要使用 LVDTs 或者其他相关位移传感器，通过测量左右悬架的位移量进行侧倾角计算。这类传感器价格昂贵，大多数乘用车上没有使用。况且，式（2.18）对于悬架需要假设弹簧和阻尼器为线性特性，需要更多的悬架参数。

在侧倾动力学方程式（1.8）中，设 $\ddot{\varphi} = 0$，忽略动态力转移，则有：

$$\frac{1}{2} k_s l_s^2 \sin\varphi + \frac{1}{2} b_s l_s^2 \dot{\varphi}\cos\varphi = m a_y h_R \cos\varphi + mg h_R \sin\varphi \tag{2.19}$$

$$k_s l_s \sin\varphi + b_s l_s \dot{\varphi}\cos\varphi = \frac{2 m a_y h_R \cos\varphi + 2 mg h_R \sin\varphi}{l_s} \tag{2.20}$$

假设 $l_s = l_w$，则 LTR 可以表示为：

$$RI_1 = \frac{2 a_y h_R \cos\varphi + 2 g h_R \sin\varphi}{l_s g} \tag{2.21}$$

式（2.21）的侧翻评价指标包括车辆的侧向加速度 a_y（在非簧载质量上测量）和车辆侧倾角 φ。非簧载质量不会发生侧倾运动，侧向加速度计安装在非簧载质量上面，为保证其方向和车辆的侧向加速度方向基本一致，式（2.21）中的参数需要知道侧倾中心与整车质心的高度，以及轮距。

侧倾角较小时可以忽略。假设，小侧倾角计算式可以近似表示为：

$$RI_{1\_approx} = \frac{2 h_R a_y}{l_w g} \tag{2.22}$$

式（2.22）中的侧翻指标只需测量侧向加速度，在所有装备电子稳定系统的车辆上都能测量该侧向加速度。

如图 2.29 所示，一辆 SUV 车在圆形轨道中稳态转向，式（2.21）侧翻指数 RI_1 和它的近似值 RI_{1_approx} 很接近，也可以看出两条曲线的差随着侧向加速度的增大而增大，结果在紧急转弯操控时产生更大的误差。而且，质心越高误差越大。所以，通过侧倾角进行估计时，式（2.21）比式（2.22）得到的侧翻指数更精确。

这里需指出，质心高度是一个常数，它只能通过车辆上乘客和货物载荷的变化来改变。

2. RI_2

还有 Ackermann 和 Odentha 提出的，考虑侧向加速度的另一种 LTR 形式。

忽略车辆的垂向运动，有：

$$\begin{cases} F_{zl} - F_{zr} = F_{sr} - F_{sl} \\ F_{zl} + F_{zr} = mg \end{cases} \quad (2.23)$$

式中 F_{sl} 和 F_{sr}——分别为悬架的左右支撑力。

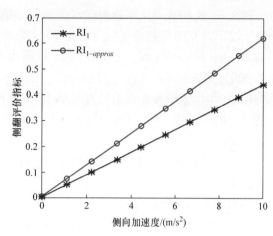

图 2.29 侧翻评价指标对比（有彩插）

根据力矩平衡方程，左右悬架力差值可以推导为：

$$\frac{T}{2}(F_{sr} - F_{sl}) = -k_\varphi(\varphi_s - \varphi_u) - c_\varphi(\dot{\varphi}_s - \dot{\varphi}_u) \quad (2.24)$$

式中 k_φ——悬架等效侧倾刚度系数；

c_φ——等效侧倾阻尼系数；

φ_s / φ_u——簧载质量与非簧载质量的侧倾角之比。

簧载质量侧倾运动的力矩平衡方程如下：

$$I_x \ddot{\varphi}_s = m_s h a_y + m_s h g \varphi_s - k_\varphi(\varphi_s - \varphi_u) - c_\varphi(\dot{\varphi}_s - \dot{\varphi}_u) \quad (2.25)$$

式中 I_x——簧载质量的转动惯量；

m_s——簧载质量；

a_y——车辆侧向加速度。

联立以上两式可得：

$$F_{sr} - F_{sl} = -\frac{2}{T}[I_x \ddot{\varphi}_s - m_s h a_y - m_s h g \varphi_s] \quad (2.26)$$

故评价指标 RI_2 可表示为：

$$RI_2 = \frac{2(m_s h g \varphi_s - I_x \ddot{\varphi}_s + m_s h a_y)}{Tmg} \quad (2.27)$$

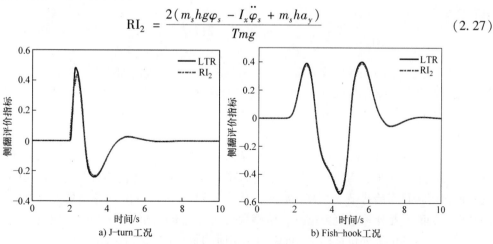

图 2.30 不同工况下侧翻评价指标对比（有彩插）

图 2.30 为 LTR 与该评价指标在典型非绊倒型工况 J-turn 工况和 Fish-hook 工况与绊倒型工况,以及两者结合工况下的试验结果对比,工况设置与 2.1.3 小节中设置的一致。图 2.30a 为 J-turn 工况,LTR 与 RI_2 的最大误差大约为 5%,RI_2 的峰值略低于 LTR;图 2.30b 为 Fish-hook 工况,可以看出,在 Fish-hook 工况下 LTR 与 RI_2 的结果基本一致。总的来说,RI_2 与 LTR 在以上设置绊倒型/非绊倒型工况下,对车辆侧翻结果的预测是基本保持一致的。因此,可以验证 RI_2 的有效性。

3. RI_3

为了实时计算驾驶条件下的侧翻危险程度,张雷等提出了一种改进的 LTR 评价指标。

根据车轮垂向运动动力学,总垂向载荷由轮胎的动态垂向力和静态垂向力组成。因此,左轮和右轮的总垂向载荷如下:

$$F_{zl} = -k_{tl}(z_{ul} - z_{rl}) + mg/2 \qquad (2.28)$$

$$F_{zr} = -k_{tr}(z_{ur} - z_{rr}) + mg/2 \qquad (2.29)$$

把式 (2.28) 和式 (2.29) 分别代入式 (1.47) 和式 (1.48) 可得,总的垂向载荷为:

$$F_{zl} = m_{usl}\ddot{z}_{ul} + F_{sl} + mg/2 \qquad (2.30)$$

$$F_{zr} = m_{usr}\ddot{z}_{ur} + F_{sr} + mg/2 \qquad (2.31)$$

将式 (2.30)、式 (2.31) 代入式 (2.15),可以得到能够检测绊倒型侧翻的侧翻评价指标的计算公式为:

$$LTR = \frac{m_{usl}\ddot{z}_{ul} - m_{usr}\ddot{z}_{ur} + F_{sl} - F_{sr}}{m_{usl}\ddot{z}_{ul} + m_{usr}\ddot{z}_{ur} + F_{sl} + F_{sr} + mg} \qquad (2.32)$$

虽然外部路面输入 z_{rl} 和 z_{rr} 是未知且不可测的,但这些变量引起的输出可以测量。如通过安装在客车车身上的加速度传感器,可以测得客车的垂向加速度和侧向加速度,而汽车的垂向和侧向加速度,可以通过代数方程将系统的状态和路面未知输入联系起来。左、右悬架力分别为:

$$F_{sl} - F_{sr} = \frac{-2(I_x\ddot{\varphi} - m_s h a_y - m_s h g \varphi)}{T} \qquad (3.33)$$

$$F_{sl} + F_{sr} = m_s\ddot{z}_s \qquad (2.34)$$

将式 (2.33)、式 (2.34) 代入式 (2.32),能够检测绊倒型侧翻的侧翻评价指标可以重新描述为:

$$RI_3 = \frac{T(m_{usl}\ddot{z}_{ul} - m_{usr}\ddot{z}_{ur}) - 2(I_x\ddot{\varphi} - m_s h a_y - m_s h g \varphi)}{T(m_{usl}\ddot{z}_{ul} + m_{usr}\ddot{z}_{ur} + m_s\ddot{z}_s + mg)} \qquad (2.35)$$

该评价指标中的一些参数如簧载质量和非簧载质量的垂向加速度、横向加速度和侧倾角等,可以通过传感器测量和估算获得。为了验证提出的侧翻指标,以某型小客车为研究对象,应用 Carsim 软件对侧翻指数进行仿真分析,选择典型非绊倒型工况 Fish-hook 工况进行对比。

工况:非绊倒型工况 (Fish-hook 工况)。如图 2.31 (有彩插) 所示,当车辆由于转向操作导致的未发生车轮离地的侧倾运动时,张雷提出的侧翻评价指标和传统的 LTR,与标准的横向载荷转移率趋势基本一致。显然,从图 2.31 中可以看出,当检测仅有路面输入引起的绊倒侧翻时,相比传统侧翻指标,该侧翻指标与直接得到的 LTR 更为接近。

因此,新的侧翻评价指标 RI_3 可以通过实时测量加速度和侧倾角,来预测车辆发生非绊倒型侧翻的风险。

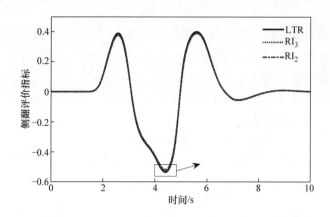

图2.31　Fish－hook工况下侧翻评价指标对比（有彩插）

2.1.5　基于能量法的评价指标

能量守恒定律和能量转化定律（功能原理）是自然界的基本定律，其核心内容为：能量既不能凭空产生，也不能凭空消失，只能从一个物体传递给另一个物体，从一种形式转变为另一种形式；对于给定参考框架中的孤立系统，其总能量维持不变。严格意义上，一辆行驶中的车辆并不能算作一个孤立系统，因为其与外界存在着能量交换，例如汽车由于受道路的摩擦阻力，部分行驶动能会转化为内能而耗散掉；由于发动机做功以及传动系统作用，燃料或电池所具有的化学能或电能转化为汽车的行驶动能等。但由于汽车的侧翻过程非常短暂，通常只有1~2s，因此可忽略这段时间内发动机做功产生的能量、受行驶阻力而以内能形式耗散掉的能量等，认为侧翻能量仅来源于汽车当前所具有的动能、势能，以及可能存在的路面输入[36,37]。

对于侧翻研究而言，能量法应用的实质就是：车辆当前时刻所具有的侧翻能量，与一些可能在未来转化为侧翻能量的储备能量之和，大于车辆从当前状态到发生侧翻所需的能量，并且满足一定的侧翻阈值以及转化条件时，车辆必然会发生侧翻。因此，能量法的主要研究内容可分为两部分：一是建立合适的汽车侧翻动力学模型，分析汽车侧翻过程中不同的能量形式及其相互转化的规律；二是通过汽车的各类侧翻阈值、能量转化条件，判断汽车当前所具有的能量能否进一步向侧翻能量转化。

1. 侧翻能量分析

为了将能量法运用于汽车侧翻稳定性分析，首先需要确定汽车在不同侧翻阶段所具有的能量形式。汽车在侧翻过程中所涉及的能量有三种形式：动能、势能和其他以内能形式耗散掉的能量。

其中，动能分为平动动能和转动动能，主要包括汽车的纵向行驶动能、侧向行驶动能、侧倾转动动能：

$$E_{kx} = \frac{1}{2}mu^2 \qquad (2.36)$$

$$E_{ky} = \frac{1}{2}mv^2 \qquad (2.37)$$

$$E_{kr} = \frac{1}{2}I_x\dot{\varphi}^2 \tag{2.38}$$

由于汽车的纵向行驶动能数值较大，并且难以确定有多少能量会向侧倾能量上转化，会降低能量法指标的准确性，因此本书仅关注汽车在侧倾平面内的能量变化，即只关注侧向行驶动能和侧倾转动动能。

势能包括重力势能和弹性势能。定义汽车在初始状态下具有的重力势能为0，重力势能的变化只与质心高度的变化有关：

$$E_{pg} = mg(h - h_{int}) \tag{2.39}$$

弹性势能则取决于悬架弹簧刚度，以及簧载质量和非簧载质量的侧倾角度之差：

$$E_{pk} = \frac{1}{2}k(\varphi_s - \varphi_{us})^2 \tag{2.40}$$

车辆的其他耗能包括悬架阻尼耗能和摩擦、风阻等耗能。其中，悬架阻尼耗能取决于悬架阻尼系数和汽车簧载质量和非簧载质量的侧倾角速度之差，在角速度较大时，悬架阻尼的耗能也较大。摩擦和风阻等耗能由于侧翻过程短暂、耗能较小且难以定量计算，因此予以忽略。

在车辆单侧车轮离地侧翻过程的不同阶段，其主要能量形式和各能量形式之间的转化方式均有所差别。

阶段Ⅰ：汽车由于高速行驶时突然转向或受到路面输入作用，短时间内侧向行驶动能和侧倾转动动能增大；由于车辆簧载质量和非簧载质量侧倾运动的差异，使得悬架被拉伸或压缩，车辆需要克服悬架的抗侧倾力矩做功，一部分能量以内能形式被阻尼器耗散掉，还有一部分能量以弹簧势能形式被存储；同时，簧载质量在重力和侧向加速度共同作用下围绕侧倾轴线旋转，质心高度略微降低，重力势能会向着侧倾转动动能转化；此外，部分侧向行驶动能会向侧倾转动动能转化，但不是全部。

阶段Ⅱ：汽车已经发生单侧车轮的离地，此时车辆整体绕未离地一侧轮胎接地点旋转；侧倾转动动能需要克服重力势能做功，从而使汽车的质心位置抬高，并且在横向方向上越过轮胎接地点；一部分侧向行驶动能在这一阶段仍会向侧倾转动动能转化；悬架的弹性势能和阻尼耗能，相比于发生侧翻所需克服的重力势能小很多，可以忽略不计。

阶段Ⅲ：汽车质心在横向方向上已经达到或通过了未离地一侧轮胎接地点。车辆在到达侧翻临界点时，质心位置也达到最高，所积蓄的重力势能极大，加上车辆原本就具有的侧倾转动动能、部分侧向行驶动能等，将全部转化为侧倾转动动能，导致车辆最终发生侧翻。这也是现有的主动防侧翻控制器很难挽回阶段Ⅲ阶段车辆的原因。

2. 能量法评价指标

结合前文的侧翻过程能量转化分析及各类侧翻阈值条件，何麟煊提出了基于能量法的侧翻评价指标 ERI：

$$\text{ERI} = \frac{E_{roll} + E_{res}}{E_{cr}} = \frac{\text{sgn}(\dot{\varphi}) \times \frac{1}{2}I_x\dot{\varphi}^2 + mg(h - h_{init}) + \frac{1}{2}k(\varphi_s - \varphi_{us})^2 + \lambda\text{sgn}(v) \times \frac{1}{2}mv^2}{mg\Delta h + \frac{1}{2}k_s\varphi_{sc}^2}$$

(2.41)

其中：

$$\lambda = \text{sgn}(va_y)e^{-\left|\frac{1}{a_y/a_{y\text{thr}}}\right|} \tag{2.42}$$

必须说明的是，能量本身是不带有符号或者方向性的，式（2.36）~式（2.42）中的正负号以及求解结果的正负，仅代表该部分能量会使得车辆向哪一侧发生侧翻。

对于该指标的解释如下。首先，该指标是汽车当前状态下所具有的侧翻能量与未来一段时间内可能转化为侧翻能量的储备能量之和，与汽车从初始状态到发生侧翻所需克服的能量之比。其中，汽车当前状态下所具有的侧翻能量，包括汽车的侧倾转动动能和克服重力、弹簧力所积蓄的重力势能、弹性势能；未来一段时间内可能转化为侧翻能量的储备能量主要是汽车的侧向行驶动能；汽车从初始状态到发生侧翻所需克服的能量，包括悬架弹性势能和重力势能。

能量法指标的绝对值位于在 0 到 1 之间时，表示车辆当前具有的侧翻能量和侧翻储备能量还不足以使车辆发生侧翻；而当绝对值大于 1 时，表示汽车当前具有的侧翻能量和侧翻储备能量已经超过了使车辆发生侧翻所需的能量，车辆具有较高的侧翻危险，需要通过主动的防侧翻控制方法和装置减少汽车的侧翻能量，防止车辆发生侧翻。能量法指标的绝对值大小代表汽车发生侧翻的可能性大小，绝对值越大则表示汽车的侧翻危险性越大。

3. 仿真结果

通过 Carsim/Simulink 的联合仿真试验，对其所提出的能量法侧翻评价指标进行有效性和准确性验证。在典型侧翻工况 J – turn 工况与 Fish – hook 工况下对侧翻评价指标进行对比验证。

（1）工况一：J – turn 工况

在 Carsim 中仍选用车辆模型为某 E 级 SUV，设置初始车速为 100km/h，最大方向盘转角为 50°，该过程中侧翻能量变化，以及侧翻评价指标对比如图 2.32 所示。

观察图 2.32a 可知，车辆在 J – turn 工况下，由于进行转向而发生了小幅度的侧倾，但单侧车轮尚未离地前，车辆的重力势能和侧倾转动动能在数值上都非常小，此时侧翻能量以悬架弹性势能以及侧向行驶动能为主。车辆要发生单侧车轮离地，则需要克服很大的悬架势能做功，同时也需要足够的侧向行驶动能。

观察图 2.32b 可知，横向载荷转移率 LTR 曲线以及能量法指标 ERI 曲线最大值均未超过 1，两者都给出了正确的结果，即车辆并没有侧翻危险。从能量法角度，意味着该过程中车辆所具有的侧翻能量以及侧翻储备能量，始终不足以达到使车辆侧翻所需做功能量。

保持车速不变，改变方向盘的最大转角为 100°。车辆在第 3s 左右发生单侧轮胎离地，并最终发生了侧翻。该过程中侧翻能量变化，以及侧翻评价指标对比如图 2.33 和图 2.34 所示。

观察图 2.33 可知，在车辆发生单侧车轮离地之前，车辆的侧翻能量仍以弹簧势能和储备的侧向行驶动能为主，重力势能和侧倾转动动能在数值上相对较小。然而，在车辆发生单侧车轮离地后，车辆的重力势能和侧倾转动动能迅速加大，侧向动能也维持在一个较高的数值，部分弹簧势能被释放，但此时车辆所具有的总体侧翻能量已经非常高。

观察图 2.34 可知，在车辆发生单侧车轮离地之前，LTR 的数值一直高于 ERI 数值，在第 3s 时 ERI 赶超了 LTR 曲线；在车辆发生单侧车轮离地之后，LTR 值始终为 1，而 ERI 的数值继续上升，说明车辆的侧翻能量继续增大，并最终导致了车辆的侧翻。

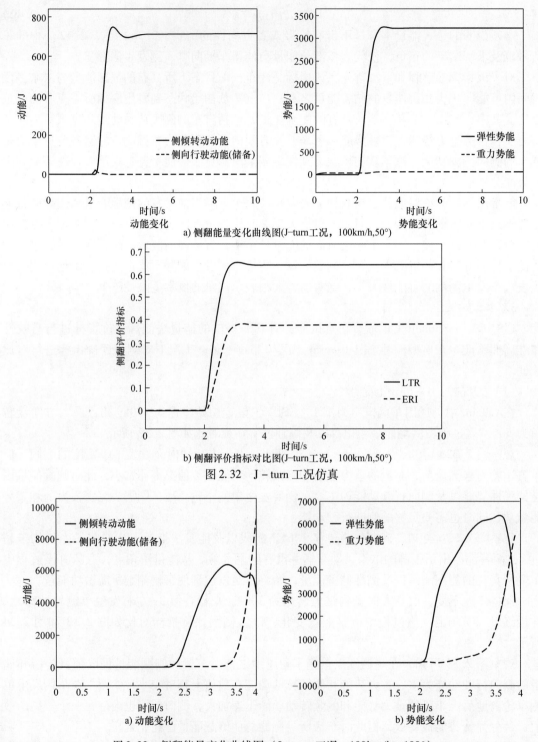

图 2.32　J-turn 工况仿真

图 2.33　侧翻能量变化曲线图（J-turn 工况，100km/h，100°）

（2）工况二：Fish-hook 工况

设置初始车速为 100km/h，方向盘输入正向及反向的最大方向盘转角均设置为 180°。

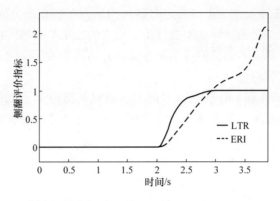

图 2.34　侧翻评价指标对比图（J-turn 工况，100km/h，100°）

车辆先向正向发生了较大程度的侧倾并且单侧车轮离地，之后又向反向发生侧倾，原先离地一侧车轮重新接地，而另一侧车轮离地，并最终侧翻。该过程中侧翻能量变化，以及侧翻评价指标对比如图 2.35 和图 2.36 所示。

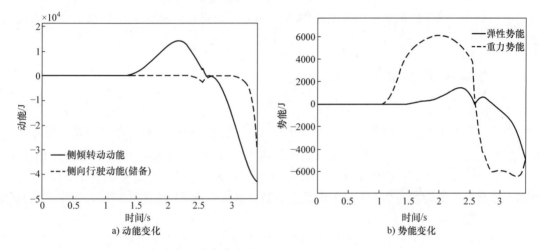

a) 动能变化　　　　　　　　　　　　b) 势能变化

图 2.35　侧翻能量变化曲线图（Fish-hook 工况，100km/h，180°）

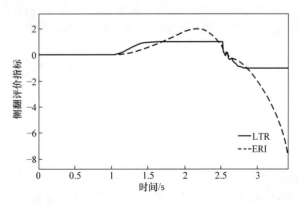

图 2.36　侧翻评价指标对比图（Fish-hook 工况，100km/h，180°）

由图 2.35 可知，在输入一个正向的方向盘转角后，车辆在该方向上的侧向行驶动能和悬架弹性势能迅速增大，而侧倾转动动能较小，重力势能则略微增大；而在方向盘转角变为反向后，车辆在正向方向上的侧翻能量迅速衰减，并迅速积蓄了反向方向上的侧翻能量，最终导致车辆在反向发生侧翻。

由图 2.36 可知，LTR 和 ERI 在两个方向上的绝对值都超过了 1，说明车辆在侧翻过程中，在正向和反向上都一度发生了单侧车轮离地的状况，并且都具有极高的侧翻危险。两个指标都正确地预测到了这两次侧翻危险。

通过上述工况下的联合仿真试验，验证了能量法指标的有效性、准确性和可预测性。

2.2 绊倒型汽车侧翻稳定性评价

以上介绍的侧翻评价指标由于没有考虑到来自路面输入（路肩、减速带等）的影响，故只能用于分析非绊倒型侧翻，不能用于分析绊倒型侧翻。而实际由侧翻导致的事故中，95% 以上都是绊倒型侧翻事故，故对绊倒型侧翻的评价指标进行研究，具有很重要的现实意义。

2.2.1 不平路面汽车侧翻稳定性评价

1. RI_3

在 2.1.4 节中推导出的侧翻评价指标 RI_3，由于考虑了簧载质量与非簧载质量的垂向位移，当存在路面激励输入时，同样可以用来判断侧翻危险。为了验证在不平路面上 RI_3 的响应，选取与传统侧翻评价指标及标准 LTR 进行对比验证，选择绊倒型工况与绊倒型/非绊倒型结合工况，工况设置与 2.1.3 小节中设置一致，评价指标 RI_3 如式（2.35）所示。仿真结果如图 2.37 所示。

工况一：绊倒型工况。在未发生单侧车轮离地的情况下，该侧翻评价指标在绊倒型工况中仍与横向载荷转移率 LTR 趋势保持一致（图 2-37a）。因此，如果将侧翻评价指标的数值范围值介于 −1 到 1 之间，则可以用来预测侧翻危险程度。传统的侧翻指数和为改进传统指标而提出的新指标，均与真实的 LTR 相差甚多，而新的侧翻评价指标相比较而言却与真实的 LTR 更接近。

工况二：非绊倒型工况与绊倒型工况同时存在。在这种工况下，车辆的侧翻评价指标对比如图 2.37b 所示。可以得出与上述两种情况相同的结论。

因此，新的侧翻评价指标 RI_3，可以通过实时测量加速度和侧倾角来预测车辆发生非绊倒型与绊倒型侧翻的风险。

2. ERI

在这里讨论能量法的优点。首先，能量法只需要重点考虑车辆在初末位置具有的能量，以及相应的转化条件即可，因此相对简单；其次，能量法主要是以车辆当前的速度、质心高度等行驶参数为依据，相对于 LTR 而言，对轮胎垂直载荷的依赖较小，因此在车辆单个或单侧车轮离地前后均能有效发挥作用，对非绊倒型侧翻和绊倒型侧翻均适用。所以在 2.1.5

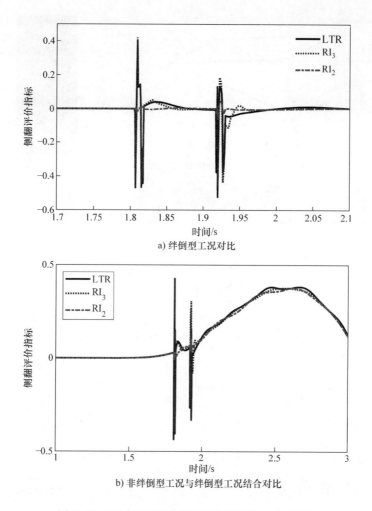

图 2.37 不同工况下侧翻评价指标对比（有彩插）

节中推导出的能量法指标：式（2.41），同样可以应用在不平路面引起的绊倒型侧翻中。这里选取典型侧翻工况 Slope 工况，来验证能量法评价指标 ERI 在不平路面引起的绊倒型侧翻中的性能。

斜坡输入是一类典型的绊倒型侧翻工况，是指车辆以一定初始速度冲上一个斜坡，由于两侧车轮所处道路坡度不同而使车辆存在一个侧倾角，最终可能发生侧翻。美国汽车工程师协会的 SAE J2114 和 J857 等侧翻试验标准[3]中，规定了该类试验中所使用斜坡的类型和尺寸，主要分为两种：一种是螺旋形斜坡，车辆两侧车轮均驶上该斜坡，另一种是平面型斜坡，车辆仅以单侧车轮驶上该斜坡。如图 2.38 所示。本文设置了平面型斜坡，斜坡长度为 5m，宽度 1m，高度 0.5m。设置车辆初始车速为 50km/h，无方向盘转角输入，以右侧车轮驶上该斜坡。通过 CarSim 仿真动画可知，车辆由于斜坡作用而发生向左侧的侧倾运动，该侧车轮短暂离开斜坡悬空后重新接触地面，最终未发生侧翻。该过程中侧翻能量变化以及侧翻评价指标对比如图 2.39 和图 2.40 所示。

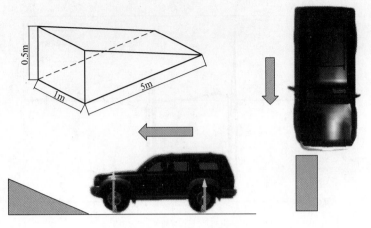

图 2.38 Slope 工况示意图

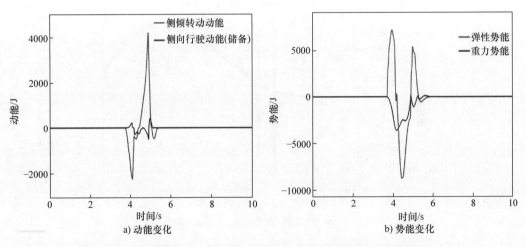

a) 动能变化　　　　　　　　　　　b) 势能变化

图 2.39 侧翻能量变化曲线图（Slope 工况，50km/h）（有彩插）

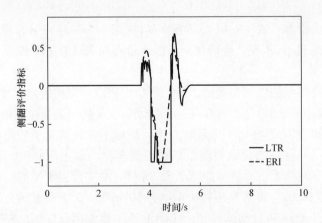

图 2.40 侧翻评价指标对比图（Slope 工况，50km/h）

由图 2.39 可知，对于 Slope 工况，车辆的侧翻动能主要为侧倾转动动能，这是由于车辆以单侧车轮高速驶入斜坡时，由于两侧车轮运动差异，车辆具有较大的侧倾转动动能，而侧向行驶动能及侧向加速度在 Slope 工况下是非常小的；车辆的侧翻势能主要以弹性势能为主，在驶上斜坡瞬间该侧悬架受到压缩，会瞬间积蓄极大的弹性势能，而在该侧车轮离开坡面时部分悬架势能会被释放，同时由于车辆质心被抬高，因此重力势能也明显增大。然而，总侧翻能量并不足以使车辆发生侧翻。车辆在到达一个较大的侧倾位置后重新回落，经历数次颠簸后重新进入稳定行驶状态。

由图 2.40 可知，尽管车辆最终未发生侧翻，但 LTR 和 ERI 在该种工况下绝对值均一度超过了 1，给出了车辆具有侧翻危险的信号。其中 LTR 指标超过 1 是由于单侧车轮确实被斜坡抬高而离地悬空，而 ERI 指标超过 1 是由于该时刻车辆的侧翻危险程度确实非常高，但这并不意味着 ERI 指标等于 1 或超过 1 时，车辆就已经侧翻或一定会发生侧翻。在侧翻危险解除后 ERI 指标数值也迅速回落到 0，因此 ERI 比 LTR 指标具有更好的预测性和灵敏度。

将车速进一步提升到 100km/h 后，车辆被坡道掀起而最终发生了侧翻。该过程中侧翻能量变化以及侧翻评价指标对比如图 2.41 和图 2.42 所示。

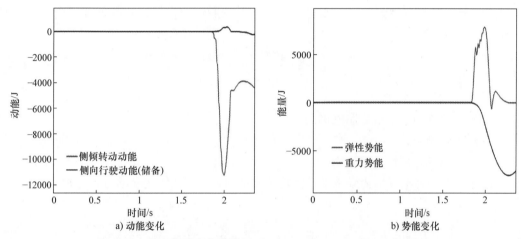

图 2.41 侧翻能量变化曲线图（Slope 工况，100km/h）（有彩插）

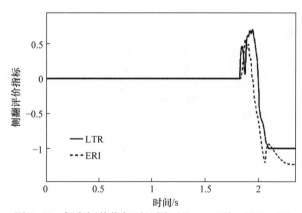

图 2.42 侧翻评价指标对比图（Slope 工况，100km/h）

由图 2.41 可知，车辆在驶上斜坡后，极短时间内便具有了极高的侧倾转动动能。同时，悬架由于受到压缩而积蓄了极大的弹性势能，重力势能也迅速增大。车辆总侧翻能量超出了阈值，并最终使车辆发生侧翻。由图 2.42 可知，ERI 先于 LTR 指标给出了车辆的侧翻危险信号，因此具有较好的预测性和实时性。

3. RI_4

Phanomchoeng 和 Rajamani[28]提出了一种可以同时检测非绊倒型侧翻与绊倒型侧翻的评价指标，考虑到了路面的垂向（减速带）输入与未知的侧向输入（路肩或防撞栏等）的影响因素，建立了一个包括簧载质量的垂向运动 z_s 和侧倾运动 φ，以及左、右两个非簧载质量的垂向运动 z_{ur} 和 z_{ul} 在内的四自由度模型。z_{rr} 和 z_{rl} 分别表示左、右轮胎受到的来自路面的输入激励，车身用簧载质量 m_s 表示，轴和轮胎的质量用非簧载质量 m_{ul} 和 m_{ur} 表示。悬架用簧载质量与非簧载质量之间的弹簧阻尼表示，两侧垂直轮胎刚度分别用弹簧 k_{tr} 和 k_{tl} 表示。

由于外部输入 z_{rr}，z_{rl} 及 F_{lat}（来自外部的未知侧向输入）未知且无法直接测量，但是，由这些未知输入决定的输出量却是可以测量的。举个例子，汽车的垂向和侧向加速度可以通过安装在车身上的加速度传感器测量获得，未知的输入和系统状态可以通过代数方程用垂向和侧向的加速度表示出来，以下是推导过程。

通过加速度传感器得到的侧向加速度 a_y，包括轮胎侧向力及未知的外部侧向力 F_y，表达式为：

$$a_y = \frac{(F_{yr} + F_{xf}\sin(\theta) + F_{yf}\cos(\delta) + F_y)}{m} \tag{2.43}$$

式中 F_{xf}——前轮纵向力；

F_{yf} 和 F_{yr}——分别为前、后轮胎的侧向力；

δ——转向角；

F_y——未知外部侧向输入力。

假设悬架力总是垂直于簧载质量，则簧载质量的垂向和侧倾运动学方程分别为：

$$m_s \ddot{z}_s = F_{sr} + F_{sl} - m_s g \tag{2.44}$$

$$(I_x + m_s h_R^2)\ddot{\varphi} = \frac{l_s}{2}(F_{sl} - F_{sr}) + m_s a_y h_R \cos\varphi + m_s g h_R \sin\varphi \tag{2.45}$$

式中 I_x——转动惯量。

非簧载质量的垂向运动学方程为：

$$m_{usr}\ddot{z}_{ur} = -F_{sr} + F_{zr} - m_{usr}g \tag{2.46}$$

$$m_{usl}\ddot{z}_{ul} = -F_{sl} + F_{zl} - m_{usl}g \tag{2.47}$$

式中 F_{zr} 和 F_{zl}——分别为左、右轮胎垂向力。

由非簧载质量的运动学方程，轮胎的垂向力可表示为：

$$F_{zr} = m_{usr}\ddot{z}_{ur} + F_{sr} + m_{usr}g \tag{2.48}$$

$$F_{zl} = m_{usl}\ddot{z}_{ul} + F_{sl} + m_{usl}g \tag{2.49}$$

侧翻评价指标可写为：

$$LTR = \frac{F_{zr} - F_{zl}}{F_{zr} + F_{zl}}$$

$$= \frac{m_{usr}\ddot{z}_{ur} + F_{sr} + m_{usr}g - m_{usl}\ddot{z}_{ul} - F_{sl} - m_{usl}g}{m_{usr}\ddot{z}_{ur} + F_{sr} + m_{usr}g + m_{usl}\ddot{z}_{ul} + F_{sl} + m_{usl}g} \tag{2.50}$$

如果 $m_{usr} = m_{usl} = m_{us}$，则侧翻评价指标可化简为：

$$\text{LTR} = \frac{m_{usr}(\ddot{z}_{ur} - \ddot{z}_{ul}) + F_{sr} - F_{sl}}{m_{us}(\ddot{z}_{ur} + \ddot{z}_{ul}) + F_{sr} + F_{sl} + 2m_{us}g} \tag{2.51}$$

式中 F_{sr} 和 F_{sl}——分别表示左、右悬架力。

然而 F_{sr} 和 F_{sl} 依然未知,所以需要将这两个未知量转化为已知量。将方程 (2.44) 和方程 (2.45) 分别改写为以下形式:

$$(F_{sr} + F_{sl}) = m_s \ddot{z}_s + m_s g \tag{2.52}$$

$$(F_{sl} - F_{sr}) = \frac{l_s}{2}\left[(I_x + m_s h_R^2)\ddot{\varphi} - m_s a_y h_R \cos\varphi - m_s g h_R \sin\varphi\right] \tag{2.53}$$

$\ddot{z}_s$ 可以由加速度传感器获得,φ 可以取估计值,而 $\ddot{\varphi}$ 依然未知且无法直接测量。为了得到 $\ddot{\varphi}$,需要分别在左、右簧载质量上放置两个额外的加速度传感器,位置示意图如图 2.43 所示。

右加速度传感器测量值 a_{zr} 表达式为:

$$a_{zr} = \ddot{z}_s \cos\varphi - \frac{l_s}{2}\ddot{\varphi} + (a_y + ur)\sin\varphi + g\cos\varphi \tag{2.54}$$

左加速度传感器测量值 a_{zl} 表达式为:

$$a_{zr} = \ddot{z}_s \cos\varphi - \frac{l_s}{2}\ddot{\varphi} + (a_y + ur)\sin\varphi + g\cos\varphi \tag{2.55}$$

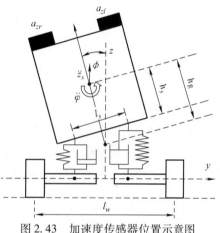

图 2.43 加速度传感器位置示意图

显然,$(a_y + ur)$ 这一部分包含未知侧向力 F_{lat} 的影响。

将方程 (2.54) 与方程 (2.55) 求差可得:

$$a_{zl} - a_{zr} = l_s \ddot{\varphi}, \quad \ddot{\varphi} = \frac{a_{zl} - a_{zr}}{l_s} \tag{2.56}$$

将方程 (2.56) 与方程 (2.53) 联立,可得:

$$(F_{sl} - F_{sr}) = \frac{l_s}{2}\left[(I_x + m_s h_R^2)\left(\frac{a_{zr} - a_{zl}}{l_s}\right) - m_s a_y h_R \cos\varphi - m_s g h_R \sin\varphi\right] \tag{2.57}$$

将方程 (2.57) 和方程 (2.52) 代入方程 (2.51) 中,可得侧翻评价指标的表达式为:

$$\text{RI}_4 = \frac{m_u(\ddot{z}_{ur} - \ddot{z}_{ul}) - \frac{2}{l_s^2}(I_x + m_s h_R^2)(a_{zl} - a_{zr}) + \frac{2}{l_s}m_s a_y h_R \cos\varphi + \frac{2}{l_s}m_s g h_R \sin\varphi}{m_u(\ddot{z}_{ur} + \ddot{z}_{ul}) + m_s \ddot{z}_s + mg}$$

$$\tag{2.58}$$

式中 $(\ddot{z}_{ur} - \ddot{z}_{ul})$——非簧载质量加速度的差;
$(a_{zl} - a_{zr})$——簧载质量加速度的差;
a_y——侧向加速度;
φ——侧倾角。

以上变量都是可以直接测量或者估计得到的,因为新的侧翻评价指标包括 $(a_{zl} - a_{zr})$ 及 $\ddot{\varphi}$,所以该评价指标可以在一个方程中,同时计算未知的外部侧向力输入及路面输入。

Phanomchoeng 和 Rajamani 选用一个 8:1 的微车模型来进行实车侧翻验证,通过三组试

验来验证新的 RI_4 在检测非绊倒型侧翻及绊倒型侧翻上的有效性,如图 2.44 所示。

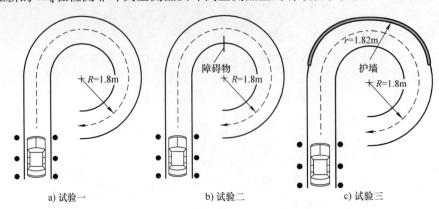

图 2.44 微型车轨迹

计算新的 RI_4 需要的参数包括横向加速度、簧载质量和非簧载质量的左、右垂向加速度及侧倾角,由于微型车的簧载质量很小,故簧载质量的垂向加速度可忽略不计。此外,路面输入为一个凸块,侧倾角相对于微型车很小,故可以将侧翻评价指标简化为 RI_5,作为验证结果对比,选择 2.1.4 节中评价指标 RI_1 进行对照,如式 (2.21) 所示。

$$RI_5 = \frac{-\frac{2}{l_s^2}(I_x + m_s h_R^2)(a_{zl} - a_{zr}) + \frac{2}{l_s}m_s a_y h_R}{mg} \quad (2.59)$$

试验结果如图 2.45~图 2.47 所示,图 2.45 为微型车的纵向及侧向加速度,图 2.46 为微型车左、右轮胎垂向加速度,图 2.47 为 RI_1 与 RI_5 的试验结果对比。

从图 2.47 中可以看出:

1)第一个试验无外力输入,故左、右车轮的垂向加速度差别很小,所以 RI_1 和 RI_5 结果几乎相同,这两种评价指标都可以检测到车轮即将离地。

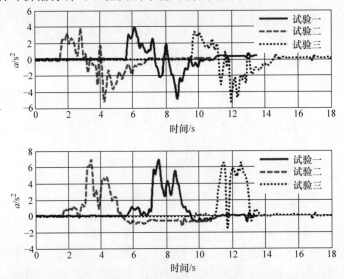

图 2.45 微型车的纵向及侧向加速度(有彩插)

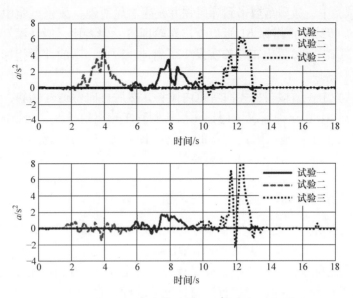

图 2.46 微型车左、右轮胎的垂向加速度（有彩插）

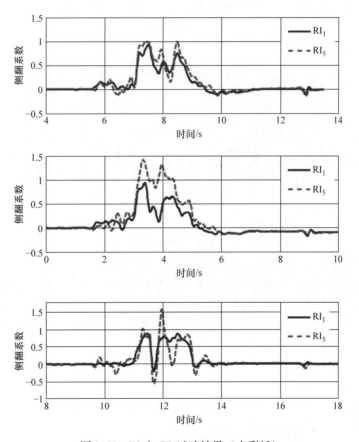

图 2.47 RI_1 与 RI_5 试验结果（有彩插）

2）第二个试验中，微型车撞击到障碍物并发生右轮离地，故该试验中左、右车轮的垂向的加速度不同，传统评价指标 RI_1 可以看出车轮即将发生离地，但是没有准确检测到车轮离地条件；而通过 RI_5 可以看出车轮确实发生了离地。因此，新的评价指标可以同时检测到绊倒型及非绊倒型侧翻。

3）第三个试验中，微型车首先向弯道内倾斜，然后再向弯道外倾斜，最后完全发生侧翻。传统评价指标 RI_1 在这种情况下同样无法检测到车轮离地条件；而新的评价指标 RI_5 可以看出车轮确实发生了离地。因此，新的评价指标是可以同时检测到绊倒型及非绊倒型侧翻。

2.2.2 单侧车轮离地汽车侧翻稳定性评价

汽车的侧翻过程必然伴随着单个或多个车轮的离地悬空。事实上，同一侧的车轮通常并不是同时离开地面的，而是存在短暂的时间间隔。例如，对于发动机前置的 SUV 和其他乘用车，发生非绊倒型侧翻时，由于前轴载荷较大，因此后轴车轮通常是先于前轴车轮发生一侧离地。为了便于对离地侧翻过程进行研究，这里进行了适当简化，假设车辆单侧车轮同时离地，将所研究侧翻过程分为单侧车轮离地前和离地后两个阶段，如图 2.48 所示，本小节介绍一些单侧车轮离地后的稳定性评价研究。

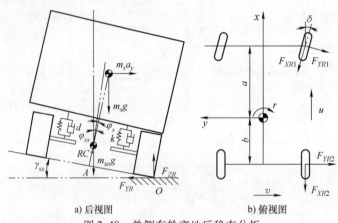

a) 后视图   b) 俯视图

图 2.48 单侧车轮离地后稳态分析

1. 指标推导

车辆是一个复杂的非线性系统，不同方向的运动相互影响。例如，车辆纵向运动不会直接导致车辆的侧翻，但车辆的纵向运动与横向运动通过转向系统耦合在一起，这使得车辆在转弯时纵向的平动动能转化为侧翻的能量。所以，能量稳定指标需要同时考虑车速和车轮转角的影响。研究人员在考虑车速与车轮转角影响因素的基础上，进一步提出了 NERI，即归一化能量法指标，通过分析单侧车轮离地前后侧翻阈值，可在单侧车轮发生离地后继续计算侧翻危险程度，定义如下：

侧倾转动能量 E_{roll}：包括侧向行驶动能、侧倾转动动能、重力势能与弹性势能：

$$E_{roll} = E_{kr} + E_{pg} + E_{pk}$$
$$= \frac{1}{2}I_x\dot{\varphi}^2 + mg(h - h_{init}) + \frac{1}{2}k_s(\varphi_s - \varphi_{us})^2 \tag{2.60}$$

侧翻储备能量 E_{res}：即可能转化为侧倾动能的侧向行驶动能部分：

$$E_{res} = \lambda \times \frac{1}{2}mv^2 \tag{2.61}$$

其中：

$$\lambda = \text{sgn}(va_y)e^{-\left|\frac{1}{a_y/a_{ythr}}\right|} \tag{2.62}$$

侧倾临界能量 E_{cr}：即车辆到达侧翻临界位置最少需要的能量，主要克服重力势能与悬架弹性势能做功：

$$E_{cr} = mg\Delta h + \frac{1}{2}k_\varphi \varphi_{sc}^2 \tag{2.63}$$

则进一步得到：

$$\text{NERI} = \frac{E_{roll} + E_{res}}{E_{cr}} + \omega$$

$$= \frac{\text{sgn}(\dot{\varphi}) \times \frac{1}{2}I_x\dot{\varphi}^2 + mg(h - h_{init}) + \frac{1}{2}k_\varphi(\varphi_s - \varphi_{us})^2 + \lambda\text{sgn}(v) \times \frac{1}{2}mv^2}{mg(\sqrt{h^2 + (T/2)^2} - h) + \frac{1}{2}k_\varphi \cdot \varphi_{sc}^2} + \omega \tag{2.64}$$

式中 ω——考虑方向盘转角与车辆纵向车速影响的归一化因子；
$p_1 - p_{10}$——通过回归分析拟合出的参数。

$$\omega = f(\delta_{sw}, u) = \frac{p_1 + p_3\ln\delta_{sw} + p_5 u + p_7(\ln\delta_{sw})^2 + p_9 u^2}{1 + p_2\ln\delta_{sw} + p_4 u + p_6(\ln\delta_{sw})^2 + p_8 u^2 + p_{10}u\ln\delta_{sw}} \tag{2.65}$$

2. 仿真验证

为了验证所提出指标的准确性，通过 CarSim/Simulink 联合仿真进行验证，设置常用非绊倒型侧翻工况 J-turn 工况与 Slope 工况进行验证，选择高质心 SUV 为试验车型。J-turn 工况下，车速设置为 80km/h，方向盘输入分别为 80°、118°、120°、150°，与侧翻评价指标进行对比。联合仿真结果如图 2.49 所示。

如图 2.49a 所示，当方向盘输入小角度时，即未发生车轮离地的情况下，NERI 与 LTR 基本一致，均能准确反映车辆当前侧倾状态；当方向盘转角输入增加至 118°时，如图 2.49b 所示，显然在 $t=2$s 时发生了单侧车轮离地，之后 LTR 保持为 1，而 NERI 在 $t=2$s 后仍然继续增加，进一步反映车辆当前侧翻危险程度，在 $t=5$s 后，LTR 减小到 1 以下，全部车轮全部恢复接触地面行驶，此时 NERI 也迅速降至 1 以下，经持续振荡后恢复稳定行驶状态；图 2.49c 与图 2.49d 的情况类似，区别在于当方向盘转角输入继续增加时，在不采取控制措施的情况下，侧翻的发生已不可避免，后两种情况下车辆分别在 $t=4.7$s 和 $t=2.2$s 左右时，发生完全侧翻。而单侧车轮离地后，LTR 保持为 1，无法继续预测侧翻危险程度，NERI 则在单侧车轮离地后仍持续增加。

第二种侧翻工况为 Slope 工况，如图 2.50 所示，设置了平面型斜坡，斜坡长度为 5m，宽度 1m，高度 0.5m。设置与 J-turn 工况中同样的车辆，分别以初始车速 50km/h 与 80km/h 以左侧车轮驶入斜坡，无方向盘转角输入。通过 Carsim 仿真动画可知，车辆由于斜坡作用而发生向右侧的侧倾运动，该侧车轮短暂离开斜坡悬空后重新接触地面，最终未发生侧翻。该过程中侧翻评价指标对比如图 2.51 所示。

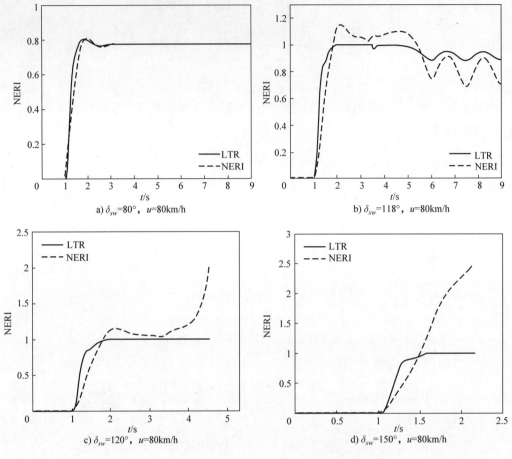

图 2.49　J-turn 工况下 NERI 与 LTR 对比

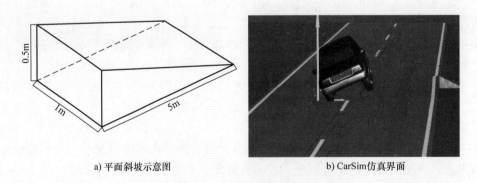

a) 平面斜坡示意图　　　　　　b) CarSim 仿真界面

图 2.50　Slope 工况示意图

由图 2.51a 可知，尽管车辆最终未发生侧翻，但 LTR 和 NERI 在该种工况下绝对值均一度超过了 1，给出了车辆具有侧翻危险的信号。其中 LTR 指标超过 1 是由于单侧车轮确实被斜坡抬高而离地悬空，而 NERI 指标超过 1 是由于该时刻车辆的侧翻危险程度确实非常高，但并不意味着 NERI 指标等于 1 或超过 1 时，车辆就已经侧翻或一定会发生侧翻。在侧翻危险解除后 NERI 指标数值也迅速回落到 0，因此 NERI 比 LTR 指标具有更好的预测性和灵敏度。由图 2.51b 可知，在 $t=2.5s$ 之后已经发生了单侧车轮离地，LTR 保持为 1，而 NERI 持续变化，并在 $t=2.8s$ 时超过某阈值，最终车辆发生了完全侧翻，再次说明了在单侧车轮离地情况下 NERI 比传统 LTR 具有优势。

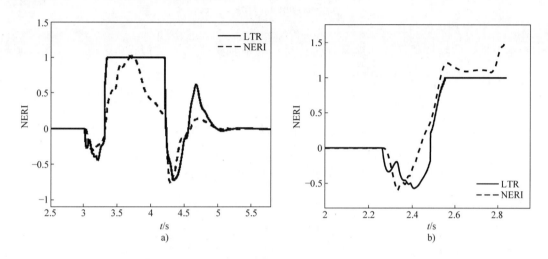

图 2.51　Slope 工况下 NERI 与 LTR 对比

2.2.3　重型汽车侧翻稳定性评价

由于重型车相对于其他车型来说轴距较长，可能出现前轴某侧车轮离地但后轴车轮均未离地的情况。并且，在 1.2.1 节的建模过程中，将重型车的侧倾运动分成了前后两部分，因此考虑对重型车的前后两部分分别计算侧翻评价指标。另外，目前的侧翻评价指标大多局限于对非绊倒型侧翻的观测，而路面激励和路面横纵坡度对重型车的侧翻来说也是不可忽略的影响因素。所以有必要针对重型车的绊倒及非绊倒侧翻，提出新型并且准确的侧翻评价指标[38,39]。

1. 前轴侧翻评价指标

本节针对前轴簧载系统，计算侧翻评价指标。首先，在横向载荷转移率 LTR 的定义中，重型车左右侧垂向载荷的差值可通过式（2.66）来表示：

$$F_{zlf} - F_{zrf} = F_{sf1} - F_{sf2} + \frac{2m_{uf}}{T_f}(h_{uf} - h_{cf})(g\varphi_{uf} + a_y) + \frac{4F_{yf}h_{cf}}{T_f} \quad (2.66)$$

然后，由式（1.99）和式（1.96）可得重型车前轴的总垂向载荷，如下所示：

$$F_{zlf} + F_{zrf} = m_{sf}\ddot{z}_{sf} + m_{uf}\ddot{z}_{uf} + m_f g\cos\varphi_R\cos\theta_R \quad (2.67)$$

其中，式（2.66）中的车辆左右悬架力之差可以从式（1.90）中得到：

$$F_{sf1} - F_{sf2} = \frac{2}{T_f}[m_{sf}h_f a_y + m_{sf}h_f g(\varphi_{sf} + \varphi_R) + k_b(\varphi_{sf} - \varphi_{sr}) - I_{xf}\ddot{\varphi}_{sf}] \quad (2.68)$$

最后，将式（2.66）~式（2.68）代入式（2.15）中，可得前轴簧载系统的侧翻评价指标 RI_f 为：

$$\mathrm{RI}_f = \frac{\dfrac{2}{T_f}\left(\begin{array}{l}m_{sf}h_f g(\varphi_{sf}+\varphi_R) + m_{uf}g(h_{uf}-h_{cf})\varphi_{uf} + k_b(\varphi_{sf}-\varphi_{sr}) - I_{xf}\ddot{\varphi}_{sf} + \\ [m_{sf}h_f + m_{uf}(h_{uf}-h_{cf})]a_y - 2h_{cf}B_t C_t D_t\left(\dfrac{v+ar}{u}-\delta_f\right)\end{array}\right)}{m_f g\cos\varphi_R\cos\theta_R + m_{sf}\ddot{z}_{sf} + m_{uf}\ddot{z}_{uf}} \quad (2.69)$$

2. 后轴侧翻评价指标

本节推导后轴簧载系统的侧翻评价指标。与前轴簧载系统类似，首先通过式（2.66）得出后轴左右侧垂向载荷的差值：

$$F_{zlr} - F_{zrr} = F_{sr1} - F_{sr2} + \frac{2m_{ur}}{T_r}(h_{ur}-h_{cr})(g\varphi_{ur}+a_y) + \frac{4F_{yr}h_{cr}}{T_r} \quad (2.70)$$

由式（1.95）和式（1.97）可得后轴所受的总垂向载荷：

$$F_{zlr} + F_{zrr} = m_{sr}\ddot{z}_{sr} + m_{ur}\ddot{z}_{ur} + m_r g\cos\varphi_R\cos\theta_R \quad (2.71)$$

式（2.70）中左右悬架力的差值可联合式（1.91）给出：

$$F_{sr1} - F_{sr2} = \frac{2}{T_r}[m_{sr}h_r a_y + m_{sr}h_r g(\varphi_{sr}+\varphi_R) + k_b(\varphi_{sr}-\varphi_{sf}) - I_{xr}\ddot{\varphi}_{sr}] \quad (2.72)$$

最后，将式（2.87）~式（2.72）代入横向载荷转移率的定义式（2.15）中，后轴簧载系统的侧翻指标 RI_r 可表示为：

$$\mathrm{RI}_r = \frac{\dfrac{2}{T_r}\left(\begin{array}{l}m_{sr}h_r g(\varphi_{sr}+\varphi_R) + m_{ur}g(h_{ur}-h_{cr})\varphi_{ur} - k_b(\varphi_{sf}-\varphi_{sr}) - I_{xr}\ddot{\varphi}_{sr} + \\ [m_{sr}h_r + m_{ur}(h_{ur}-h_{cr})]a_y - 2h_{cr}B_t C_t D_t\left(\dfrac{v-br}{u}\right)\end{array}\right)}{m_r g\cos\varphi_R\cos\theta_R + m_{sr}\ddot{z}_{sr} + m_{ur}\ddot{z}_{ur}} \quad (2.73)$$

3. 整车侧翻评价指标

在对重型车进行侧翻稳定性分析以及主动防侧翻控制时，通常需要一个应用于整车的侧翻评价指标，因此本节分析了前后轴侧翻指标在不同行驶工况下的性能，并基于此得出整车的侧翻评价指标。

图 2.52 表示在 J-turn 工况下，车辆以不同车速及不同负载行驶时，前轴侧翻指标 RI_f、后轴侧翻指标 RI_r 以及传统横向载荷转移率 LTR 的响应曲线。

图 2.52a 和 b 表示重型车空载和满载时侧翻指标响应曲线，其中车速为 65km/h。从图 2.52a 中可以看出，由于重型车空载时前轴承载的簧载质量较大，所以此时 RI_f 大于 RI_r，并且在 2.1s 时大于 1，说明前轴一侧车轮有短暂的离地，而传统横向载荷转移率 LTR 的值介于 RI_f 和 RI_r 之间，并且并未超过 1，说明此时对于整车来说，侧翻危险相对不是很高。当重型车满载时，如图 2.52b，此时后轴承载的簧载质量较大，因此后轴簧载系统的侧翻危险性增加，RI_r 大于 RI_f 和 LTR，在 2.1~3.1s 之间 RI_r 短暂地越过了 1，而 RI_f 的值在 0.64 左右，同样地，LTR 的值仍然介于 RI_f 和 RI_r 之间，取值在 0.8 左右。综上，RI_f 和 RI_r 的大小关系会随着车辆负载的变化而改变，并且与 LTR 的差值较大，因此单一使用 RI_f 或 RI_r 都具有一定的误差。

图 2.52c 和 d 表示车速为 78km/h 时，重型车空载和满载的侧翻指标响应曲线。与图 2.52a 和 b 类似，RI_f 和 RI_r 的值随着负载的不同而变化，在这个相对较高的车速，LTR 观测到重型车会有长时间的车轮离地现象，侧翻风险较大，而单独使用 RI_f 或 RI_r，只能观测前轴簧载系统或者后轴簧载系统的侧翻稳定性。因此，本节将 RI_f 和 RI_r 分配以不同的权重，获得可观测整车侧翻稳定性的动态评价指标 NRI，如式（2.74）所示：

$$\mathrm{NRI} = \begin{cases} -1 & (a\mathrm{RI}_f + b\mathrm{RI}_r) \leq -L \\ \dfrac{a\mathrm{RI}_f + b\mathrm{RI}_r}{L} & -L < (a\mathrm{RI}_f + b\mathrm{RI}_r) < L \\ 1 & L \leq (a\mathrm{RI}_f + b\mathrm{RI}_r) \end{cases} \tag{2.74}$$

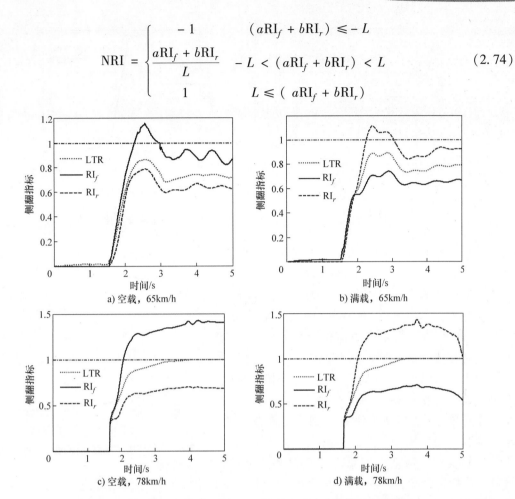

图 2.52　J - turn 工况下的 RI_f，RI_r 以及 LTR 响应曲线（有彩插）

为了对上文提出的侧翻评价指标进行验证，并分析重型车的结构参数和路面参数对侧翻稳定性的影响。通过 TruckSim 仿真设置了三种类型的工况，包括：非绊倒型侧翻工况、绊倒型侧翻工况，以及绊倒和非绊倒型侧翻的组合工况，分析了车身扭转刚度，轮胎侧偏刚度，以及路面坡度等对侧翻稳定性的影响，从而对驾驶员的安全操作，以及整车的结构设计提出了合理的建议。

工况一：非绊倒型工况（Fish - hook 工况）。

Fish - hook 工况由两个阶段组成，第一阶段为在 1.5s 时，转角从 0 度上升为 5°，持续到第 3s 后，转角在 0.1s 的时间内下降到 -5°，并保持到 10s。本节仿真分析了在该 Fish - hook 工况下，LTR 和 NRI 的动态响应，如图 2.53 所示。

图 2.53a 表示车速为 55km/h 时，LTR 和 NRI 的动态响应。两种侧翻指标的曲线走势高度一致。其中 NRI 在 2.438s 时达到峰值 0.628，LTR 在 2.435s 达到峰值 0.602；LTR 和 NRI 达到谷值的时间基本一致，分别为 4.044s 和 4.048s，并且两者谷值的误差只有 0.03。可以看出，在重型车以 55km/h 的车速行驶在 Fish - hook 工况下时，车辆基本保持稳定，并且 LTR 和 NRI 的误差最大不超过 4.5%。图 2.53b 表示车速为 65km/h 时，LTR 和 NRI 的动态

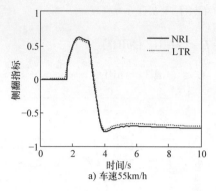 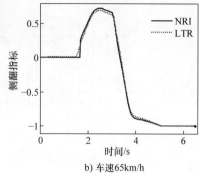

a) 车速55km/h　　　　　　　　　b) 车速65km/h

图 2.53　Fish-hook 工况中 LTR 和 NRI 的动态响应对比

响应。当车速增加到 65km/h 后，车辆侧翻危险大大增加，LTR 和 NRI 均在 5.06s 时到达 -1，说明此时重型车一侧车轮已经离地。综上，在 Fish-hook 工况下，车速越高，车辆的侧翻稳定性越差；另外，LTR 和 NRI 的动态响应保持高度一致，验证了 NRI 在非绊倒工况下的准确性。

图 2.54 为 Fish-hook 工况下，车身扭转刚度对侧翻稳定性的影响。随着车身扭转刚度增大，NRI 峰值增大，谷值减小到 -1，即刚性车架的重型车辆容易发生侧翻。然而，柔性车架会造成过多的扭转变形，降低重型车的安全性和舒适性。

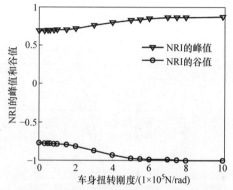

图 2.54　车身扭转刚度对侧翻稳定性的影响

此外，当扭转刚度过大或过小时，NRI 趋于饱和。因此，车身扭转刚度应设计到适当的值，既能保证侧翻的稳定性，又能减小车身的扭转变形。

工况二：绊倒型工况。将通过三个工况来分析 NRI 在绊倒型侧翻时的性能。工况Ⅰ：车辆行驶在路面横向坡度和纵向坡度复合的道路上，其中横向坡度为 5°，纵向坡度 4.5°；工况Ⅱ：车辆行驶时，一侧车轮处出现一个宽 15cm，高 7cm 的凸起；工况Ⅲ：交叉横坡扫过标准测试道路，其道路形状如图 2.55 所示，其中图 2.55a 为 3D 道路示意图，图 2.55b 为道路高度的坐标。以上三种工况下的重型车车速均为 80km/h。

 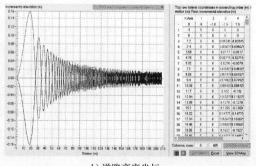

a) 3D 道路示意图　　　　　　　　　b) 道路高度坐标

图 2.55　交叉横坡扫过测试道路描述

图 2.56a~图 2.56c 表示三种工况下 LTR 和 NRI 的动态响应对比。与 2.3.1 节非绊倒工况下的结果类似,LTR 和 NRI 在绊倒型工况下的曲线走势也保持高度一致,验证了 NRI 在绊倒工况下的有效性。并且,从图 2.56 中可以看出,NRI 的峰值要略大于 LTR,这说明 NRI 对于路面输入更加敏感,这也有助于对重型车及时地施加主动防侧翻控制,提高行驶安全性。

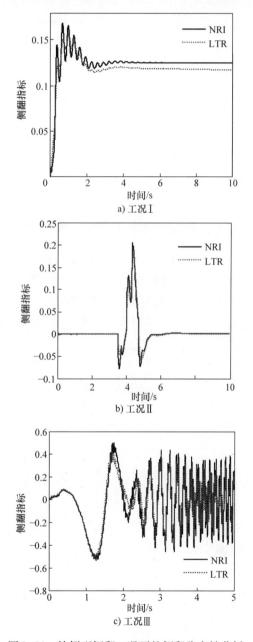

图 2.56 绊倒型侧翻工况下的侧翻稳定性分析

从图 2.56 中可以看出,路面激励对侧翻稳定性有着很大影响。在图 2.57 中则重点分析了路面的横纵向坡度对重型车侧翻的影响。其中仿真工况为 Fish-hook 工况,车速为

50km/h。NRI 峰值随着横向坡度角的增大而减小。也就是说，外侧的高路面有助于减小侧翻倾向。但随着横向坡度的增大，NRI 的谷值减小到 -1，即内侧的高路面会大大增加侧翻危险；图 2.57b 显示，NRI 的峰值和谷值随着纵向坡度的增大而增大。因此，重型车在高路面内侧或纵向坡度较大的路面转弯时，容易发生侧翻。

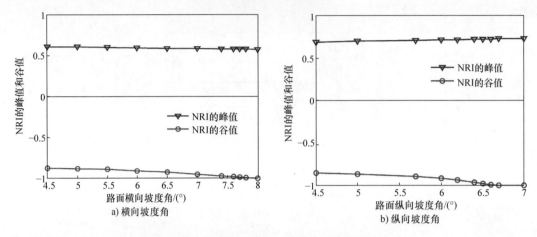

图 2.57　路面横纵向坡度对侧翻稳定性的影响

工况三：绊倒型与非绊倒型组合工况。为了进一步验证 NRI 的有效性，分析重型车在极端场景下的侧翻状态，设计了两种绊倒与非绊倒型侧翻的组合工况，包括：①J-turn 工况与路面横纵向坡度结合，其中横向坡度为 5°，纵向坡度 4.5°，车速 60km/h；②不平路面下的 J-turn 工况，路面存在一宽 15cm，高 7cm 的突起。LTR 和 NRI 的响应曲线如图 2.58 所示。

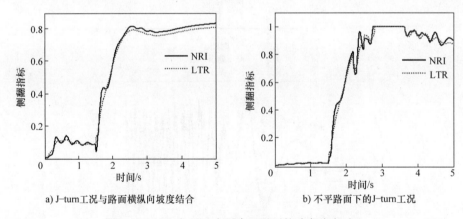

图 2.58　LTR 和 NRI 在组合工况下的动态响应对比

从图 2.58a 可以看出，J-turn 工况与路面横纵向坡度结合后，LTR 和 NRI 值都有所增加，侧翻风险变大；两种指标之间的误差非常小，可以认为 NRI 是准确的。另外，NRI 的值对于组合工况的反应更为敏感，更有利于及早采取相应防侧翻措施；图 2.58b 显示，重型车在转弯过程中加入路面激励后，侧翻稳定性大幅下降，LTR 和 NRI 值都达到了 1，并且两种指标到达 1 的时间基本相同。

经过上面三种类型工况的仿真分析，结果显示 NRI 与 LTR 之间的误差非常小，NRI 的准确性得到验证，因此可以使用 NRI 观测重型车的侧翻状态，并依据此设计防侧翻控制策略。

2.3 汽车侧翻预警技术

2.3.1 动态稳定性侧翻预警

汽车横向加速度、侧倾角及横向载荷转移率作为汽车侧翻指标，能够给主动防侧翻控制系统提供汽车侧翻危险信号，但提供的信号是当前时刻（甚至为过去某时刻）的汽车侧翻危险信号。如果控制系统根据所提供的信号及其极限值比较后触发执行机构动作，在紧急操纵工况下很难实现对当前侧翻趋势的扭转，达不到防侧翻的目的。因此，必须采用计算汽车当前时刻到发生侧翻的时间 TTR（Time-ToRollover）作为侧翻评价指标，TTR 的精确定义[40]为汽车继续保持当前状态行驶时将要侧翻的时间。采用 TTR 作为侧翻评价指标，为主动防侧翻控制系统提供了一个及时可靠的侧翻危险信号，有利于防侧翻系统有效地改善汽车抗侧翻能力。

在侧翻研究中可以将车身侧倾到一边轮胎与地面作用力为 0 时的汽车侧倾角定义为 TTR 的侧翻参考角，即侧翻阈值。在发生侧翻事件后，如果回放整个侧翻过程，在侧翻前的第 $N(s)$ 时刻，此时的实际 TTR 值为 $N(s)$，也就是在此刻过后的第 $N(s)$ 侧倾角将超过侧翻阈值。假设在侧翻前对 TTR 值的预测绝对准确的话，将得到一条在 TTR 值和时间值平面内的斜率为 -1 的直线，如图 2.59 所示。

TTR 对汽车进行 x 轴横截面内的动力学预警，TTR 定义为汽车继续保持当前的横向侧倾角加速度运动时将要发生侧翻的时间，如图 2.60 所示。如果在某时刻预见到汽车在足够长的时间内，例如 Xs 内不会发生侧翻，就可以认为汽车不会侧翻。此 Xs 被定义为侧翻预警上限时间，当 TTR 侧翻预警值超过 X，X 被设定为 TTR 值。

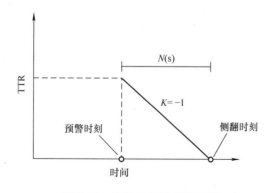

图 2.59 理想的 TTR 侧翻预警

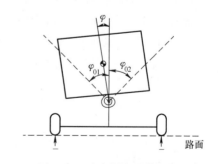

图 2.60 汽车侧翻预警示意图

TTR 值的计算公式为：

$$\varphi_0 = \varphi(0) + \dot{\varphi}(0)t + \frac{1}{2}\ddot{\varphi}(0)t^2 \tag{2.75}$$

由式（2.75）得：

$$t = \frac{-\dot{\varphi}(0) \pm \sqrt{\dot{\varphi}^2(0) - 2\ddot{\varphi}(0)(\varphi(0) - \varphi_0)}}{\ddot{\varphi}(0)} \tag{2.76}$$

式中　φ_0——TTR 侧翻阈值，根据汽车参数确定（汽车侧翻过程中车身侧倾到一边轮胎与地面作用力为 0 时的汽车侧倾角定义为 TTR 侧翻阈值）；

$\varphi(0)$——汽车当前侧倾角度；

t——汽车侧翻预警时间。

设定汽车逆时针侧倾为正向，正向侧倾角为正，如图 2.60 所示。正向侧倾 TTR 侧翻阈值为 φ_{0l}，汽车顺时针侧倾为反向，反向侧倾角为负；反向侧倾 TTR 侧翻阈值为 φ_{0r}，φ_{0l} 和 φ_{0r} 根据汽车相关参数确定，$\varphi_{0r} = -\varphi_{0l}$。由于汽车在行驶过程中正反方向的侧翻均有可能，因此，侧翻预警值 TTR 应取正向侧翻预警值 TTR_l 和反向侧翻预警值 TTR_r 之间的最小值，即：

$$TTR = \min(TTR_l, TTR_r) \tag{2.77}$$

当 $\varphi(0) \geq \varphi_0$ 时，汽车当前侧倾角大于或等于侧翻阈值，可以认为汽车已经发生侧翻，TTR = 0。

当 $\varphi(0) < \varphi_0$ 且 $\ddot{\varphi}(0) = 0$ 时，由式（2.76）可得：

$$t = \frac{\varphi_0 - \varphi(0)}{\dot{\varphi}(0)} \tag{2.78}$$

$$TTR = \min PositiveNum(t, X) \tag{2.79}$$

当 $\ddot{\varphi}(0) \neq 0$ 且 $\ddot{\varphi}(0) < \frac{\dot{\varphi}^2(0)}{2(\varphi(0) - \varphi_0)}$ 时，式（2.76）没有实数解，汽车侧倾角不会增加到 φ_0，则 TTR 值设定为最大值 X。

$$t = \frac{-\dot{\varphi}(0) \pm \sqrt{\dot{\varphi}^2(0) - 2\ddot{\varphi}(0)(\varphi(0) - \varphi_0)}}{\ddot{\varphi}(0)} \tag{2.80}$$

$$TTR = \min PositiveNum(t_1, t_2, X) \tag{2.81}$$

通过某轻型货车做 ADAMS 侧翻预警仿真试验，货车参数见表 1.2。

选取汽车最坏操作转角变化作为侧翻仿真模型的输入，汽车最坏操作转角变化如图 2.61 所示。汽车方向盘正反方向不停地做类似阶跃转动，车速设定为 30m/s，$\varphi_{0l} = 10°$，$\varphi_{0r} = -10°$，$X = 3s$，汽车侧倾角如图 2.62 所示，TTR 侧翻预警如图 2.63 所示。

汽车在 A 点（图 2.62）发生侧翻，侧翻时间为 2.36s。TTR 侧翻预警模块预测到汽车在 a 点（图 2.63）发生侧翻，计算得到的 TTR 值为 2.36s，与实际侧翻时间吻合，在侧翻危险区间 C 区（图 2.63），实际侧翻时间在 0~1s。由图 2.64 可知，此间的 TTR 侧翻预警值曲线近似一条斜率为 -1 的直线，表明侧翻预警效果较好，此时的 TTR 值可作为驾驶员和侧翻控制系

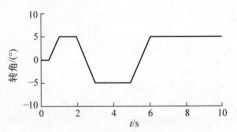

图 2.61　汽车最坏操作转角输入

统的控制信号。在 B 区由于输入转角信号有不符合现实的突变，导致 TTR 值在 B 区形成上下 2 个突变点，在平滑转角输入信号的突变点使其更符合实际情况后，在 B 区也有很好的预警效果，非危险区域误差最大只有 8.1%，危险区域误差最大为 2%，能给驾驶员提供有效的危险信号。如图 2.64 所示，基于 TTR 的侧翻预警模型在整个仿真试验中，都能有效地预测侧翻发生的时间。

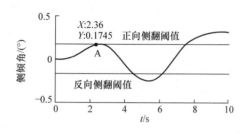

图 2.62 汽车侧倾角变化

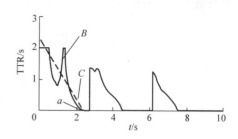

图 2.63 TTR 侧翻预警结果

2.3.2 预测型汽车侧翻预警

传统的 LTR 主要利用侧向加速度传感器信号来判断侧翻倾向，ChadLrish 等提出一种新的可预测型横向载荷转移率算法 PLTR（Predictive Lateral road Transfer Ratio）[41]，PLTR 利用方向盘转角输入，以及其他几个车身稳定控制系统的传感器信号，考虑车辆整体的转向模式和侧向加速度以改善侧翻预警的实时性。此算法的优点在于可以预测未来一段时间内的侧倾状态，而不是如传统 LTR 算法一样计算当前时刻状态，以及运用预测算法能精确标定侧翻指标的合理阈值。

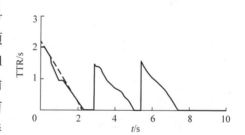

图 2.64 修正输入转角突变点后的 TTR 侧翻预警效果

PLTR 定义如下：

$$\mathrm{PLTR}_{t_0}(\Delta t) = \mathrm{LTR}(t_0) + \dot{\mathrm{LTR}}(t_0) \cdot \Delta t \tag{2.82}$$

式中 Δt——预测时间；

t_0——当前时间。

简化 LTR 表达式后代入 PLTR 中得：

$$\mathrm{LTR} = \frac{2h}{T}\left[\frac{a_y}{g} + \sin\varphi\right] \tag{2.83}$$

$$\mathrm{PLTR}_{t_0}(\Delta t) = \mathrm{LTR}(t_0) + \frac{2h}{T \cdot g} \cdot [\dot{a}_y + g\dot{\varphi}]\Delta t \tag{2.84}$$

式（2.84）为在 t_0 时刻 PLTR 的计算公式，a_{y_meas} 是典型的噪声函数，其导数很难得到平滑的值，可以通过滤波技术来解决这个问题，表达式如下：

$$\mathrm{PLTR}_{t0}(\Delta t) = \frac{2h}{T}\left[\frac{a_{y\_meas}}{g} + \sin\varphi_{meas}\right] + \frac{2h}{T \cdot g}$$

$$\times \left(\frac{s}{\tau s + 1}a_{y\_meas} + \frac{\tau s}{\tau s + 1}\dot{a}_{y\_meas} + g\dot{\varphi}_{meas}\right) \cdot \Delta t \quad (2.85)$$

式中 τ ——时间常数。

最终的 PLTR 表达式为：

$$\mathrm{PLTR}_{t0}(\Delta t) = \frac{2h}{T \cdot g}(1+kg)a_{y\_meas}(t_0)$$

$$+ \frac{2h}{T \cdot g}\left\{\frac{s}{\tau s + 1}a_{y\_meas}(t_0) + \frac{\tau s}{\tau s + 1}\right.$$

$$\cdot \frac{-C_0(A_y - ru) - C_1\dot{r}}{mu} + \cdots + \frac{\tau s}{\tau s + 1}$$

$$\left.\cdot \frac{2C_f}{m} \cdot \frac{s}{\tau_{sw}s + 1} \cdot \frac{1}{SR}\delta_d(t_0) + g\dot{\varphi}_{meas}\right\} \cdot \Delta t \quad (2.86)$$

PLTR 相比于传统 LTR 有如下优势：

1）PLTR 是预警系统的一部分，可以预测侧翻发生的可能性。

2）较易设定侧翻阈值，由于用于防侧翻控制的时间增加，大大减少了错误报警的可能性。

3）计算过程中用到的变量（如转向角、横摆率及侧倾率），都可以通过一般传感器测得。

4）可用于多种防侧翻控制系统中，包括扭矩控制或基于制动稳定性控制系统，以及悬架控制或其他防侧翻控制系统。

通过 NHTSA 的 SinewithDwell 工况来验证 PLTR 的有效性，SinewithDwell 是 NHTSA 规定的一种评估车身稳定系统的工况，在该工况下，方向盘输入如图 2.65 所示，车速为 (80±2)km/h。图 2.66 为 PLTR 与传统 LTR 的仿真预测结果对比，可以看出，PLTR 相对于 LTR 有一定的时间提前性（大约 100ms），且与 LTR 整体趋势大致吻合。图 2.67 为通过试验数据计算的 PLTR 与 LTR，数据表明仿真结果与实际车辆上的应用有良好的相关性。

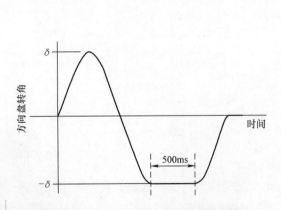

图 2.65 SinewithDwell 工况下的方向盘输入

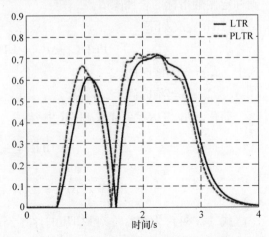

图 2.66 PLTR 与传统 LTR 在 SinewithDwell 工况下的预测结果对比（仿真）（有彩插）

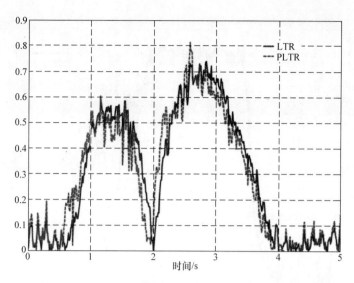

图 2.67　PLTR 与 LTR 在 SinewithDwell 工况下的预测结果对比（试验结果）（有彩插）

图 2.68 和图 2.69 为 LTR 与 PLTR 在 Double – Lane – Change 工况（90km/h）和 Fishhook 工况下（64km/h）的结果对比。显然，PLTR 比 LTR 更具预测性，与 SinewithDwell 工况一样，这两个工况下 PLTR 与 LTR 的整体趋势同样吻合。

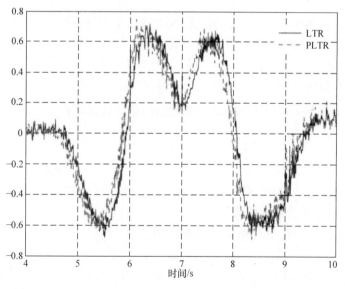

图 2.68　Double – Lane – Change 工况（试验结果）（有彩插）

2.3.3　二次预测汽车侧翻预警

在可预测型横向载荷转移率（PLTR）的研究基础上，金智林和严正华提出了基于二次预测型横向载荷转移率 SPLTR（Secondary Predictive Lateral Transfer Ratio）的侧翻预警指标[30]，计算了横向载荷转移率的一次变化率及二次变化率，并求得了基于二次预测型横向载荷转移率的汽车侧翻预警时间的解析解。通过对高速紧急工况下运动型多功能汽车的非绊

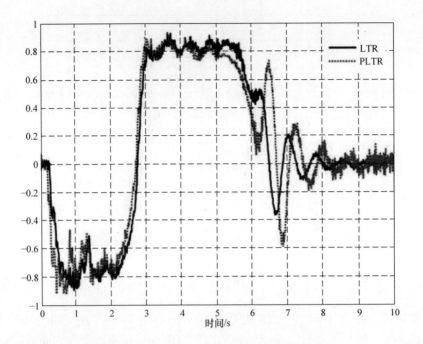

图 2.69 Fish-hook 工况(试验结果)(有彩插)

倒型侧翻过程进行实例仿真,结果表明,研究者提出的基于 SPLTR 的汽车预警算法预警结果准确,可提高汽车侧翻的预警精度,能有效改善汽车防侧翻的主动安全性能。

1. 二次预警指标

由 2.1.4 小节分析可知,可得出汽车侧翻稳定性评价指标 RI_2,RI_2 值随着汽车状态的变化而变化。根据运动学关系可定义二次预测型横向载荷转移率:

$$SPR(\Delta t) = RI_2(t_0) + R\dot{I}_2 \Delta t + \frac{1}{2} R\ddot{I}_2 \Delta t^2 \tag{2.87}$$

式(2.87)即为从当前时刻经过 Δt 后的汽车侧翻指标值,右边由三项构成,第一项为当前时刻的 RI_2 值,第二项表示 RI_2 的一次变化率对未来时刻 RI_2 值的影响,第三项表示 RI_2 的二次变化率对未来时刻 RI_2 值的影响。

当经过 Δt 时间后,RI_2 达到所设定的阈值 RI_{up},令:

$$|SPR| = RI_{up} \tag{2.88}$$

即未来时刻的侧翻指标值已经达到所设定的上限,此时汽车发生侧翻,当 $R\ddot{I}_2$ 不为 0,即 RI_2 连续变化时,通过 SPR 的定义式可求解出 Δt,即此时经过 Δt 时间汽车发生侧翻,得到:

$$TTR = -\frac{R\dot{I}_2}{R\ddot{I}_2} + \frac{\sqrt{R\dot{I}_2^2 - 2R\ddot{I}_2[RI_2(t_0) \mp RI_{up}]}}{|R\ddot{I}|} \tag{2.89}$$

当 $R\ddot{I}_2$ 为 0 时,即此时 RI 线性变化或呈稳定状态时,此时二次求解不成立,由定义式可得,令 $R\ddot{I} = 0$,此时:

$$TTR = [RI(t_0) \pm RI_{up}]/\dot{RI} \tag{2.90}$$

当 $R\dot{I}$ 为 0 时,此时可知 RI_2 值到达稳定状态,此时方程无解,预警时间无法进行准确求解,因此对预警时间做出修正,取稳定状态下的 RI_2 临界值为 0.8,当 RI_2 大于 0.8,且状态稳定时,主动判定此时 TTR 为 0,当 RI_2 值小于 0.8 时,TTR 则判定为 2s,表明此时没有侧翻危险。

RI_2 一次变化率为:

$$R\dot{I}_2 = \frac{2m_s}{mgT}[h(\dot{a}_y - h\dddot{\varphi}) + gh\dot{\varphi}] \tag{2.91}$$

由于车辆状态参数在进行测量时会受到噪声的干扰,因此直接对加速度进行求导会将噪声信号放大,导致结果不准确,而且加速度进行求导后的量也并不具有物理意义,用传感器也无法进行采集数据。为保证求解的精度,需对其 RI_2 的一次变化率定义式进行变换,将侧向加速度及侧倾角加速度的导数,转换成可直接测得的状态量,由汽车动力学理论可知:

$$ma_y = (k_f + k_r)\beta + (ak_f - bk_r)r/u - k_f\delta \tag{2.92}$$

式中 $\beta = \frac{v}{u}$。

由式(2.92)可得:

$$\dot{a}_y = (k_f + k_r)\dot{\beta} + (ak_f - bk_r)\dot{r}/u - k_f\dot{\delta} \tag{2.93}$$

$$\dot{\beta} = \frac{\dot{v}}{u} = \frac{a_y - ur}{u} \tag{2.94}$$

同理,可由车辆三自由度动力学得:

$$\ddot{\varphi} = (m_s h a_y - c_\varphi \dot{\varphi} - k_\varphi \varphi + m_s gh\varphi)/I_x \tag{2.95}$$

则侧倾角加速度的导数为:

$$\dddot{\varphi} = (m_s h \dot{a}_y - c_\varphi \ddot{\varphi} - k_\varphi \dot{\varphi} + m_s gh\dot{\varphi})/I_x \tag{2.96}$$

由式(2.96)可知,所包含的状态量均可显式表示,即可求解出侧倾角加速度的导数,将式(2.96)带入 RI_2 一次变化率的定义式,则有:

$$R\dot{I} = a_1(a_y - ur) + a_2\dot{r} + a_3\dot{\delta} + a_4\dot{\varphi} + a_5\ddot{\varphi} \tag{2.97}$$

其中:

$$\begin{cases} a_1 = \dfrac{2m_s H(I_x - m_x h^2)(k_1 + k_2)}{m^2 gTuI_x} \\[6pt] a_2 = \dfrac{2m_s H(I_x - m_s h^2)(ak_1 - bk_2)}{m^2 gTuI_x} \\[6pt] a_3 = \dfrac{-2m_s Hk_1(I_x - m_s h^2)}{m^2 gTI_x} \\[6pt] a_4 = \dfrac{2m_s H}{mgT}\left(\dfrac{k_\varphi h - m_s gh^2}{I_x} + \dfrac{gh}{H}\right) \\[6pt] a_5 = \dfrac{2m_s Hhc_\varphi}{mgTI_x} \end{cases}$$

同理可得 RI 二次变化率的推导式为:

$$R\ddot{I} = \frac{2m_s}{mgT}[h(\ddot{a}_y - h\dddot{\varphi}) + gh\ddot{\varphi}] \tag{2.98}$$

二次变化率所包含的变量直接求导更加复杂，由动力学知识可得：

$$m\dddot{a}_y = (ak_f - bk_r)\ddot{r}/u + (k_f + k_r)\ddot{\beta} - k_f\ddot{\delta} \qquad (2.99)$$

$$\ddot{\beta} = \frac{\ddot{v}}{u} = \frac{\dot{a}_y - u\dot{r}}{u} \qquad (2.100)$$

$$\dddot{r} = [(a^2 k_f + b^2 k_r)\dot{r}/u + (ak_f - bk_r)\dot{\beta} - ak_f\dot{\delta}]/I_z \qquad (2.101)$$

$$\dddot{\varphi} = (m_s h\,\ddot{a}_y - c_\varphi \dddot{\varphi} - k_\varphi \ddot{\varphi} + m_s g h\ddot{\varphi})/I_x \qquad (2.102)$$

即：

$$R\ddot{I} = b_1(\dot{a}_y - u\dot{r}) + b_2 \dot{r} + b_3 \dot{\delta} + b_4 \ddot{\delta} + b_5 \dot{\varphi} + b_6 \ddot{\varphi} \qquad (2.103)$$

其中：

$$\begin{cases} b_1 = \dfrac{2m_s H(I_x - m_s h^2)}{m^2 g T u I_x}\left(\dfrac{(k_1 + k_2)^2}{mu} + \dfrac{a^2 k_1^2 - b^2 k_2^2}{I_z u} + \dfrac{c_\varphi m_s h^2 (k_1 + k_2)}{(I_x - m_s h^2) I_x}\right) \\[2mm]
b_2 = \dfrac{2m_s H(I_x - m_s h^2)}{m^2 g T u I_x}\left(\dfrac{(ak_1 - bk_2)(k_1 + k_2)}{mu} + \dfrac{(ak_1 - bk_2)(a^2 k_1 + b^2 k_2)}{I_z u} \right. \\[2mm]
\qquad \left. + \dfrac{c_\varphi m_s h^2 (ak_1 - bk_2)}{(I_x - m_s h^2) I_x} - (k_1 + k_2)u\right) \\[2mm]
b_3 = \dfrac{-2m_s H(I_x - m_s h^2)}{m^2 g T u I_x}\left(\dfrac{k_1(k_1 + k_2)}{m} + \dfrac{ak_1(ak_1 - bk_2)}{I_z} + \dfrac{c_\varphi m_s h^2 u k_1}{(I_x - m_s h^2) I_x}\right) \\[2mm]
b_4 = \dfrac{-2m_s H k_1 (I_x - m_s h^2)}{m^2 g T I_x} \\[2mm]
b_5 = \dfrac{2m_s H}{m g T}\left(\dfrac{c_\varphi h^2 m_s g - h c_\varphi k_\varphi}{I_x^2}\right) \\[2mm]
b_6 = \dfrac{2m_s H}{m g T}\left(\dfrac{k_\varphi h - m_s g h^2}{I_x} + \dfrac{gh}{H} - \dfrac{c_\varphi^2 h}{I_x^2}\right)
\end{cases}$$

RI_2 的一次与二次变化率均可显式表达，而且变量可通过传感器测得，采集的数据不会包含噪声干扰，同时也可将数据传递至相应的公式中，可求解出预警时间 TTR。

2. 预警实例算法验证

以某 SUV 为研究对象，选取典型侧翻工况，通过 CarSim 进行分析。验证框图如图 2.70 所示，道路信息选择为 J-turn 工况，前轮转角最大值选取为 5°，车速选择为 80km/h，预警时间的阈值为 2s，即当 TTR 等于 2s 时表明汽车稳定行驶，没有发生侧翻的危险，预留 2s 的时间足够驾驶员及相应控制器进行汽车状态的修正。车辆模型在工况转角下运行后，将所需参数传递至预警算法模块获得二次预警时间。

图 2.71 侧倾角相图表明，该工况下，汽车虽然具有一定的侧翻危险，但车轮未离地，并未发生侧翻。图 2.72 表明，当汽车具有发生侧翻的危险时，两种预警算法均能取得一定的预警效果，随着转角的增大，侧翻风险增大时，预警时间值减小，当侧翻风险逐渐减弱，预警时间值也会随之增大。从预警时间的变化曲线可以看出，二次预测型的预警时间最小值为 0.1s 左右，传统预警算法的最小值为 0.25s 左右，二次预测型的预警算法具有更高的精度。当外界条件稳定时，传统预警算法预警时间为 0，解除报警，但此时车辆的侧翻稳定性仍会在小范围内波动，由于二次预测型预警算法考虑到 RI 的二次变化率，会增强波动信号，

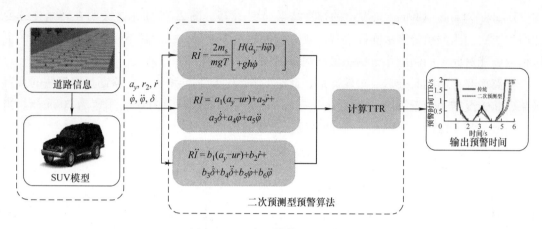

图 2.70　二次预警算法验证框图

因此,二次预测型预警算法,可以在短时间内保持一定时间的预警状态。

为验证二次预测型预警算法对不同工况的适用性,分别在多种工况进行分析,将车速设置为 100km/h,前轮最大转角为 6°。

在 Fish-hook 工况下,如图 2.73 所示,侧倾角相图发散,表明汽车发生侧翻,从预警时间曲线可以看出,所提出的二次预测型预警算法与传统的预警算法都能达到预警的效果,随着侧翻危险的增大,预警时间逐渐减小,发生侧翻后,预警时间值保持为 0,但二次预警算法考虑二次变化率影响,使得预警精度提高。从 Fish-hook 工况下的预警曲线(图 2.74)可以看出,2.5s 时当转向回正时,传统预警算法的预警时间为 0.7s 左右,但二次预警算法仅为 0.5s 左右,结果更为精确。

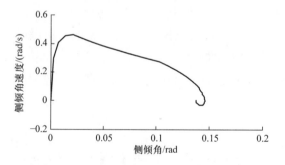

图 2.71　J-turn 工况侧倾角与侧倾角速度相图

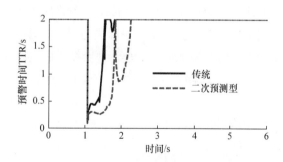

图 2.72　J-turn 工况侧翻预警结果

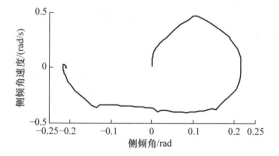

图 2.73　Fish-hook 工况侧倾角与侧倾角速度图

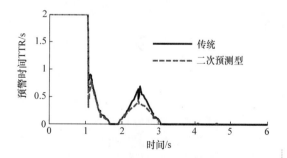

图 2.74　Fish-hook 工况侧翻预警结果

Double-Lane-Change 工况下的仿真结果如图 2.75、图 2.76 所示，表明在转角连续变化时，二次预测型预警算法同样表现出具有较优的预警效果，在侧翻指标值达到所设定的上限值时，能对此刻的侧翻稳定状态做出很好的预测。

当路面存在激励时会造成车轮离地，此时的侧翻危险将会增大，为验证预警算法的预警效果，将工况转角设置为 Double-Lane-Change 工况，前轮转角为 6°，车速为 70km/h。当车辆行驶 3.5s 时给予左侧车轮一脉冲激励，激励的幅值设置为 0.1m。

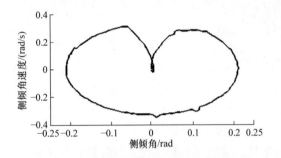

图 2.75 Double-Lane-Change 工况侧倾角与侧倾角速度相图

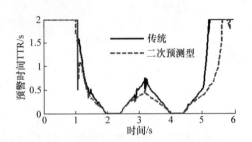

图 2.76 Double-Lane-Change 工况侧翻预警结果

由图 2.77、图 2.78 可以看出，当存在路面激励时，车辆行驶状态不稳定，在激励发生的时刻侧倾角相图会有一定抖动，侧翻危险增大，从预警时间变化曲线图中可以看出当汽车行驶遇到路面激励时，传统预警算法在激励发生时的侧翻预警时间结果抖动严重，从曲线中可以看出，抖动的幅值较大，实际上当车辆高速行驶时，车轮碰到激励后会产生跳动，此时的侧翻危险是非常大的，传统预警算法无法在激励发生时很好地进行预警，抖动的最大值达到了 2s，二次预测型预警算法通过二次求解，消除了车辆状态剧烈变化时的影响，使得激励发生时的抖动情况较小，预警结果曲线较为平滑，预警准确度更高。

图 2.71 至图 2.78 表明，基于二次预测型横向载荷转移率的汽车侧翻预警算法，包含的车辆状态参数简单易测量，在不同的转角工况下均能表现出较优的预警效果，并且当路面存在激励时，预警算法也能保证预警结果的准确。

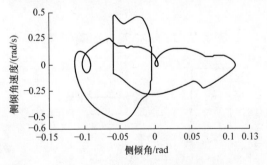

图 2.77 绊倒型工况侧倾角与侧倾角速度相图

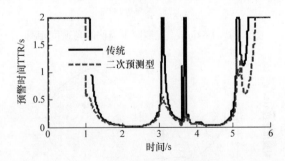

图 2.78 绊倒型工况侧翻预警结果

2.4 本章小结

本章介绍了汽车侧翻稳定性评价技术,包括侧翻评价指标与侧翻预警技术。其中,汽车侧翻评价指标根据侧翻类型分别进行了讨论,目前学者研究最多的非绊倒侧翻评价指标,包括静态指标与使用最广泛的 LTR,以及其他动态侧翻评价指标,针对每种不同的评价指标,分别给出了模型中参数输出响应,可供读者参考对比。然而,实际侧翻中多数是绊倒型工况,由于其过程较为复杂且不可预测因素多,且单侧车轮发生离地后,LTR 等常用评价指标已失效,故针对该类型工况的评价指标研究相对较少。针对绊倒型侧翻评价指标,介绍了不平路面侧翻稳定性评价指标与单侧车轮离地侧翻稳定性评价指标,及重型汽车侧翻稳定性评价指标的相关研究内容。汽车侧翻预警是侧翻研究的热点内容,本书介绍了传统的动态稳定性侧翻预警与预测型预警技术,及在其基础上发展出来的二次型预测汽车侧翻预警技术。

第3章

汽车防侧翻控制技术

汽车侧翻系统动力学研究的最终目的是改善汽车的抗侧翻性能。一方面通过稳定性研究，提供汽车结构参数优化设计的理论，改善汽车抗侧翻性能；另一方面通过稳定性研究提供防侧翻控制的理论设计方法，寻求有效控制措施防止汽车侧翻，提高汽车抗侧翻能力。

汽车防侧翻控制的主要方法有被动措施和主动措施。被动措施是在汽车发生侧翻以后采取积极措，减轻驾驶员及乘客受伤害程度。例如，在汽车内部的两侧面和车顶安装安全气囊等。主动措施则是时刻监视汽车侧翻危险状态，通过改变汽车输入，防止汽车侧翻事故发生，其中包括主动横向稳定杆控制、半主动悬架和主动悬架防侧翻控制、主动转向防侧翻控制、差动制动防侧翻控制，以及联合转向、制动与悬架等方法的主动防侧翻控制。

3.1　被动防侧翻措施

随着汽车保有量的增加，交通事故也不断增加。据统计，侧面碰撞在交通事故中大约占30%，而在造成死亡和重伤的事故中，侧碰事故约占35%[42]。在美国每年约有8000名驾驶员死于侧面碰撞，约有16000人由于侧面碰撞受重伤。被动措施是在汽车发生侧翻以后，采取积极措施减轻驾驶员及乘客受伤害程度，例如汽车内部的安全带和侧面帘式安全气囊等。

3.1.1　安全带及安全气囊

安全带（safety belt/seat belt）是汽车内普遍安装的一种安全装置，能有效减少事故中驾乘人员的伤亡[43,44]。早在19世纪后期，这种带式乘员约束设施就已经出现，只是当时仅用于马车乘员的约束。直到1964年以后，在美国、日本等安全带应用较早的国家，开始强制在轿车、轻型客车的驾驶座位装备两点式座椅安全带（图3.1）。由于座椅安全带的保护效果比较明显，后来就逐步扩大使用范围，从客车到货车，从轻型车到中型车，从外侧座椅到中间座椅；装备的座椅安全带形式也从二点式座椅安全带发展到三点式座椅安全带（图3.2）。三点式安全带由一体（或分体）的肩带和腰带组成，在车体和座椅构架上有三个固定点，应用最为普遍；两点式安全带仅有腰带（或仅有肩带），一般安装于后排（中间座）；五点式安全带多在儿童安全座椅或赛车内使用。

座椅安全带对乘员保护的原理是当碰撞事故发生时，安全带将乘员"束缚"在座椅上，使乘员的身体不至于撞到方向盘、仪表板或风窗玻璃上，避免乘员发生二次碰撞的危险。同时，避免乘员车辆发生侧翻的危险情况下被抛离座位。事实证明，在汽车的正面碰撞、追尾碰撞及侧翻事故中，普通座椅安全带就可产生良好的乘员保护效果，尤其是对乘员头部、胸部的保护。

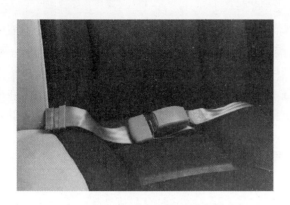
图 3.1 两点式座椅安全带

图 3.2 三点式座椅安全带

1. 安全带保护原理

在典型的安全带系统中,安全带与一个卷收器相连,卷收器中的核心元件是卷轴,它与安全带的一端相连,通过内部弹簧为卷轴提供反向旋转的力矩,这也是我们轻拉安全带阻力的来源[45]。而猛拉时锁止的阻力则来源于卷收器内部的锁止机构。

锁止机构是汽车安全带机构中最复杂的一部分。如今,有两种常用的锁定系统:第一种系统在汽车迅速减速(例如当汽车撞上某物体)时锁定卷轴。这种机构中的核心元件是一个加重摆锤。当汽车突然停止时,惯性会导致摆锤向前摆动。摆锤另一端的棘爪会抓住固定在卷轴上的一个带齿棘轮。由于棘爪卡住了其中一个轮齿,因而齿轮便无法逆时针旋转,从而使与之相连的卷轴也无法旋转。当撞击后再次松开安全带时,齿轮会顺时针旋转,并与棘轮分开,如图 3.3a 所示。

第二种系统在猛拉安全带时锁定卷轴。多数设计利用卷轴旋转的速度作为激活动力。这种设计的核心元件是一个离心式离合器,它是一种安装在旋转卷轴上的加重摆杆。当卷轴缓慢旋转时,摆杆并不摆动,一个弹簧使它保持在原来的位置。但当猛拉安全带时,卷轴将快速旋转,离心力驱使摆杆的加重端向外摆动。伸长的摆杆会推动卷收器壳上的凸轮。凸轮通过滑动销与一个枢转棘爪相连。当凸轮移到左侧时,滑动销会沿棘爪的槽口移动,这会将棘爪拖入与卷轴相连的旋转棘轮。棘爪锁入轮齿中,禁止逆时针旋转,如图 3.3b 所示。

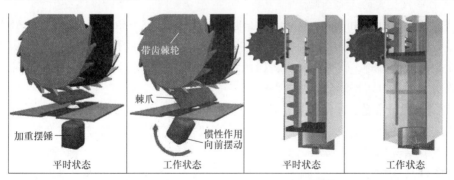

a) 安全带锁定系统(一)　　　b) 安全带锁定系统(二)

图 3.3 安全带锁定系统

2. 安全带的应用效果

在车祸中，安全带的使用可以大大提高车内人员的生还概率。据美国高速公路交通安全管理局（NHTSA）统计[42]，在 2016 年，美国发生的导致死亡的交通事故中，由于未正确使用安全带直接致死的高达 70% 以上。其中，客车与轻型货车的死亡率分别为 72.8% 与 77.3%，数据见表 3.1。NHTSA 同时统计了自 1975 年到 2016 年间由于正确使用安全带在事故中挽救的人数，与若能正确使用安全带能减少死亡的人数，这里摘录 2010—2016 年的数据见表 3.2。

表 3.1　NHTSA 统计 2016 年使用安全带与未使用安全带车祸死亡人数

是否使用安全带	车辆类型			
	客车		轻型货车	
	数量	占比	数量	占比
使用	1913	27.2%	1552	22.7%
未使用	5128	72.8%	5300	77.3%
总计	7041	100%	6852	100%

表 3.2　NHTSA 统计 2010—2016 年使用安全带实际得救人数与预计得救人数

年份	因使用安全带实际得救人数	若使用安全带预计得救人数
2010	12670	3356
2011	12071	3396
2012	12386	3051
2013	12644	2812
2014	12801	2815
2015	14067	2716
2016	14668	2456
总计	91307	20602

由此可见，安全带作为一种防侧翻被动安全措施在事故发生过程中的重要性，即对乘员的保护效果毋庸置疑。

除安全带以外，再谈谈另一种常见的被动安全装置——安全气囊。

3. 侧面帘式气囊的工作原理

帘式气囊又称 IC（Inflatable Curtain），也称头部侧气帘（Curtain Airbag, CAB）。帘式气帘的主要作用是保护乘员头部，它安装在 A 柱到 C 柱之间的顶篷横梁和内饰板之间。当车辆发生侧碰或侧翻时，气囊被弹出，挡在乘员头部与车窗之间，可以避免侧碰时玻璃破碎对人的伤害，也可以防止乘员飞出窗外[46]。

IC 侧撞防护气帘是沃尔沃侧撞防护系统自 1991 年开始设计的第 3 代产品，并在 1998 年将其引入到生产的某车型中。帘式气囊约束系统包括气帘模块、侧碰撞传感器及 ECU 控制器。帘式气囊结构如图 3.4 所示，主要包括气囊、气体发生器、气体扩散管、电点火器、线束、安装附件（夹钳、拉带）。侧气帘未展开前一般折叠成条状，安装在车顶梁与顶篷内饰之间。帘式气囊控制原理如图 3.5 所示。

它的基本工作原理是通过传感器将汽车侧面碰撞强度信号传递到控制器，控制器处理并判断是否需要打开气帘。当安装在 B 柱上的加速度传感器（图 3.6）感受到发生侧面碰撞后,通过通信线束将加速度信号传递给中央通道 ECU,ECU 控制系统在 6~13ms 时间内做出判断并点爆气体发生器,气体通过气体扩散管上的小孔在 20~30ms 时间内充满气帘,帘式气囊在充气过程中突破 A/B/C 柱内饰板对顶篷的约束,沿着 A/B/C 柱从顶篷向下展开,在乘员与车窗内侧之间形成帘式气袋,起到保护乘员头部的作用。它膨胀展开后的结构如图 3.6 所示。

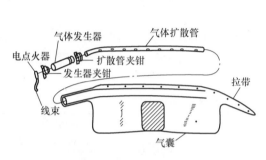

图 3.4 帘式气囊结构

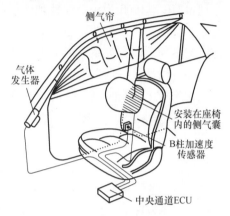

图 3.5 帘式气囊的控制原理

a) 气帘对头部的保护

b) 气帘展开后的形状

图 3.6 汽车侧气帘展开结构图

4. 侧面帘式气囊的应用效果

在侧面碰撞试验中,安全配置的帘式气囊具有良好的缓冲效果,减少了碰撞时假人的损伤程度,有效地保护了假人。在汽车发生交通事故时,车内的气囊能够有效、及时地保护车内成员的身体状况和生命安全,也就是说气囊的个数多,能更加有效地保障乘员在发生事故时的生命安全,当然条件是要针对车辆在处于碰撞时来自各个不同方向的撞击力合理地设置安全气囊的位置及个数。

伤害忍受极限定义为人体或人体的某一部位对于一个特定的伤害等级所能忍受的力和加速度级别。由美国汽车医学协会提出的简化伤害标准是目前广泛采用的伤害级别衡量指标。1960 年,美国韦恩州立大学的 Lissner 提出了直线加速度下头部耐冲击性的韦恩州伤害标准 WSTC 曲线[47],在此基础上,形成了头部伤害标准 HIC(Head Injury Criterion)[48]。HIC 采用式(3.1)计算:

$$HIC = (t_2 - t_1)\left[\frac{1}{t_2 - t_1}\int_{t_1}^{t_2} a\, dt\right]^{2.5} \tag{3.1}$$

式中　t_1——碰撞过程中的任意时刻；

　　　t_2——相对于 t_1，HIC 达到最大值的时刻；

　　　a——头部的质心加速度。

规定 HIC = 1000 为头部线性加速度的耐受度阈值。HIC 是基于头部加速度的，所以只能评估由于直接作用在头部质心上的力而导致的损伤，没有考虑头部的旋转运动，但是头部的损伤还与角加速度有关。由 HIC 值的公式及其来由可知，碰撞作用时间（$t_2 - t_1$）有限，且发生在有硬性接触发生的情况下。

表 3.3 对车辆安装侧气帘前后，在侧面碰撞和侧面撞柱试验中头部伤害 HIC 进行了比较[49]，试验结果显示，侧气帘能够正常工作，对降低上述事故形态中乘员头部伤害有显著的作用。

表 3.3　侧气帘对乘员头部的保护效果

试验状态		安装气帘后伤害值降低
头部 HIC	侧面移动壁障	60.8%
	侧面柱	13.8%

3.1.2　SUV 结构设计与优化

本小节将对 SUV 发生侧翻时的碰撞特点进行研究和分析，并针对其关键结构进行改进。建立相应的有限元模型，对其耐撞性进行分析，同时挑选出对耐撞性影响较大的结构。张森皓对这些结构进行了改进，从而提高车身的耐撞性，并对改进前后的车身扭转模态进行了对比分析。

1. 贡献度分析

有限元法（Finite Element Method，FEM），是建立在待定场函数离散化基础上的一种求解边值或初值问题的数值方法[50]，是 20 世纪中期兴起的应用数学、力学及计算机科学相互渗透、综合利用的交叉学科。FEM 实质是用有限个单元的组合代替连续体，从而将无限自由度问题转化为有限自由度问题。

本小节采用的整车有限元模型来自于美国高速公路安全管理局。美国国家碰撞分析中心已用该模型进行了多种碰撞仿真，并与实际试验结果进行了对比。对比结果表明，该模型在进行碰撞仿真时具有可靠性。整车模型由 923 个部分组成，一共有 714 205 个单元和 724 628 个节点。然而，在压溃试验中，车辆的底盘、车轮、发动机和内饰等对车辆的耐撞性基本没有影响。因此，为了减小计算成本，本文对整车模型进行了简化。简化后的模型具有 350 486 个单元和 354 531 个节点，分别减少了 50.93% 和 51.07%。由图 3.7 可知，与实际试验结果对比，简化后的刚性墙接触力的最大值只是略微下降，因此可采用简化模型进行仿真。但是，整个试验过程中刚性板的最大接触力并没有达到整车整备重量的三倍。因此，需要对其车身结构进行改进和优化，从而使模型达到试验标准。

典型的贡献度分析方法主要通过设计变量与结构响应之间的相关性进行表达，是一种典型的线性贡献量分析方法，通过对初始设计变量进行贡献程度分析，利用百分比量化各个设

a) 简化前　　　　　　　　　　b) 简化后

图 3.7　简化前后的有限元模型

计因素对结构响应的贡献程度。

车身结构的参数对车身性能的数学关系都可以用响应面模型拟合出来，通过试验设计采取足够多且准确的样本。因为，样本中每个变量的取值范围和单位都不同，所以为提高响应面模型的拟合精度，需要先对样本进行规范化处理，具体见式 (3.2)：

$$\hat{z}_i = \frac{\tilde{x}_i - \overline{x}}{\mu} = \left(x_i - \frac{1}{\lambda}\sum_{i=1}^{\lambda} x_i\right) \times \left[\sqrt{\frac{1}{\lambda}\sum_{i=1}^{\lambda}(x_i - \overline{x})}\right]^{-1} \quad (3.2)$$

式中　x_i——第 i 个样本；

　　　$\overline{x}$——样本的平均值；

　　　μ——样本的标准差；

　　　λ——样本总数。

然后，基于规范化后的样本用多项式近似表达式拟合处输入与输出直降的数学关系，其公式如下：

$$f(z_1,z_2,\cdots,z_k) = \gamma + \sum_{i=1}^{k}\delta_i z_i + \sum_{i=2}^{k}\sum_{j=0}^{i-1} h_{ij}(z_i,z_i) + \varepsilon \quad (3.3)$$

式中　$f(z_1, z_2, \cdots, z_N)$——目标函数值；

　　　k——变量个数；

　　　γ——常数项；

　　　δ_i——线性主效应系数；

　　　h_{ij}——交互效应系数；

　　　ε——多个变量之间的交互效应及误差。

其中 δ_i 可以表示每个设计变量对响应的贡献程度。

为更好地展现各个设计变量对响应的贡献度，利用百分比来量化各个变量的贡献度，具体见式 (3.4)：

$$C_i = \frac{\delta_i}{\sum_{i=1}^{k}|\delta_i|} \times 100 \quad i = 1,2,\cdots,k \quad (3.4)$$

通过贡献度分析，可以绘制出各设计变量对目标函数的贡献值，从而在保留影响较大的因素的同时消除影响较小的因素，准确找出需要改进的位置。

车身质量和刚性墙最大接触力是衡量车身轻量化和耐撞性的重要评价指标。所以，本小节初步选取可能对车身轻量化和耐撞性具有影响的 13 个部件来做贡献度分析，从而确定对车身质量和刚性墙最大接触力影响较高的部件。图 3.8 显示了选取的 13 个部件。

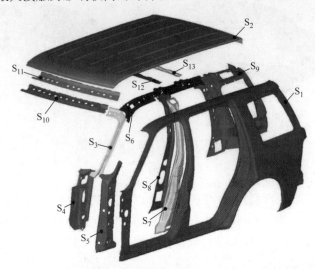

图 3.8 对车辆耐撞性和轻量化可能具有影响的 13 个车身部件

本小节通过改变各部件的尺寸厚度，来判断该部件对轻量化和耐撞性的影响。各部件的初始厚度如表 3.4 所示。

表 3.4 所选的 13 个部件的初始厚度

部件	S_1	S_2	S_3	S_4	S_5	S_6	S_7	S_8	S_9	S_{10}	S_{11}	S_{12}	S_{13}
初始厚度/mm	0.9	0.9	1.2	1.3	1.22	1	1.36	1.1	0.95	0.98	0.79	2.25	2.24

采用正交表 $L_{27}(3^{13})$ 进行采样，其中变量的三水平分别为最大厚度及初始厚度的 1.3 倍，初始厚度、最小厚度及初始厚度的 0.7 倍。将有限元模型中各个部件的厚度按照正交表中的数据进行设计，并记录仿真结果，从而获得 27 组样本。随后，对样本进行规范化处理，用处理后的样本拟合出车身质量和刚性板最大接触力的响应面模型，并计算各个结构对质量和刚性板最大接触力的贡献度，结果如图 3.9 所示。

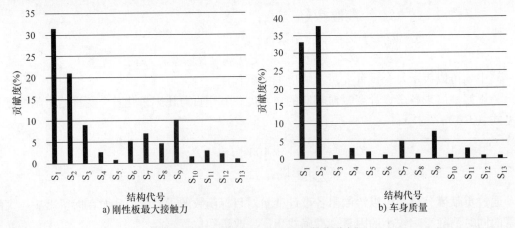

a) 刚性板最大接触力　　　　b) 车身质量

图 3.9 SUV 车身各部件的贡献度分析

从图 3.9a 可以看出，SUV 结构部件 S_1 和 S_2 对最大接触力的贡献度大于 20%，S_3、S_6、S_7、S_8 和 S_9 对最大接触力的贡献大于 4.5%，其他部件的贡献度小于 3%。因此，增加部件 S_1 和 S_2 的厚度可以大大提高 SUV 的抗侧翻性。同样，改变部件 S_4、S_5 和 S_{10} 至 S_{13} 的厚度对 SUV 侧翻防撞性影响不大。此外，从图 3.9b 可以看出，增加部件 S_1、S_2 和 S_9 的厚度将显著增加 SUV 结构部件的总重量。这些部件对总重量的贡献度大于 7.8%。

S_1、S_2 和 S_9 对质量和耐撞性都有很大的影响，并且对质量的贡献度大于对耐撞性的贡献度。因此，这三个变量对实现车身轻量化和提高耐撞性方面都有重要的影响。不能从单一的轻量化或耐撞性方面对其进行改进，需综合考虑各项指标后再进行优化。另外，S_7 和 S_8 组成的 B 柱也对车身质量和耐撞性具有重要影响，应是后续车身结构改进和优化的重要考虑对象。同时，S_3 和 S_6 对车身耐撞性的影响较大、对质量影响较小，应着重考虑对它们进行改进和优化，在不影响质量的情况下提高车身耐撞性。而其他的 6 个变量对质量和耐撞性的贡献度都较小。

2. SUV 车身结构改进和对比分析

如上所述，可以选择对 A 柱（部件 S_3）和 B 柱（由部件 S_7 和 S_8 组成）进行改进，来提高 SUV 的侧翻防撞性。将结构构件的所有参数设置为初始厚度，可以绘制出 SUV 翻车时 A 柱和 B 柱的应力分布云图，如图 3.10 所示。

如图 3.10 所示，A 柱和 B 柱尽管都发生了严重的弯曲变形，但只有局部位置出现了屈服。因此，本小节对发生失效的位置添加加强板，从而在提高部件的抗弯曲能力的同时，尽量减小对质量的影响。如图 3.11 所示，A 柱的加强板焊接在 A 柱内板和底板之间，B 柱的加强板焊接在 B 柱和 B 柱内板之间，来提高 A 柱和 B 柱的抗垂向弯曲的能力。其中，两个加强板的材料均采用屈服强度为 480MPa 的高强钢。

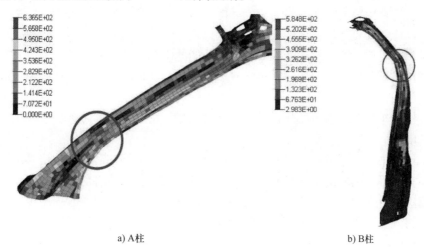

a) A 柱　　　　　　　　　　　b) B 柱

图 3.10　顶部压溃试验中 A 柱与 B 柱的应力分布云图

添加加强板再对模型进行仿真，发现车身所承受的刚性墙最大接触力比改进前增加了 13.75%，达到了 54462.5N。同时，质量增加了 1.05kg。因此，在 A 柱和 B 柱中添加增强板有效地提高了车身耐撞性，且对质量影响较小。

另外，车身模态对车辆行驶的平顺性也具有重要影响。在基于耐撞性对车身结构进行改

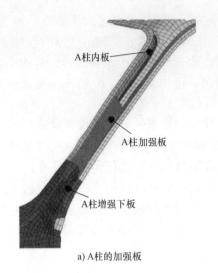
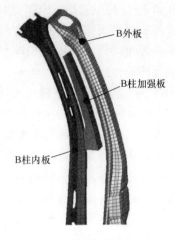

a) A柱的加强板　　　　　　　　b) B柱的加强板

图 3.11　对 A 柱和 B 柱的加强措施

进时,也应该注意车身模态的变化,避免对模态产生过大的影响。本小节将一阶扭转频率 f_q 作为约束,通过分析一阶扭转频率 f_q 的变化而评价车身结构改变对车身模态的影响。SUV 原车身一阶扭转频率为 33.45Hz。对 A 柱和 B 柱进行局部改进后的 SUV 一阶扭转振型并没有发生明显的变化。此外,改进后的扭转频率为 33.56Hz,只比改进前有轻微的增加。因此,在 A 柱和 B 柱上增加加强板,可以满足车辆动力学的平顺性要求。

3. SUV 车身结构优化

车身对汽车的各项性能都有巨大的影响,其中包括经济性、通过性、安全性和平顺性等。车身的质量直接影响了车辆的经济性和动力性,因此车身轻量化的问题受到了广泛关注。目前,设计者主要是从结构的尺寸和形状以及材料等方向来解决轻量化问题。进行车身结构改进时,需要综合考虑结构变化对各方面性能的影响,选取合适的改进方式。在处理多个目标之间存在矛盾的工程问题时,多学科多目标优化是最为常用的一种解决方法。如果仅靠有限元模型进行计算的话,巨大的计算成本将使优化难以实现。因此,在进行多目标优化前,通常会建立车身结构参数的代理模型,通过优化算法对模型的超参数进行优化,从而提高模型的精度。

目前,使用最为广泛的优化算法包括遗传算法、粒子群算法、人工免疫算法、模拟退火算法和蚁群算法等。不同的算法具有的不同的优点和缺点。本节将对粒子群优化算法与人工免疫优化算法进行介绍和分析,并综合两种算法的优点和缺点提出结合人工免疫的多目标粒子群算法。将该算法用于 SUV 的耐撞性和质量的平衡问题,不仅可提高车身结构的耐撞性还实现了轻量化。

(1) 粒子群优化算法

粒子群优化算法 (Particle Swarm Optimization, PSO) 属于进化算法的一种[51,52]。与遗传算法相似,粒子群算法也是对每个粒子的质量进行评价和排序后进行筛选。但是,它的遗传算法操作更简单,它舍弃了交叉和变异操作,通过粒子群对最优个体的追随来逐渐逼近最优解。

PSO 是模拟鸟群觅食的行为来解决工程中的优化问题。可以将算法中的粒子想象为一只鸟,整个粒子群就是一个正在觅食的鸟群,而问题的最优值就是食物最丰富的地方。在初始状态下,鸟群并不知道食物在哪里,并且处于随机分布的状态。每一只鸟都会记录自己所去过的食物最丰盛的地方的坐标,及个体最优解的变量值。在每次迭代中,鸟群会记录所有鸟去过的地方中食物最为丰富的地方的坐标,及全局最优解。每只鸟都会受到个体最优解和全局最优解的影响,不断调整飞行路线,使得整个鸟群逐渐逼近食物最丰富的地方。

粒子群的优化过程如图 3.12 所示。先在变量的取值范围内随机初始化粒子,并随机赋予其飞行速度。将每个粒子带入到目标函数中计算,其结果作为粒子的适应值。随后,将此次迭代中粒子的个体值和全局最优值和个体历史最优值以及全局历史最优值进行对比并更新。粒子的飞行速度同时受到全局最优、个体最优的影响和当前飞行速度的影响。当前飞行速度对下次飞行速度影响过大的话会,导致粒子的移动步幅过大而在最优解周围震荡。反之,则会影响计算效率。因此,在迭代过程中,当前飞行速度的权值应该随迭代的次数改变,其表达式为:

$$\omega^i = 0.9 - \frac{i}{i_{\max}} \times 0.5 \quad (3.5)$$

式中　ω——动态权值;
　　　　i——当前迭代次数;
　　　　$i_{\max}$——最大迭代次数。

随后,基于新的动态权值对粒子的速度和位置进行更新,如式(3.6)和式(3.7)。

$$P^{i+1} = P^i + v^{i+1} \quad (3.6)$$

$$v^{i+1} = \omega^i v^i + c_1 rand(\ ) \cdot [p_{best}^i - P^i] + c_2 rand(\ ) \cdot [g_{best}^i - P^i] \quad (3.7)$$

式中　v^i 和 P^i——粒子当前的飞行速度和位置;
　　　　p_{best}^i——个体最优位置;
　　　　g_{best}^i——全局最优位置;
　　　　c_1 和 c_2——学习因子;
　　　　$rand(\ )$——$[0,1]$ 范围内的随机数。

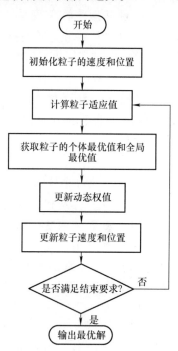

图 3.12　粒子群优化过程

粒子群优化算法因其具有计算简单、收敛快等优点而被广泛应用。但是,它在解决优化问题时存在以下缺点:

1)当优化问题是碰撞这一类具有较强非线性和较高维度的问题时,粒子群优化算法因其受到领航者和个体最优的影响,使整个群体呈现向某一方向移动的趋势。因此,粒子群优化算法的解缺乏多样性,从而容易陷入局部最优的困境。

2)粒子群在逼近最优解时,因每个粒子都会受到个体最优和全局最优的影响,它们的飞行速度始终维持在某一速度之上。所以,粒子群会在最优解附近出现震荡的现象。

(2)人工免疫优化算法

免疫算法采用群体搜索策略,通过迭代计算,最终以较大的概率得到问题的最优解。相比于其他算法，免疫算法通过筛选、克隆和变异的方法保证了种群的多样性，增强了算法的全局收敛能力，避免出现"早熟"的现象[53]。

免疫算法将优化模型中的目标函数设置为免疫过程中的抗原，可行解设置为抗体，可行解的好坏设置为抗原与抗体的亲和度。根据上述设定产生了一种类似生物免疫系统的智能寻优方法。算法主要包含三部分：初始抗体产生、亲和度分析和免疫操作。其优化流程如图3.13所示。

激励度常常被作为评价抗体质量的指标，它通过结合抗体亲和度和抗体浓度得到。所以，亲和度较大且浓度低的抗体具有较高的激励度，其计算方法如式（3.8）：

$$sim_j = a \cdot aff_j - b \cdot den_j \quad (3.8)$$

式中 sim_j——第 j 个抗体的激励度；
aff_j——抗体亲和度；
den_j——抗体浓度；
a 和 b——权值。

抗体亲和度通常采用目标函数的值。抗体浓度表征抗体种群的聚集程度，其计算方法如下：

$$den_j = \frac{1}{N} \sum_{i=1}^{N} S(j,i) \quad (3.9)$$

$$S(j,i) = \begin{cases} 1, dis(j,i) < \gamma \\ 0, dis(j,i) \geq \gamma \end{cases} \quad (3.10)$$

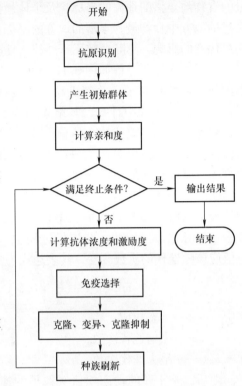

图3.13 人工免疫优化过程

式中 N——种群数量；
$S(j,i)$——第 j 个抗体与第 i 个抗体之间的亲和度；
$dis(j,i)$——第 i 个抗体和第 j 个抗体之间的欧式距离；
γ——相似度阈值。

根据抗体激励度对抗体种群进行免疫操作：排序、筛选、克隆、变异和抑制克隆等。通过免疫操作使抗体种群在不断逼近最优解时，依然具有良好的多样性，从而避免陷入局部最优。但是，因为抗体浓度和免疫操作会对目标函数进行多次计算，所以会产生较大的计算成本。因此，在面对较为复杂的问题时，采用免疫算法会消耗大量的时间。

（3）多目标混合粒子群优化

综上所述，在遇到强非线性问题时，粒子群算法和人工免疫算法都存在一定的缺点。张森皓结合这两种优化算法的优点，提出了一种新型的结合人工免疫的多目标粒子群优化算法。

结合免疫算法的多目标混合粒子群算法主要包含三部分：外部档案更新模块、粒子群优化模块和免疫优化模块。先通过外部档案更新模块选出非支配解，并根据非支配解的分布情况来判断应该使用哪个优化模块来更新车身的9个变量。

首先，对上述优化问题中的9个变量进行初始化，随机生成50个初始粒子。随后，将

粒子群带入到 M、F_{max} 和 f_q 的代理模型中进行计算。通过惩罚函数对超出约束条件的粒子进行处理。将获得的新的非支配解，与外部档案中的非支配解集进行对比，并根据外部档案更新外部策略更新外部档案中的解集。随后，对外部档案中解集的密度进行计算：如果密度较大，则说明当前非支配解分布较为分散且数量较少，可通过粒子群算法进行计算获取更多的解。反之，则说明非支配解较为密集且数量充足，可通过免疫算法进一步进行优化。

如图 3.14 所示，粒子群算法在对 SUV 车身结构的多目标优化过程中，需要一个全局领航者，但外部档案中的所有解都是互不支配的关系，所以多目标优化不能像单目标优化一样选取出一个全局最优解。因此，为保证解的多样性，这里选取外部档案中密度最小的解作为全局领航者，使粒子群对非支配解密度较小的区域进行更多探索。另外，还在粒子群模块中引入了遗传算法中的交叉算子。在更新完粒子群的位置和速度后，对粒子群部分粒子的 6 个尺寸变量和 3 个材料变量与其他粒子的相应变量的值进行交换，来提高粒子群的全局搜索能力，从而保证种群的多样性，并解决粒子群优化算法容易陷入局部最优的问题。

在非支配解集第一次进入人工免疫模块时，计算每个粒子的激励度，选取激励度排前 25% 的非支配解作为后续优化的初始抗体。这样可以挑选出一组分布较为均匀和优秀的非支配解，从而减少免疫算法的计算量。每次进入免疫优化模块都需要完成抗体激励度的排序，筛选激励度为前 50% 的个体进行免疫操作，删除后 50% 的抗体。因为，外部档案的非支配解在进入免疫优化模块前，已经通过了多次的粒子群模块的迭代。所以，此时的非支配解已经比较接近帕累托前沿。为减少人工免疫算法的计算量，将减小车身结构的 6 个结构变量的变化范围。筛选出来的抗体在较小的范围内进行变异。然后，再对变异后的抗体进行克隆抑制，即激励度排序，筛选前 50% 的抗体。最后，再随机生成一定量的新抗体，这些抗体的 9 个变量的取值范围由初始抗体的变量范围决定，并使抗体的总数量不变。即：让已有的非支配解在有限的范围内进行振动，探索到更多的非支配解，逐渐逼近车身质量和刚性墙最大接触力的帕累托前沿，如图 3.15 所示。这种方式解决了粒子群优化会因在最优解周围震荡，而无法探索到最优解的问题，从而提高了优化精度，如图 3.16 所示。

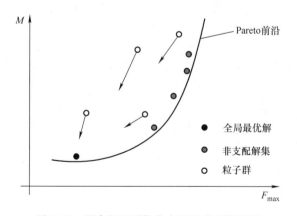

图 3.14 混合粒子群优化中粒子群寻优过程

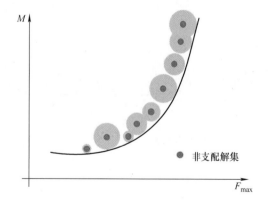

图 3.15 混合粒子群优化人工免疫寻优过程

（4）结果分析

本节将分别采用结合人工免疫的混合粒子群和标准粒子群，对本书中提出的基于耐撞性和轻量化的车身结构多目标优化模型进行优化计算，并对比两种算法的优化结果，从而证实

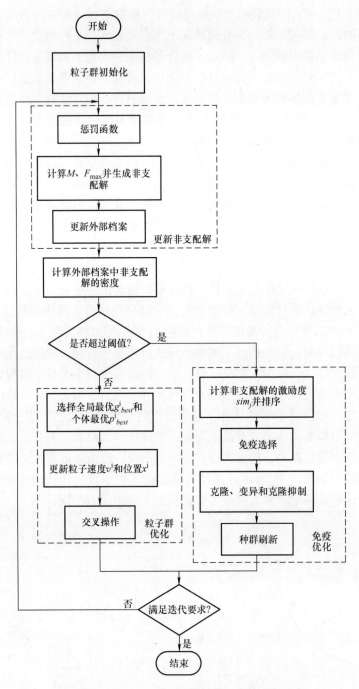

图 3.16 结合人工免疫的多目标粒子群优化流程

结合人工免疫的混合粒子群的可行性。

优化参数如下：初始粒子数为50、最大迭代次数为200、外部档案容量为60、交叉概率为0.8、抗体变异率为0.7、免疫模块中变量的取值范围为原取值范围的0.2倍。

图 3.17 所示为混合优化算法进行第5次迭代时的非支配解的分布和外部档案中非支配解的分布。其中，通过密度策略筛选出密度最小的解作为全局领航者。目前，外部档案已收

集 11 个非支配解,数量较少且分布较散。因此,将进一步根据全局领航者的位置,对未知领域进行进一步探索。

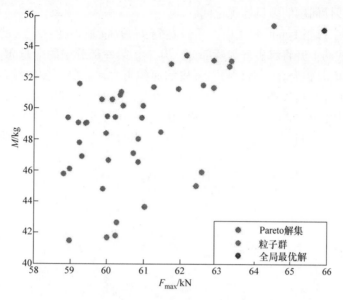

图 3.17　第 5 次迭代中粒子群算法获得的非支配解的分布(有彩插)

如图 3.18 所示,在第 92 次迭代时,外部档案中的解集满足密度要求,从而转入人工免疫优化阶段。将 60 个非支配解进行排序,选取分布较为均匀的 15 个解作为人工免疫算法中的初始抗体,并做进一步的优化。

由图 3.18 可知,混合粒子群优化算法得到的 Pareto 解的数量更多且分布更为均匀,使得解集具有更好的多样性和全局搜索能力。同时,通过混合粒子群得到的 Pareto 解集更靠近

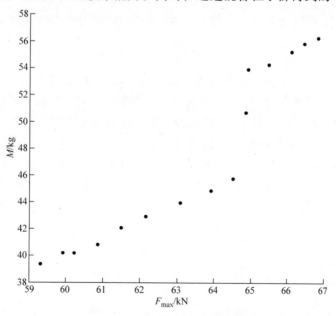

图 3.18　人工免疫算法中初始抗体

坐标的右下角,即解集的整体质量和局部搜索能力更好。因此,结合人工免疫的混合粒子群算法,比单一的粒子群算法具有更好的全局寻优和局部寻优能力,可以有效解决车辆碰撞和轻量化这种强非线性问题的多目标优化问题。

如图 3.19 所示,当 Pareto 解集中的质量达到 47.07kg 后,随着 F_{max} 的进一步增大,质量发生一个阶跃式的上升将解集分为两部分。其中,第一部分中的变量 M_1 第一部分是镁合金,第二部分中 M_1 是铝合金。因为侧围蒙皮的面积更大,需要更多的材料。同时,镁合金与铝合金在密度上存在较大差异。为了使 F_{max} 增大,侧围蒙皮的厚度不断的上升,使得 M 也不断增大。当 M 达到 47.07kg,侧围蒙皮的厚度达到力极限。如果想要进一步提高 F_{max},就需要将侧围蒙皮的材料换为镁合金,从而使得结构的质量发生了一个阶跃式的变化。

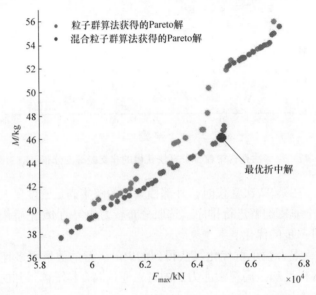

图 3.19 针对耐撞性和轻量化的结合人工免疫的混合粒子群优化与粒子群优化结果对比(有彩插)

虽然帕累托解集中的解之间不存在最优解,但是存在一个最优的折中解,该解可以使 2 个目标函数之间达到一个最合适的平衡点,既能较好地实现轻量化,又具备较好的耐撞性。本节采用了理想解相似偏好排序法(TOPSIS),从新型混合粒子群的帕累托解集中挑选出最优折中解,如图 3.19 所示。表 3.5 为最优折中解与优化前车身性能的对比。通过混合粒子群算法对 SUV 结构尺寸参数和材料参数进行优化后,6 个结构的总质量降低了 34.5%,刚性板与车顶的最大接触力提高了 18.7%,达到 64.7kN,超过整车整备质量的三倍,满足 FMVSS 216 对车辆顶部结构的耐撞性要求。因此,混合优化算法不仅减轻了 SUV 结构部件的重量,而且提高了 SUV 的防翻滚抗撞性。此外,一阶扭转频率限制在 35.5Hz 以内,可避免 SUV 结构部件尺寸参数和材料参数的变化,对车辆乘坐舒适性造成影响。

表 3.5 车身性能对比

	M/kg	F_{max}/kN	f_q/Hz
原结构	68.55	47.91	33.45
改进后	69.6	54.46	33.56
最优折中解	45.6	64.7	35.45

3.1.3 客车结构设计与优化

多年来关于车辆侧翻事故的研究和报告表明，虽然客车相较于其他车型发生事故的概率较小，但是因为它的载客人数多、质量大和质心高等特点，导致它比其他车型更容易发生侧翻事故。一旦客车发生侧翻事故，往往会造成群死群伤的结果。因此，研究客车抗侧翻碰撞能力已成为一个重要的课题。

客车的侧翻试验较为复杂、成本较高且种类繁多，在研究客车防侧翻结构设计与优化问题时，研究者们的一般研究方法为在欧洲 ECE R66 法规的基础上，采用客车厂家提供的 CAD 模型，建立客车侧翻碰撞的有限元模型，如图 3.20 所示，并进行客车侧翻碰撞安全性仿真模拟，通过客车侧翻碰撞仿真结果，分析完成客车抗侧翻结构的设计与优化[54]。

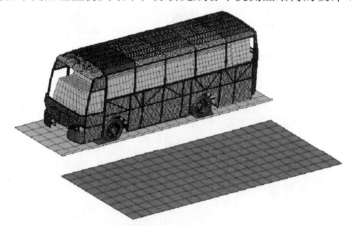

图 3.20 建立的客车侧翻有限元模型（翻转平台 & 水泥地面）

1. 客车防侧翻结构设计

（1）改善局部变形

客车车身上部结构较为特殊，大都采用钢管。原车身上部结构的设计采用较小屈服强度的钢管，在客车翻滚碰撞中不能满足其强度和刚度要求。客车侧翻碰撞安全性仿真分析结果表明，客车车身骨架结构局部变形主要发生在各梁连接处（图 3.21）。但是，采用增加客车车身骨架各梁壁厚的方法来提高客车的侧翻碰撞安全性，不仅会增加车身质量，还会提高整车的重心位置，使得客车的行驶稳定性下降。

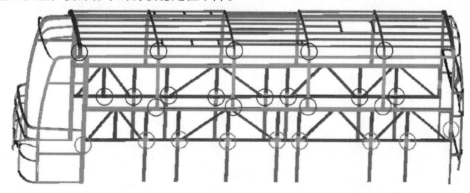

图 3.21 客车车身上部结构的局部变形位置示意图

根据车身上部最大变形位置处的结构,研究者提出了钢管结构刚度改进试验方案(图 3.22)。试验结果如图 3.23 所示。试验结果表明,成功对侧围结构进行了优化设计,对材料参数进行了改进与试验验证,有效地提高了侧翻碰撞安全性能,并且使得客车车身上部结构重量下降了 16.2%。最终对改进方案计算结果进行分析,证实其满足 ECE R66 法规中乘员生存空间的要求。

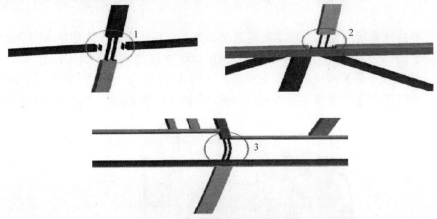

图 3.22　车身结构改进细节位置
1~3—改进位置

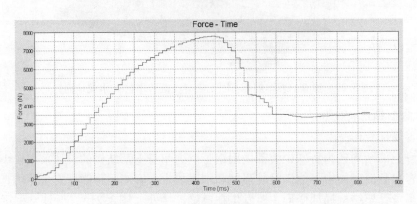

a) 力与时间曲线

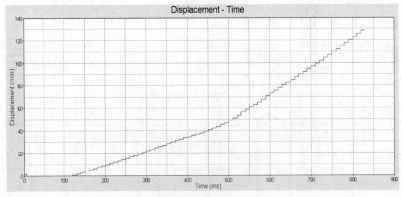

b) 位移与时间曲线

图 3.23　改进试验钢管拉力与位移曲线

（2）管内填充低密度材料

为了进一步改进客车侧翻安全性，还有研究者提出将密度较小的复合材料填充到高强度空心钢管中，结果表明将复合材料填充到高强度空心钢管可以增加结构刚度，可以减少钢结构的变形量。作者建立了客车车身上部结构模型，对客车侧翻碰撞过程进行了仿真模拟分析。结果表明用复合材料可以使结构变形较小，增加结构弯矩。用管内填充方法对各梁连接处的最大变形处进行填充，且填充物多为密度较小的复合材料，可显著加强车身结构刚度，是较为有效可行的改进方案。

车身上部结构的局部变形主要发生在侧围立柱与腰梁立柱的连接处（如图3.24中图注1所示）、侧窗立柱与腰梁的连接处（如图3.24中图注2所示）、顶横梁两端与上边纵梁的连接处（如图3.24中图注3所示）等部分。因此，作者选择了以上所述各处作为所需填充位置。

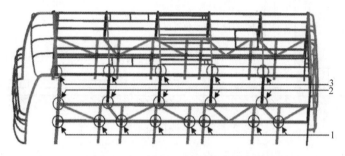

图 3.24　客车车身上部结构的局部变形位置示意图
1～3—局部变形位置

针对填充材料，研究者提出了四种材料选择方案。方案一采用石蜡材料，方案二采用松香材料，方案三采用比例1∶1的石蜡及松香的混合物，方案四采用比例1∶2∶1的环氧树脂、木屑及固化剂的混合物。具体填充方法如下：对于新开发的车型，可以在图3.25中钢管的填充边界处预焊钢板作为填充材料的边界；对于旧车，可以在需要处开一个小口焊接一块薄钢板用于封装。然后，在封装好的空间内，用注射器将填充材料注射进去即可。

图 3.25　车身结构填充位置
1～3—填充位置

为了验证以上四种方案的有效性，进行了填充结构强度、刚度试验，试验设备如图3.26所示。在结构试验过程中，使用拉力机给试件施加侧向拉力，拉力传感器和位移传感器用于测量钢管结构的耐撞力与相应位移。试验中按以上四种方案在钢管内进行了材料填充。

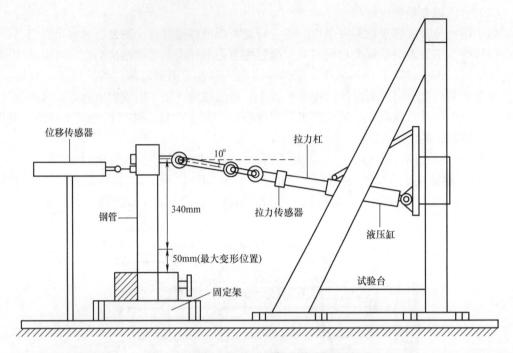

图 3.26 试验设备示意图

四种试验结果表明：当环境温度较低时，方案一、方案二及方案三填充后，钢管结构的耐撞性能比较好，但是当环境温度较高时，其改进效果不明显。而方案四的试验结果表明，无论是在低温环境，还是在高温环境，填充后钢管结构的耐撞性能都可以得到了显著提高，也符合客车轻量化的要求；将方案四应用于客车侧翻碰撞仿真中，改进前后的客车侧翻碰撞仿真结果如图 3.27 所示。结果表明，改进后的客车侧翻碰撞安全性能得到了显著提高，满足 ECE R66 法规中乘员生存空间的要求。

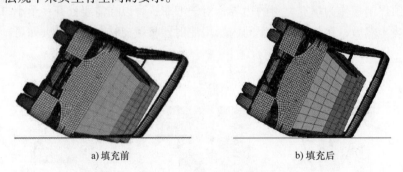

a) 填充前　　　　　　　　　　b) 填充后

图 3.27　改进前后的客车侧翻碰撞仿真结果示意图

(3) 降低整车质心高度

还有研究者提出降低质心高度的方法来提高客车侧翻安全性[55]，即在原始客车模型的基础上，通过降低地板高度来降低整车质心高度。研究者对此进行了侧翻仿真试验和对比分析。从对比结果可以看出，随着质心高度的降低，客车侧翻安全性是逐渐提高的。

质心高度的高低对客车侧翻安全性产生重大影响，质心越低越有利于客车侧翻安全性。

在下面列出了各种情况下客车的基本情况。研究者把客车侧翻模型分为以下四种工况，如表 3.6 所示。

表 3.6　四种工况

工况	质心高度 Hg1/m	质心高度 Hg2/m	临界侧翻角 A1/(°)	临界侧翻角 A2/(°)
原结构（工况一）	1.959124	1.959124	29.8991	29.8991
降 25cm（工况二）	1.923353	1.907095	30.3568	30.6033
降 35cm（工况三）	1.909044	1.885861	30.5435	30.8851
降 45cm（工况四）	1.895735	1.863999	30.7323	31.1803

在此处说明，Hg1 与 A1 是指只降低地板及乘客的质心高度得出，Hg2 与 A2 是降低地板及乘客的质心和顶盖的高度得出。

使用法规 ECE R66 中的规定对侧翻变形进行评价，即用生存空间评价角来评定侧翻的安全性能。为了使得生存空间不被侵入，以保证客车侧翻模型的安全性，在变形中车身的侧围变形角度不能小于生存空间评价角。在这里选择侧翻过程中变形最大的立柱进行评估。

从图 3.28 给出的柱状图可以看出，从工况一到工况四，侧围与地板夹角的最小值是逐渐增大的，进而也说明了随着地板高度的降低，侧翻安全性显著提升，进一步验证了这种方法提高了侧翻安全性。

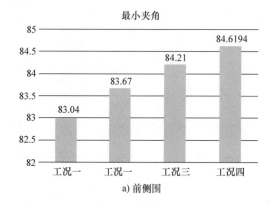
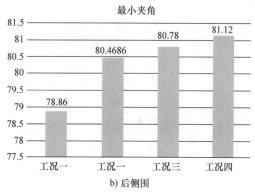

图 3.28　侧围与地板夹角柱状图

（4）带安全隔断的承载式车身

为了提高车身侧向抗变形的能力，改善客车侧翻安全性，吉林大学杨丹玚[24]提出了带安全隔断的承载式大型公路客车车身的方案，即在客车车身内部增加两个安全隔断结构。

两个安全隔断的位置分别位于乘客承载区的前后两端，前安全隔断位于前车门的后端，后安全隔断位于后车门的前端，与车身骨架结构进行焊接固定。安全隔断结构是由多个立柱和斜撑组成的三角形桁架结构。安全隔断结构的立柱与底架地板上的横梁焊接固定，隔断中的横梁、斜撑结构与侧围立柱焊接固定，形成多个稳定的三角形承载结构。前、后安全隔断结构由于在客车车身骨架内部与侧围、底架之间形成多个稳定的三角形桁架结构，在乘客承载区的前、后端形成稳定的刚性墙结构，有效地改善了车身的扭转刚度。由于杆件抵抗轴向载荷的能力是抵抗弯曲载荷能力的数十倍，安全隔断结构可以充分发挥杆件抗轴向载荷能力极强的优势，从根本上提高车身侧向抗变形的能力，改善客车侧翻安全性。图 3.29 所示为前安全隔断结构示意图、图 3.30 为后安全隔断结构示意图。

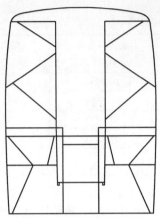

图 3.29　前安全隔断结构示意图　　　　图 3.30　后安全隔断结构示意图

2. 客车结构优化

（1）侧翻碰撞能量变化与车身变形分析　在侧翻的过程中，车身段的重力势能转换为动能，在与地面发生碰撞后，车身段的能量转换为内能。虽然在整个侧翻过程中，车身段的能量在不断地转换，但其总能量是保持不变的。因此，在进行碰撞仿真试验时，车辆具备的总能量是否守恒是判断模型可靠性的重要评价标准。如图 3.31 所示，随着碰撞的进行，车身段的动能不断转换为内能。车身段总能量包括车身的动能、内能和沙漏能。在车身与地面发生碰撞后，车身发生变形，使得车身的质心继续下降了 385.379mm，从而使重

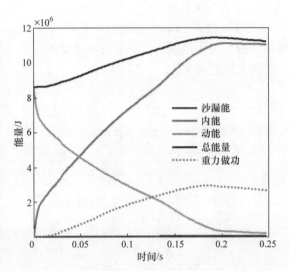

图 3.31　车身段侧翻碰撞中的能量变化（有彩插）

力势能转化为车身内能，导致车身总能量上升。碰撞发生 0.19s 后，车身的弹性势能使车身上升了 22.461mm，导致总能量略微下降。车身段在侧翻碰撞过程中，其能量变化满足能量守恒的要求。同时，沙漏能低于总能量的 5%。因此，该车身段侧翻碰撞模型具有较好的可靠性，可以应用于后续的研究。

整个碰撞过程可以看成是车身段的动能和重力势能转化为变形能的过程。为了保护乘客不受到较大的冲击，车身结构应该具有较好的吸能性。因此，本文对车身段各个结构在碰撞过程中的吸能情况进行了分析，如图 3.32 所示。当客车发生侧翻碰撞时，83%

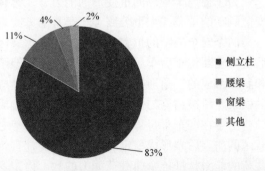

图 3.32　车身段各部分能量吸收比重（有彩插）

的能量被侧立柱吸收。由此可知，侧立柱对车身段的耐撞性具有重要影响。

选取车身段有限元进行分析。图3.33给出了车身段侧翻碰撞的应力云图，在客车侧翻碰撞过程中，车身段侧立柱是主要的变形结构。整个碰撞过程可以分为3个阶段：0~0.05s为第一阶段，车身段与地面发生碰撞，U形梁四个角受到的应力快速增大，达到屈服极限；0.05s~0.15s为第二阶段，整个U形梁的侧围逐渐与地面接触，侧围和顶围结构都已因应力达到屈服极限而发生较为严重的塑形变形；0.15~0.25s为第三阶段，这个阶段腰梁与地面发生直接碰撞，且基本没有发生变形，因此产生了冲击力的二次峰值，可能对乘客造成二次碰撞的伤害。同时，对角线变形量也达到最大值527.2mm。随后，因为车身结构释放弹性势能，使得车身段微微弹起，随后再次与地面接触，整个侧翻碰撞过程结束。

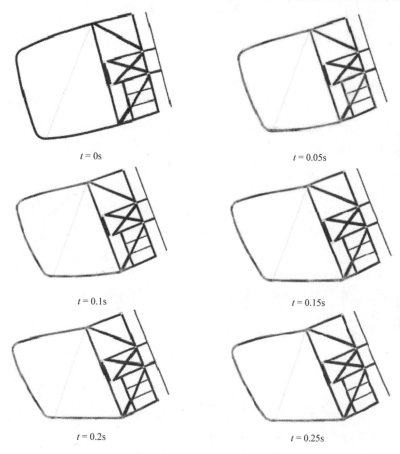

图3.33　车身段侧翻碰撞过程中车身结构应力云图

如图3.34所示，碰撞发生0.15s后，车身段的腰梁与地面发生碰撞，从而导致冲击力上升。冲击力的突然上升会导致车身加速度的突然变化，从而提高乘客受到二次伤害的可能性。为了减小冲击力，避免乘客受到二次伤害，应该避免腰梁与地面发生碰撞，或在碰撞前让车身结构通过吸能减小冲击力。

从上述过程可以看出，导致车身产生较大变形的原因是U形梁与腰梁的接触位置出现塑性铰，大大降低了车身抗变形能力。而车身的其他结构，尤其是底板以下的部分基本不发生变形，由此可将客车侧翻碰撞看成是矩形管在大角度冲击下的抗变形问题。因此，通过研

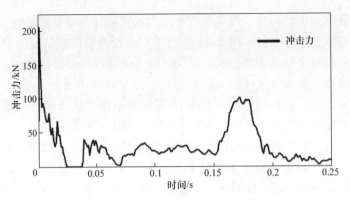

图 3.34 侧翻碰撞中冲击力曲线

究和加强矩形管在大倾角冲击下的耐撞性,可以提高客车车身的抗侧翻碰撞能力,并减小乘客受到的伤害。

(2) 局部梯度函数变厚度矩形管建模

由上述分析可知,客车发生侧翻碰撞时,U 形梁受到来自于地面的大倾角冲击,使得其在与腰梁相接的位置出现塑性铰,从而使车身发生较大的变形。因此,考虑将 U 形梁的矩形管替换为局部功能性变厚度矩形管,并研究其在大倾角下的耐撞性。

如图 3.35 所示,客车车身与地面碰撞可以看成是矩形管受到来自刚性板的大倾角冲击。与客车 U 形梁规格相同的 500mm 矩形管受到速度为 5m/s,倾角为 75°,质量为 50kg 的刚性板的冲击。为提高矩形管在大倾角下的抗变形能力,本节将 A 部分改进为局部梯度函数变厚度矩形管结构(Local-Functionally Graded Thickness,LFGT),并对其进行分析,B 部分仍为均匀厚度管。客车侧翻碰撞中矩形管的变形是评价其耐撞性的重要指标之一。因此,以刚性板在冲击过程中的最大位移(ΔX)作为衡量矩形管变形量的评价标准。

用幂律函数可以将梯度曲线作为矩形管的纵向厚度,幂律函数 $T(s)$ 如下:

$$T(s) = \eta_{\min} + (\eta_{\max} - \eta_{\min})\left(\frac{s}{L_1}\right)^n \quad (3.11)$$

式中　　s——从零件 A 顶部测量的距离变量;

$\eta_{\min}$ 和 $\eta_{\max}$——分别是零件 A 顶部的最小厚度和底部的最大厚度;

n——管壁厚度的梯度指数;

L_1——A 部分高度。

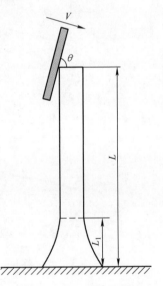

图 3.35 矩形管受大倾角冲击

此外,梯度指数 n 在 0.2 到 10 之间变化。不同函数指数 n 下的幂律函数 $T(s)$ 如图 3.36 所示。当梯度指数 $n<1$ 时,函数曲线是凸的,矩形管的厚度呈凸模式变化。当函数指数 $n>1$ 时,函数曲线呈凹形,矩形管的厚度呈凹模式变化。当梯度指数 $n=1$ 时,矩形管的厚度不变。同时,沿轴积分幂律函数,可得矩形管 A 部分的质量。随着梯度指数的增大,A 部分的质量逐渐减小。

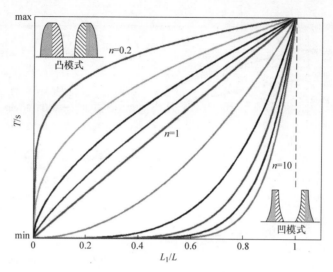

图 3.36　不同梯度指数 n 下的厚度幂律函数（有彩插）

矩形管厚度是跟幂律函数变化的，是一个连续变化的过程。而矩形管的有限元模型是由多层网格组成的，因此，为尽可能地符合连续变化的厚度幂律函数，需要将矩形管网格细化，并按梯度给网格赋予厚度。当 LFGT 矩形管与等厚度（UT）矩形管具有相同质量时，UT 矩形管的厚度 T_U 与 LFGT 矩形管的厚度关系如下：

$$T_U = \frac{\left(l_a \sum_{i=1}^{N_s} \eta_i + \eta_B l_B\right)}{l_a + l_B} \tag{3.12}$$

式中　N_s 和 η_i——分别表示模拟 LFGT 矩形管的总层数和第 i 层的厚度；

η_B——B 部分的厚度；

l_a——A 部分每个层的长度；

l_B——B 部分的长度。

将第 i 层的厚度 η_i 赋予有限元模型的相应层上。

（3）局部梯度函数变厚度矩形管耐撞性分析

如图 3.37 所示，LFGT 的最大冲击力始终大于 UT 矩形管。随着梯度系数 n 的增大，UT 矩形管和 LFGT 矩形管的最大冲击力都逐渐减小。但是，通过比较可以看出，随着梯度系数 n 的增大，LFGT 矩形管的最大冲击力比 UT 矩形管下降得更快。相比于 UT 矩形管，梯度系数 n 对 LFGT 矩形管所受到的最大冲击力有更大影响。

如图 3.38 所示，矩形管在受到大倾角冲击时，其受到的冲击力变化与前述的客车的 U 形梁，在侧翻碰撞中的情况一样。整个过程分为三个阶段：第一阶段是从 a 点开始碰撞到 b 点产生塑性变形。在这一阶段，随着矩形管弹性变形的增加，冲击力逐渐增大。第二阶段是从 b 点到 c 点，矩形管的根部出现塑性铰，矩形管抗变形能力迅速下降。在这一阶段，塑性变形吸收大量能量，同时塑性铰导致弯曲阻力和冲击力降低。第三阶段从 c 点到 d 点，冲击力快速下降值 0。在这一阶段，矩形管的弹性势能转化为刚性板的动能，刚性板被推开。同等质量下，凸模式的 LFGT 矩形管比凹模式的 LFGT 矩形管和 UT 矩形管，有更好的抗变形能力，其最大冲击力最大，且能在最大值附近维持一小段时间，从而吸收更多的能力。

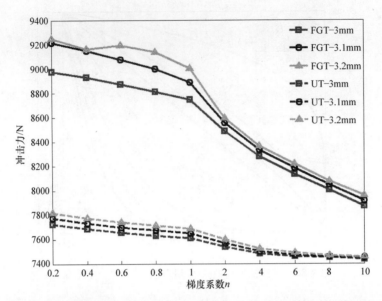

图 3.37 同质量的 UT 与 LFGT 在不同 n 下的最大冲击力对比（有彩插）

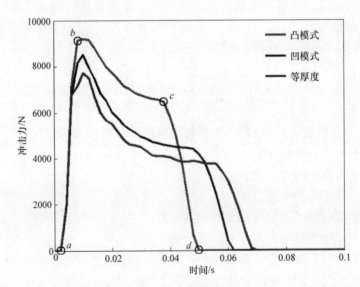

图 3.38 等质量下 UT 矩形管、凸模式 LFGT 和凹模式 LFGT 矩形管的冲击力变化过程（有彩插）

为了研究梯度系数 n 和最大厚度 η_{max} 对矩形管耐撞性的影响，将相同质量的 LFGT 和 UT 按 LFGT 的最大厚度值分为三组：LFGT 的最大厚度分别为 $\eta_{max}=3mm$，$\eta_{max}=3.1mm$，$\eta_{max}=3.2mm$。

如图 3.39 所示：在相同质量下，当 n 为 0.2~10 时，UT 矩形管的变形量始终大于 LFGT 矩形管，说明 LFGT 矩形管比 UT 矩形管具有更好的抗变形能力。随着 n 的增加，UT 矩形管的变形量逐渐增大。当 $n<1$ 时，LFGT 矩形管的变形量变化比较平缓。但是，当 $n>1$ 时，LFGT 矩形管的变形量随着 n 的增大而迅速上升，且不同最大厚度之间的变形量差距较小。这说明在大倾角冲击下，凸模式比凹模式有更好的抗变形能力。同时，当 $n<1$ 时，LFGT矩形管中 $\eta_{max}=3.1mm$ 的抗变形能力最好，$\eta_{max}=3.2mm$ 的变形量最大。这表明 LFGT

矩形管的抗变形能力与其最大厚度 η_{max} 呈非线性关系，需要对其进行进一步研究，来进一步提高 LFGT 矩形管的抗变形能力。

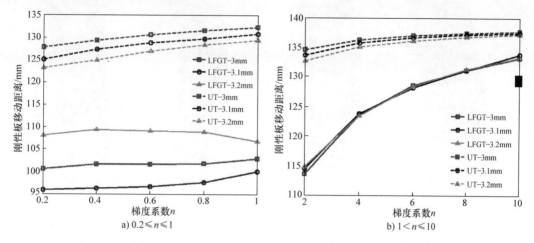

图 3.39 不同 η_{max} 的 LFGT 矩形管与 UT 矩形管的变形量对比分析（有彩插）

如图 3.40 所示，在凸模式下，当 $\eta_{max} = 3.0$mm 时，LFGT 矩形管的比吸能（Specific Energy Absorption, SEA）较大；当 $\eta_{max} = 3.2$mm 时，LFGT 矩形管的 SEA 明显小于 $\eta_{max} = 3$mm 和 $\eta_{max} = 3.1$mm。因为如图 3.41a、b 和 c 所示，相比于 $\eta_{max} = 3$mm 和 $\eta_{max} = 3.1$mm，当 $\eta_{max} = 3.2$mm 时，A 部分和 B 部分的厚度差过大，导致两部分的衔接处出现应力集中，降低了 A 部分的材料利用率，使矩形管抗变形能力变弱。同时，随着 n 的增大，$\eta_{max} = 3.2$mm 的 SEA 迅速增加。其原因可通过比较图 3.41c 和 d 得到：当 $n = 1$ 时，矩形管的塑性变形位置低于 $n = 0.2$ 时，提高了材料利用率，提高了矩形管的强度。另外，当矩形管为凹模式时，三组矩形管的 A 部分 SEA 相似。

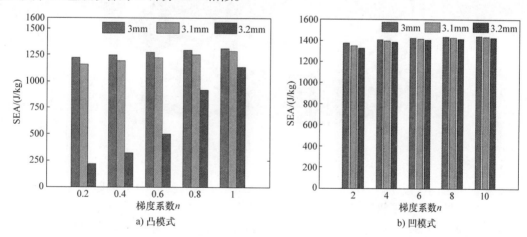

图 3.40 不同 η_{max} 和 n 下 LFGT 矩形管 A 部分的 SEA（有彩插）

综上所述，η_{max} 和 n 对 LFGT 矩形管的抗变形能力具有较大的影响。凸模式的 LFGT 矩形管具有更好的耐撞性。同时，LFGT 矩形管的最大厚度 η_{max} 存在一个临界值 η_{cmax}，当 η_{max} 大于该值时，LFGT 矩形管的抗变形能力会快速下降。

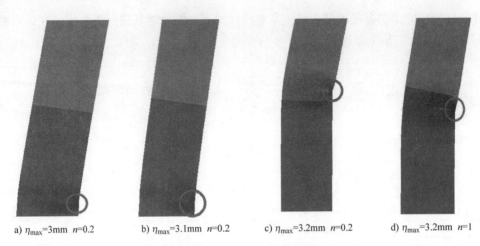

a) η_{max}=3mm n=0.2   b) η_{max}=3.1mm n=0.2   c) η_{max}=3.2mm n=0.2   d) η_{max}=3.2mm n=1

图 3.41　LFGT 矩形管的塑形变形位置

（4）采用 LFGT 矩形管优化分析

如图 3.42 所示，本节采用 LFGT 矩形管对客车车身的 U 形梁进行改进。设置初始的 LFGT 矩形管的最大厚度取值范围为 [2.5, 3.5]，且精确到小数点后两位。通过 15 次迭代后，当 $\eta_{max}=3.25$mm，且 $n=0.2$ 时，车身的变形量最小。

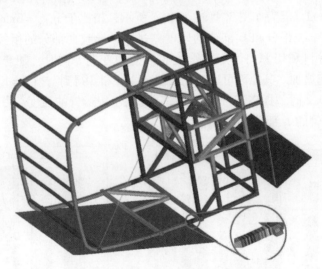

图 3.42　采用 LFGT 矩形管的车身段模型

如图 3.43 所示，采用 LFGT 矩形管的 U 形梁比原结构的变形小，其变形位置处在 U 形梁与腰梁交界处，提高了材料利用率，且能吸收更多能量。

图 3.44 所示为车身结构改进前后，车身受到的冲击对比。在整个碰撞过程中，冲击力会出现两个峰值：第一个峰值是车身顶部与地面接触时产生的冲击力；第二个峰值是由腰梁与地面发生碰撞而产生的。这两次碰撞力的峰值都很容易使车身加速度出现突变，导致乘客受到二次伤害。通过对比可知，采用 LFGT 矩形管的车身在侧翻碰撞过程中产生的两次冲击力峰值，都小于原结构。尤其是第二个冲击力峰值，LFGT 矩形管的峰值远小于原结构的峰值，且变化更缓慢，从而有利于减小乘客受到二次伤害的可能性。

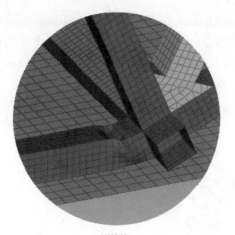

a) 原结构　　　　　　　　b) 采用LFGT矩形管的客车车身

图 3.43　车身结构改进前后 U 形梁变形对比

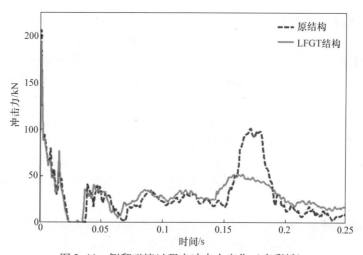

图 3.44　侧翻碰撞过程中冲击力变化（有彩插）

表 3.7 为改进前后车身耐撞性性能的比较，其中车身变形量减小了 12.21%，冲击力峰值减小了 6%。因此，LFGT 矩形管有效提高了车身结构的耐撞性，减小了乘客受到挤压和二次碰撞产生的伤害。

表 3.7　LFGT 矩形管的车身与原车身的耐撞性对比

	LFGT 结构	原结构
车身变形量/mm	462.8	527.2
冲击力峰值/kN	194.3	206.7

3.2　主动防侧翻控制技术

3.2.1　主动横向稳定杆防侧翻控制

主动横向稳定杆（Active Anti-Roll Bar，AARB）能根据车辆的不同工况，连续改变侧倾力矩来实现对车辆侧倾的控制[56]。国内外这方面的研究都集中于采用 AARB 产生反侧倾力矩来减小车辆的侧倾，避免车辆的侧翻。横向稳定杆又名防倾杆，它在同轴两个车轮运动轨迹相反时发生作用，也就是在车身发生侧倾时介入，通过横杆扭转形变产生回弹力，可以把它看成一根横向布置的扭杆弹簧，图3.45为主动横向稳定杆的一般布置示意图。

图 3.45 主动横向稳定杆的一般布置

1. 电控分离式主动防倾杆

考虑到传统的结构简单的防倾杆，仅仅是利用自身的抗扭能力给悬架提供一个反向力矩来防止侧倾，防倾杆的抗扭能力，在它被安装于车体上之后，便成为一个相对固定的大小，不能根据车辆的行驶状态来合理的调整其自身的防侧倾能力。抗扭刚度太小的防倾杆在独立悬架的汽车上会造成过弯时过多的外倾角，减少轮胎的接地面积；抗扭刚度太大的防倾杆则会造成轮胎无法紧贴地面，影响汽车的操控性。张雷[57]提出了一种能够主动调节防侧倾能力的电控分离式主动防倾杆，如图 3.46 所示。

该主动防倾杆通过主动地控制力矩电机的电压以及电磁离合器的状态，来改变防倾杆左右独立扭杆的反扭转力矩，以此来适时改变防倾杆的防侧倾能力，从而大大提高汽车的操纵性、动态稳定性，以及驾驶员的驾驶感受。

该电控分离式主动防倾杆主要包括力矩控制单元和左右独立扭杆，独立扭杆被左右支撑固定在车架上，保证了扭杆的单一运动方向。两扭杆的一端被固定在对应的悬架上，另一端与主动防倾杆的核心部件即控制单元相连，两独立扭杆的运动状态分别受中间控制单元所控制，该控制单元的具体结构如图 3.47 所示。

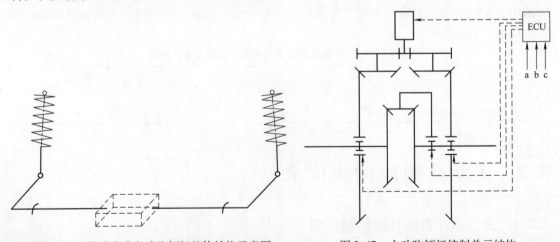

图 3.46 电控分离式主动防倾杆整体结构示意图　　图 3.47 主动防倾杆控制单元结构

电控分离式主动防倾杆的控制单元主要包含斜齿轮、直齿轮、行星齿轮、力矩电机、电磁离合器等结构。力矩电机主要接收来自 ECU 的控制信号，产生相应大小的力矩，经齿轮组将力矩传递到对应的独立扭杆上，扭杆再将力矩作用于独立悬架，使承载于悬架之上的汽车底盘有一定的防侧倾能力。该结构的主要特点是能独立调节左右独立扭杆的扭转力矩，使汽车能适应更多的行驶工况，某些情况还能对汽车的舒适性或操控性提高做出一定贡献。

电控分离式主动防倾杆的物理模型可以简化为图 3.48 所示模型。它的主要控制单元为 ECU，它用于接收主动防倾杆的工作状态参数，如电机输入电流、左右扭杆力矩等，以及对主动防倾杆发送控制信号，如输入电压、电磁离合器状态信号等。另外，ECU 还需与底盘其他控制系统进行信息交互，以获得其他底盘系统的侧翻数据参数，以更好地对防倾杆进行主动控制。

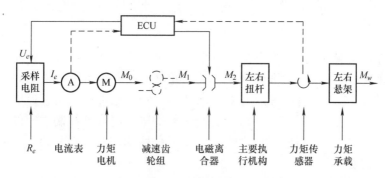

图 3.48 主动防倾杆工作原理

在不考虑力矩电机驱动电路及齿轮组响应时间的情况下，下面对以上物理模型给出整个主动防倾杆由输入电压到最后侧倾力矩输出较为详细的数学模型。

输入电压与左右扭杆扭转角的传递函数为：

$$\frac{\theta_N}{U_e} = \frac{k_m(L_m s + R_m)}{N_i R_e [(J_m s + b_m)(L_m s + R_m) + k_b k_m]} \tag{3.13}$$

式中 θ_N——独立扭杆的转角；

U_e——力矩电机的输入电压；

L_m，R_m——分别为力矩电机的电感和电阻；

N_i——减速齿轮组的传动比；

R_e——驱动电路的采样电阻；

k_m，k_b——分别为力矩电机的转矩系数和反电动势系数。

扭杆扭转力矩与扭转角的关系：

$$M_1 = \frac{\pi D^4 G}{16T} \theta_N \tag{3.14}$$

式中 M_1——扭杆的扭矩；

D——扭杆的直径；

G——扭杆材料的切变模量；

T——汽车的轮距。

整个主动防倾杆产生的主动防侧倾力矩与扭矩之间的关系：

$$M_w = I_i M_1 \tag{3.15}$$

式中 M_w——主动防倾杆提供的防侧倾力矩;

I_i——主动防倾杆电磁离合器的状态参数。

电磁离合器的工作状态:

$$I_i = (i_a \oplus i_c)[1 + (i_a \oplus i_c) \cap i_b]; i_x = 0,1 \tag{3.16}$$

式中 i_a,i_b,i_c——分别为左扭杆齿轮电磁离合器、行星齿轮电磁离合器、右扭杆齿轮电磁离合器的工作状态。

以上各参数的具体数值设计如表 3.8 所示。

表 3.8 电控分离式主动防倾杆结构参数

D /mm	G /GPa	N_i	R_e /Ω	J_m /(kg·m²)	R_m /Ω	L_m /mH	k_m /(N·m/A)	k_b /(V·s/rad)	b_m /(N·m·s/rad)
30	60	10	0.4	0.1	5	0.02	0.2	0.8	1.0

主动防倾杆控制单元中的采样电阻接收来自防侧翻控制器(ECU)处理过的电压信号 U_e,转换为力矩电机的控制信号即输入电流 I_e,此电流输入给力矩电机的同时,被反馈给 ECU 做进一步计算,随后力矩电机产生相应大小的力矩,经过齿轮组减速增矩机构得到较大的力矩 M_1,传递到左右扭杆齿轮,左右扭杆齿轮的电磁离合器控制力矩的需求状态,经过离合器工作状态的调整,得到对应力矩 M_2,最后作用于左右独立悬架上,使之完成对底盘防侧翻控制的辅助。

不同行驶工况下电磁离合器的工作状态参数 I_i 的取值如表 3.9 所示。

表 3.9 电磁离合器工作状态

行驶工况	离合器状态参数
汽车在直线水平路面行驶	$i_a = i_b = i_c = 0$
汽车直线行驶于凹凸不平路面	$i_a = i_c = 0$, $i_b = 1$
汽车在水平路面转向行驶	$i_a \oplus i_c = 1$, $i_b = 0$
汽车在凹凸不平路面转向行驶	$i_a \oplus i_c = 1$, $i_b = 1$

为了验证电控分离式主动防倾杆模型的有效性,进行了仿真试验,结果如图 3.49 所示。主动防倾杆在响应时间上的表现为从 0 - 2300N·m,从 2300 - 0N·m 变化时间均为 0.3s 左右,能满足响应速度要求,且主动防倾杆所能提供的最大侧倾力矩大于 2000N·m,也能满足防侧翻控制要求。另外,该模型在稳态阶段未出现波动,具有良好的力矩保持特性,验证了本文建立的主动防倾杆模型的有效性。

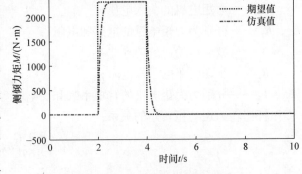

图 3.49 主动防倾杆模型效果

2. 基于主动横向稳定杆控制算法

(1) 基于横向稳定杆的 PI - PD 控制

PID (Proportional - Integral - Derivative) 控制是最常用的控制方法之一[58,59],无论被控

装置的结构或参数是否确定，PID 控制均可以通过调整参数来实现控制效果。PID 控制的基本思想是基于系统变量误差 $e(t)$，反馈变量的期望值与实际值之间的误差，通过选择合适的控制增益计算控制变量，并应用于被控对象以减少误差。PID 控制的结构框图如图 3.50 所示，控制方程如下：

$$u(t) = K_p \left[e(t) + \frac{1}{T_i} \int e(t) \mathrm{d}t + T_d \frac{\mathrm{d}e(t)}{\mathrm{d}t} \right] \tag{3.17}$$

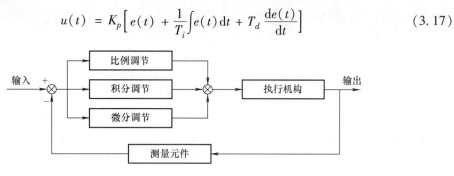

图 3.50　PID 控制的结构框图

图 3.51 为 PID 控制器应用在车辆侧翻上的控制效果图，可以看出，PID 控制可以有效防止车辆侧翻的发生。由于 PID 控制器的参数很难实时调节，因此，研究人员通常将 PID 与其他控制算法结合使用。

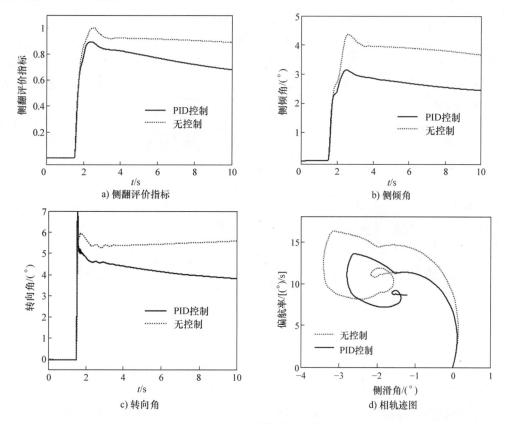

图 3.51　PID 控制器的控制效果

Muniandy 提出了一种 PI - PD 型（比例 - 积分 - 比例 - 微分）模糊控制器[60]来防止车辆侧翻。该控制器将模糊控制加入 PI - PD 控制器中。图 3.52 为 PI - PD 控制器的基本布局结构。

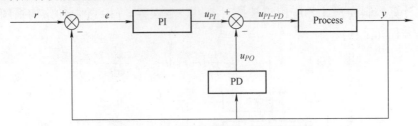

图 3.52　PI - PD 控制器的基本布局结构

设计该控制器是为了保持传统 PI - PD 控制器的线性结构，采用非线性模糊函数代替系数增益，PI - PD 模糊控制器的输出 $u_{PI-PD}(nt)$ 可表示为：

$$u_{PI-PD}(nt) = u_{PI}(nt) - u_{PD}(nt) \tag{3.18}$$

式中　$u_{PI}(nt), u_{PD}(nt)$——分别为 PI 和 PD 控制器的等价输出。

在这一步之前，在拉普拉斯域，传统的模拟 PI 和 PD 控制器都可以表示为：

$$\begin{cases} u_{PI}(s) = \left(K_p^c + \dfrac{K_i^c}{s}\right)E(s) \\ u_{PD}(s) = K_p^{c'} + K_d^c Y(s) \end{cases} \tag{3.19}$$

式中　$u_{PI}(s), u_{PD}(s)$——分别为 PI 和 PD 控制器的模拟输出；

K_p^c, K_i^c 及 K_d^c——分别为比例，积分和微分增益。

从式（3.19）可以看出 PI 控制器受误差信号 $E(s)$ 的影响，且 PD 控制器受过程输出 $Y(s)$ 的影响。通过双线性变换，方程（3.19）可以转换为离散形式。因此，PI 控制器的输出方程可以写成：

$$u_{PI}(nt) = u_{PI}(nt-t) + K_{uPI}\Delta u_{PI}(nt) \tag{3.20}$$

$$u_{PD}(nt) = -u_{PD}(nt-t) + K_{uPD}\Delta u_{PD}(nt) \tag{3.21}$$

将式（3.20）和式（3.21）代入式（3.18）中可得，PI - PD 型模糊控制器的输出为：

$$u_{PI-PD}(nt) = u_{PI}(nt-t) + K_{uPI}\Delta u_{PI}(nt) + u_{PD}(nt-t) + K_{uPD}\Delta u_{PD}(nt) \tag{3.22}$$

K_{uPI} 和 K_{uPD} 都是通过模糊规则确定的，该控制器应用在主动横向稳定杆（AARB）防侧翻控制中的布局如图 3.53 所示。

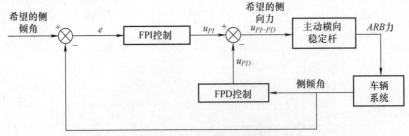

图 3.53　PI - PD 型模糊控制器布局

与标准的模糊控制器类似，模糊 PI 控制器与模糊 PD 控制器都采用隶属函数和规则，两个控制器的输入都是侧倾角误差信号。如前所述，模糊 PI 控制器有两个输入，侧倾角误差信号 $e_p(nt)$ 及侧倾角变化率误差信号 $e_v(nt)$。模糊 PI 控制器输出（也称为增量控制输出）表示

为 $\Delta u_{PI}(nt)$。模糊 PD 控制器的输入为侧倾角 d(nt)（期望侧倾角）和侧倾角变化率 $\Delta y(nt)$。图 3.54a、b 分别为 PI 控制器和 PD 控制器的输入隶属函数，单位分别为（°）和[(°)/s]。

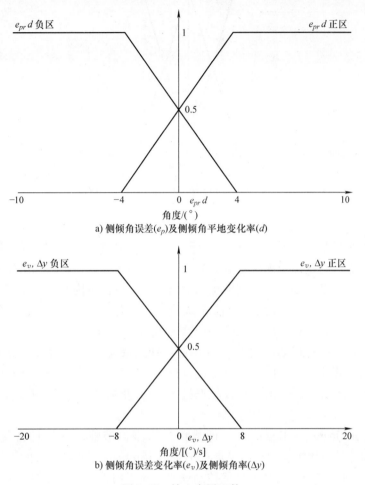

图 3.54 输入隶属函数

图 3.55 为 PI 控制器和 PD 控制器的输出隶属函数。PI 控制器与 PD 控制器的输出隶属函数相同，输出单位为 N。各隶属函数的范围由实际应用中客车的典型运行范围决定，所需力矩的最大值受硬件属性的限制。

模糊 PI 控制遵循以下几条规则：
- RULE1：若 e_p 为负且 e_v 为负，则 PI 输出为负
- RULE2：若 e_p 为负且 e_v 为正，则 PI 输出为零
- RULE3：若 e_p 为正且 e_v 为负，则 PI 输出为零
- RULE4：若 e_p 为正且 e_v 为正，则 PI 输出为正

模糊 PD 控制遵循以下几条规则：
- RULE5：若 d 为正且 Δy 为正，则 PD 输出为零
- RULE6：若 d 为正且 Δy 为负，则 PD 输出为正
- RULE7：若 d 为负且 Δy 为正，则 PD 输出为负

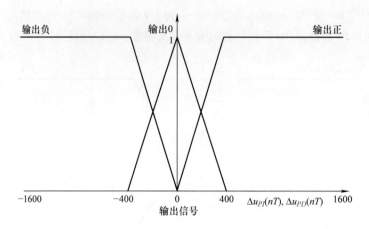

图 3.55 PD 控制器和 PI 控制器输出隶属函数

- RULE8：若 d 为负且 Δy 为负，则 PD 输出为零

去模糊化过程是基于"质心"方法进行的。为了优化控制器的性能，采用试错法得到控制器的一组参数。这是确定测试参数的第一步，其中参数是在跟踪输出发生变化时逐一选择的。单个值通常逐渐增加直到达到期望的输出响应，执行机构的力和速度要求过高，也会成为该方法的限制因素。经过大量的仿真试验，满足各项仿真试验的参数值如下：$K_p = 0.3140$、$K_i = 0.0971$、$K_p' = 0.0576$、$K_d = 0.001$、$K_{uPD} = 0.4968$、$K_{uPI} = 0.4496$。为了应对车辆悬架系统的响应，采样周期设定为 $t = 0.01s$。在此仿真过程中不存在积分失败问题，因为仿真过程是在理想系统中进行的，并且假设执行器和其他相关硬件没有物理限制。将来，当实际执行机构应用在该系统中时，建议根据机构的物理限制来限制控制器的输出。

（2）基于主动横向稳定杆 LQR 控制

LQR（Linear Quadratic Regulator）即线性二次型调节器，是一种常用的现代控制理论[61]。LQR 理论是现代控制理论中发展最早也最为成熟的一种状态空间设计法。特别可贵的是，LQR 可得到状态线性反馈的最优控制规律，易于构成闭环最优控制。

LQR 最优设计是指设计出的状态反馈控制器 K 要使二次型目标函数 J 取最小值，而 K 由权矩阵 Q 与 R 唯一决定，故此 Q、R 的选择尤为重要。

Yim 等人[62]将电子稳定控制装置（ESC）和主动侧倾控制系统（ARCS）相结合，提出了一种基于主动横向稳定杆的线性二次车辆防侧翻调节器，如图 3.56 所示。他们采用了包括横摆运动、侧向运动及侧倾运动在内的三自由度模型。

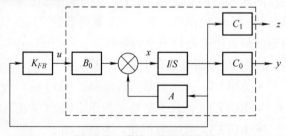

图 3.56 线性二次型调节器

LQR 防侧翻成本函数定义如下：

$$J = \int_0^\infty (\rho_1 e_y^2 + \rho_2 a_y^2 + \rho_3 \varphi^2 + \rho_4 \dot{\varphi}^2 + \rho_5 M_b^2 + \rho_6 M_\varphi^2)\,dt \tag{3.23}$$

方程（3.23）中，权重系数 ρ_i 由 $\rho_i = 1/\eta_i^2$ 通过 Bryson 规则确定，a_y 为车辆侧向加速度，φ 为侧倾角，$\dot{\varphi}$ 为侧倾角速度，M_b 为差动制动产生的被控横摆力矩，M_φ 为主动横向稳定杆产

生的侧倾力矩，e_r 为横摆率误差，定义为实际横摆率 r 与参考横摆率 r_d 的差值，即：

$$e_r = r - r_d \tag{3.24}$$

参考横摆率 r_d 由驾驶员转向输入 δ 通过一阶建模计算：

$$r_d = \frac{K_e}{\tau s + 1}\delta \tag{3.25}$$

式中　τ——时间常数；

　　　K_e——由车辆速度决定的稳态横摆率增益。

不考虑侧倾运动，单独建立横摆动力学模型。对三自由度整车模型，状态空间 x，控制输入 u，干扰 ω 定义如下：

$$\begin{cases} x = [v \quad r \quad r_d \quad \varphi \quad \dot{\varphi}]^T \\ u = [M_b \quad M_\varphi] \\ w = \delta \end{cases} \tag{3.26}$$

式中　v——侧向速度。

基于三自由度侧翻模型，可获得整车状态空间模型如下：

$$\dot{x} = Ax + B_1\omega + B_2 u \tag{3.27}$$

式中　A，B_1 和 B_2——三自由度侧翻模型状态空间方程的系数矩阵，可由侧翻模型推导得出。

为了避免在转弯时发生侧翻，应在横向加速度可控的情况下减小侧倾角和侧倾率，如果侧倾角和侧倾率的权重设置较高，由 ARCS 造成的横向载荷转移导致的横摆率误差也会增加，这可能会使车辆失去机动性或横向稳定性。另一方面，如果横摆率误差的权重设置为机动性或横向稳定性的较高值，侧倾角和侧倾率就无法有效降低，这些效果是互相影响的。也就是说，ARCS 相比于 ESC 能减小侧倾角和

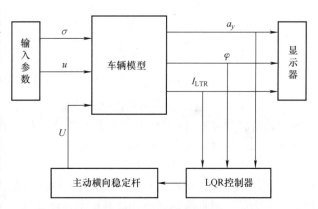

图 3.57　基于主动横向稳定杆的汽车防侧翻控制流程图

侧倾率，而 ESC 相比于 ARCS 能减小横摆率误差。出于此原因，侧倾角、侧倾率及横摆率误差 ρ_1、ρ_3 与 ρ_4 在 LQ 目标函数中应该设置较高值。LQR 成本函数中 η_i 的权重值如表 3.10 所示。

表 3.10　LQR 成本函数中的权重

η_1	η_2	η_3	η_4	η_5	η_6
0.08rad/s	10m/s²	1°	3deg/s	5000N·m	2000N·m

将 LQR 成本函数方程（3.15）改写为如下形式：

$$J = \int_0^\infty (Cx+Du)^T(Cx+Du)\,dt = \int_0^\infty (x^T Q x + u^T N^T x + x^T N^T u + u^T R u)\,dt \tag{3.28}$$

式中　$Q = C^T C$，$N = C^T D$，$R = D^T D$，

$$C = \begin{bmatrix} \sqrt{\rho_1}a_{11} & \sqrt{\rho_1}(a_{12}+v_x) & \sqrt{\rho_1}a_{13} & \sqrt{\rho_1}a_{14} & \sqrt{\rho_1}a_{15} \\ 0 & \sqrt{\rho_2} & 0 & 0 & 0 \\ 0 & 0 & \sqrt{\rho_3} & 0 & 0 \\ 0 & 0 & 0 & \sqrt{\rho_4} & 0 \\ 0 & 0 & 0 & 0 & 0 \\ 0 & 0 & 0 & 0 & 0 \end{bmatrix}, D = \begin{bmatrix} 0 & 0 \\ 0 & 0 \\ 0 & 0 \\ 0 & 0 \\ \sqrt{\rho_5} & 0 \\ 0 & \sqrt{\rho_6} \end{bmatrix}$$

在方程（3.20）中，a_{ij} 为矩阵 A 第 i 行的第 j 个元素。在 LQR 中，采用了全状态反馈控制 $u=Kx$。通过求解 Riccati 方程，可以很容易地得到控制器增益 K，接着便可以设计 LQR 控制器。

如果 ARCS 能减少侧倾运动，横摆运动和侧倾的运动的控制器可以分别设计。为此，设计了基于 LQR 控制器的结构控制器和分离控制器。

在结构控制器中，控制横摆力矩仅通过横摆率误差计算，控制侧倾力矩仅通过侧倾角和侧倾率计算。控制器结构如下：

$$K_s = \begin{bmatrix} 0 & k_1 & -k_1 & 0 & 0 \\ 0 & 0 & 0 & k_2 & k_3 \end{bmatrix} \tag{3.29}$$

对结构控制来说，有必要找出使 LQR 成本函数 J 最小的 K_s，利用式（3.28），将求 K_s 的问题表示为优化问题：

$$\min_K J = trace(P) \tag{3.30}$$

$$\begin{aligned} &(A+B_2K_s)^T P + P(A+B_2K_s) + Q \\ &+ K_s^T N^T + K_s N + K_s^T R K_s \end{aligned} \tag{3.31}$$

对于任意 K_s，通过求解李雅普洛夫方程可以很容易算出 LTR 成本函数 J。采用协方差矩阵自适应进化策略（CMAES）12 来求解最优 K_s，式（3.29）给出的结构控制器设计为单目标函数。在这种情况下，控制器获得的横摆力矩和侧倾力矩相互影响。这也就意味着结构控制器不会严格区分横摆运动和侧倾运动，因此，有必要分别设计具有不同目标函数的横摆运动控制器和侧倾运动控制器。故设计了两种分别用于横摆运动控制和侧倾运动控制 LQR 控制器。为此，根据横摆运动和侧倾运动，将式（3.31）给出的 LQR 目标函数分解为 J_{s1} 和 J_{s2} 两部分：

$$\begin{aligned} J_{s1} &= \int_0^\infty (\rho_1 e_r^2 + \rho_2 a_y^2 + \rho_5 M_b^2)\,\mathrm{d}t \\ J_{s2} &= \int_0^\infty (\rho_3 \varphi^2 + \rho_4 \dot{\varphi}^2 + \rho_6 M_\varphi^2)\,\mathrm{d}t \end{aligned} \tag{3.32}$$

利用目标函数和状态空间方程式（3.27）、式（3.33）和式（3.34），来分别表示横摆运动和侧倾运动，来设计分离控制器：

$$\begin{cases} x_\gamma = [v \quad r \quad r_d] \\ u_\gamma = M_b \\ w_\gamma = \delta \\ \dot{x}_\gamma = A_\gamma x_\gamma + B_{1\gamma} w_\gamma + B_{2\gamma} u_\gamma \end{cases} \tag{3.33}$$

$$\begin{cases} x_\gamma = \begin{bmatrix} \varphi & \dot\varphi \end{bmatrix}^T \\ u_\gamma = M_\varphi \\ w_\varphi = a_y \\ \dot x_\varphi = A_\varphi x_\varphi + B_{1\varphi} w_\varphi + B_{2\varphi} u_\varphi \end{cases} \qquad (3.34)$$

因此,结构控制器增益矩阵式(3.29)被分解为:

$$K_{s1} = \begin{bmatrix} 0 & k_1 & -k_1 \end{bmatrix}$$
$$K_{s2} = \begin{bmatrix} k_2 & k_3 \end{bmatrix} \qquad (3.35)$$

求出以上状态空间方程、目标函数和控制器结构,K_{s1} 和 K_{s2} 分别用于使 J_{s1} 和 J_{s2} 最小化。K_{s1} 可看成横摆运动控制的比例控制器增益矩阵,K_{s2} 可看成是用于侧倾运动控制的比例-微分控制器增益矩阵。

图3.58为根据设计的LQ控制器绘制的Bode图。在这些图中,输入为转向角,输出为侧倾角、侧倾率、侧向加速度及横摆率误差。因为鱼钩工况的最大转向角221°的频率接近0.5Hz,故频率响应应该集中在0.5Hz附近。

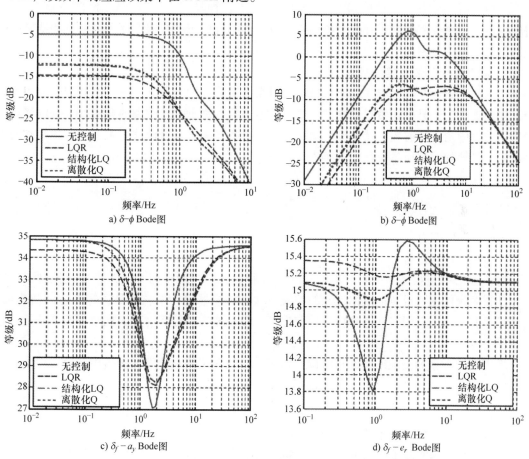

图3.58 转向输入到各输出的Bode图(有彩插)

如图3.58所示,结构化的LQR控制器和分离式的LQR控制器的性能几乎相同,这是由于被控车辆的横摆运动和侧倾运动之间不相关的原因。结果表明,该控制器可以根据不同的运动目标,分别设计横摆运动控制器和侧倾运动控制器,并可应用多种方法设计横摆运动控制器及侧倾运动控制器。

3.2.2 主动悬架防侧翻控制

主动悬架的概念由通用汽车公司 Labrosse 教授于 1954 年首次提出。由于主动悬架技术不仅能改善汽车乘坐舒适性,还能提高汽车行驶安全性,近年来已成为汽车悬架技术发展的研究热点。主动悬架技术根据所采用的作动器不同,分为液压主动悬架、滚珠丝杆主动悬架以及电控空气主动悬架。电控空气悬架采用传感器检测车速、节气门开度、方向盘转角及车身高度等,通过空气压力调节器实现车高调整及车身振动控制。

主动悬架控制系统设计以及其控制方法的研究,是主动悬架系统能否实现其功能的另一个关键技术环节,国内外对此开展了大量研究。目前,主动悬架控制算法研究大多采用 1/4 车二自由度模型、1/2 车四自由度模型,以及整车七自由度模型。其中,整车七自由度模型是车身姿态控制的完整动力学模型。在控制理论及控制算法研究方面,包括天棚阻尼控制[63]、最优控制[64]、模糊控制[65]、滑模控制[66]、神经网络控制[67]、鲁棒控制[68]、自适应控制、预测控制等,还有以上各种控制算法的综合应用。钱飙设计了一种主动悬架滑模控制方法,具体介绍如下:

1. 基于主动悬架滑模控制

考虑到所研究车辆为独立悬架,将车辆悬架系统看为四个独立系统,忽略其间的相互影响,建立 1/4 车辆悬架弹簧阻尼模型。当车辆遭遇路面激励时,较大的悬架处车身位移对应着较大的侧倾角,有着较大的侧翻风险。所以,选择悬架处车身位移为主动悬架防侧翻的被控对象,悬架处簧载质量位移的动态表达式可以写成:

$$\ddot{z}_{si} = \frac{1}{m_{si}}(F_i + F_{ui} - F_s) \tag{3.36}$$

式中 F_i——主动悬架控制力;

F_s——悬架力;

F_{ui}——外界扰动。

滑模变结构控制是一种通过不断判断系统所处状态与滑模面的误差来变化控制器的结构,使得系统依据所设置的规律运动的控制方法。控制器设计的核心是选择合适的滑模面,在满足控制系统在有限时间达到稳定的前提下,设计相应的控制力,实现减小簧载质量位移的控制目标。

考虑被控对象为簧载质量的垂向位移,相关参数为位移和速度,于是构造滑模面为:

$$s = c_1 e_1 + c_2 e_2 \\ e_1 = z_{si} - z_{sid}, e_2 = \dot{z}_{si} - \dot{z}_{sid} \tag{3.37}$$

式中 c_1 和 c_2——控制器的参数;

e_1——簧载质量的垂向位移与参考值之间的差;

e_2——簧载质量的垂向速度与参考值之间的差;

z_{sid}——簧载质量的垂向位移的期望值,设置为车辆静止时的稳态值;

$\dot{z}_{sid}$——簧载质量的垂向速度的期望值,设置为零。

根据李雅普诺夫理论，要在有限的时间内实现系统的稳定，滑模控制器的设计需要满足

$$s\dot{s} < 0 \tag{3.38}$$

将等式（3.37）求导并代入（3.36）。滑模面的导数可描述为

$$\dot{s} = c_1 \dot{z}_{si} + \frac{c_2}{m_{si}}(F_i + F_{ui} - F_s) \tag{3.39}$$

由于悬架力的具体数值难以准确获得，且整个系统中存在外界干扰，于是将悬架力以及外界扰动看成整个控制系统的输入扰动。输入扰动 d 定义为

$$d = \frac{(F_{ui} - F_s)c_2}{m_{si}} \tag{3.40}$$

滑模面的导数可以表示为

$$\dot{s} = c_1 \dot{z}_{si} + \frac{c_2}{m_{si}} F_i + d \tag{3.41}$$

观察式（3.41）可知，滑模面的导数可以看成由三部分构成的，第一部分可以通过传感器测量及计算得到；第二部分是输入控制力；第三部分是车辆的未知扰动，将通过构造相应扰动观测器进行估计。

根据对式（3.41）的分析，为了抵消已知项，且消除未知扰动的影响，构建主动悬架控制器控制力为：

$$F_i = -\frac{m_{si}(c_1 \dot{z}_{si} + \lambda s + \varepsilon sat(s) + \hat{d})}{c_2} \tag{3.42}$$

$\hat{d}$ 为对未知扰动的估计值，$sat(s)$ 是饱和度函数，表示为

$$sat(s) = \begin{cases} -1, & s \leq -\Lambda \\ s, & |s| < \Lambda \\ 1, & s \geq \Lambda \end{cases} \tag{3.43}$$

在式（3.43）中，参数 λ，ε 和 Λ 为正常数。λ 用来调节整个控制系统的稳定性，通过对 ε 不同数值的选择改变滑模面趋近速率。Λ 用于改变控制系统在滑模面切换时的抖振。

将式（3.42）代入式（3.41），将原式改写为：

$$\dot{s} = -\lambda s - \varepsilon sat(s) + d - \hat{d} \tag{3.44}$$

等式（3.44）中除了包含滑模面相关参数外，还包含扰动与其估计值的差值。如果所构建的扰动观测器能够准确估计车辆的外部扰动，即二者差值为零，可以很容易证明式（3.38）成立。实际扰动与估计扰动之间的误差定义为：

$$e_3 = d - \hat{d} \tag{3.45}$$

为了确保扰动观测器的误差能在有限的时间内趋于零，根据李雅普诺夫理论，误差 e_3 所需满足必要条件为：

$$e_3 \dot{e}_3 < 0 \tag{3.46}$$

根据文献[69]中的非线性扰动观测器设计，建立扰动观测器模型为：

$$\begin{aligned} \hat{d} &= f(t) + ks \\ e_3 &= d - (f(t) + ks) \end{aligned} \tag{3.47}$$

式中　$f(t)$——时间的函数；

　　　k——扰动观测器调节参数。

控制器设计的关键是找到 $f(t)$ 的表达式，使得误差 e_3 为零。

扰动观测器误差的导数可以表示为：

$$\dot{e}_3 = \dot{d} - (\dot{f}(t) + k\dot{s}) \tag{3.48}$$

将式 (3.44) 代入 (3.48)，$\dot{e}_3$ 可写为：

$$\dot{e}_3 = \dot{d} - [\dot{f}(t) + k(-\lambda s - \varepsilon sat(s) + e_3)] \tag{3.49}$$

通过观察式 (3.49)，将 $f(t)$ 的导数定义为：

$$\dot{f}(t) = k(\lambda s + \varepsilon sat(s)) \tag{3.50}$$

将式 (3.50) 代入等式 (3.41)，$\dot{e}_3$ 可重写为：

$$\dot{e}_3 = \dot{d} - ke_3 \tag{3.51}$$

式 (3.51) 两边乘以 e_3 得出：

$$e_3\dot{e}_3 = e_3\dot{d} - ke_3^2 \tag{3.52}$$

对式 (3.52) 进行分析可知，当系统扰动 d 的导数有界时，通过调整 k 的值可以使式 (3.46) 成立，使扰动观测器的观测值误差在有限时间内趋于零。

将等式 (3.50) 代入等式 (3.37)，扰动观测器可以表示为

$$\hat{d} = \int_0^t k[\lambda s + \varepsilon sat(s)]dt + ks \tag{3.53}$$

综合上述推导过程，带扰动观测器的滑模控制算法得到了严格的数学推导，通过调整控制器的参数，可以使该控制器能够实现对各种复杂系统的控制。本书的仿真过程中滑模主要参数如表 3.11 所示。

表 3.11 滑模参数表

参数	c_1	c_2	k	λ	ε	Λ
数值	0.5	0.1	100	50	1	0.001

主动悬架系统中滑模控制计算得到的控制力由电磁阀实现，为了消除电磁阀执行过程中时滞对系统响应的影响，设计结合 Smith 预估的 PID 控制系统对电磁阀进行控制，以保证悬架力的快速响应。

电磁阀控制系统中的时滞主要有传感器信号采集传输时滞、单片机数据处理时滞、作动器工作时滞等组成。时滞整体变化不大，研究中将其视为近似纯滞后环节。Smith 预估方法常被用来解决控制系统在的纯滞后环节，理论和实践都证明了其效果，但是其对模型的精度要求较高，且应对扰动的能力较差。随着对 Smith 预估控制的研究不断深入，以其为基础的改动被提出，改进型的算法抗干扰能力和适应性越来越强，控制的准确性和稳定性都得到了提高。

参考马征在 Smith 预估器上的改进，电磁阀控制器设计[70]如图 3.59 所示：

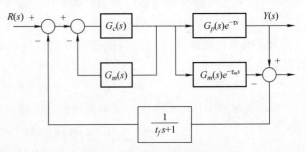

图 3.59 Smith 预估控制结构框图

式中 $G_c(s)$——主控制器，采用 PID 控制；
$G_m(s)$——预估模型；
$G_p(s)$——实际模型，仿真过程认为和估计模型相同；
t_f——调节参数。

$G_c(s)$ 具体结构写成：

$$G_c(s) = K_p \left(1 + \frac{1}{T_i s} + T_d s\right) \tag{3.54}$$

式中 K_p——比例系数；
T_i——积分时间常数；
T_d——微分时间常数。

整个闭环系统的传递函数可以写成：

$$\frac{Y(s)}{R(s)} = \frac{G_c(s)G_p(s)e^{-\tau s}}{1 + G_c(s)G_m(s) + G_c(s)(G_p(s)e^{-\tau s} - G_m(s)e^{-\tau_m s})\frac{1}{t_f s + 1}} \tag{3.55}$$

观察系统传递函数可知，当所建电磁阀模型与实际模型一致，即 $G_m(s) = G_p(s)$ 时，传递函数可以写成：

$$\frac{Y(s)}{R(s)} = \frac{G_c(s)G_p(s)e^{-\tau s}}{1 + G_c(s)G_m(s)} \tag{3.56}$$

此时，控制系统与理想情况下的 Smith 预估器相同，时滞项独立于控制量和被控对象之外。控制系统可以避免时滞对其影响，实现电磁阀的有效控制。当所建模型与实际模型存在误差时，即不能满足 $G_m(s) = G_p(s)$ 或者 $\tau_m = \tau$ 时，通过调整 t_f 的值，可以实现整个控制系统的稳定。

为了验证集成控制策略在非绊倒型工况下的控制效果，进行 J-turn 仿真试验。与无控制情况进行对比，仿真结果如图 3.60 所示。设置车辆仿真车速为 110km/h，方向盘转角 100°。

图 3.60 为非绊倒工况下（J-turn），采用主动悬架控制与无控制效果对比图。图 3.60a 为 J-turn 工况方向盘转角，图 3.60b~d 分别为不同控制器控制下车辆侧翻指标、质心侧偏角、横摆角速度对比图，图 3.60e 为控制后车辆轨迹对比，图 3.60f 为控制器输出悬架控制力对比图。由图 3.60b~d 可以看到，主动悬架控制可以在侧翻危险较大时，对系统加以控制，使横向载荷转移率、质心侧偏角、横摆角速度降低到安全的范围内，且主动悬架控制效果明显。由图 3.60e、f 可以看出，主动悬架控制输出的方向盘转角和驱动力变化要小于无控制，且对于车辆轨迹的影响更小。

2. 基于半主动悬架神经网络控制

半主动悬架技术由 Karnopp 等[71]于 20 世纪 70 年代提出，根据所采用的弹性元件或阻尼元件不同，将其分为磁流变悬架、空气悬架以及油气悬架等多种形式。半主动悬架由可调刚度弹簧或可调阻尼减振器构成，其工作原理是根据簧载质量加速度等反馈信号调节弹簧刚度或减振器阻尼，以达到良好的减振效果。半主动悬架在控制效果上接近主动悬架，且结构简单，能耗小，在智能悬架技术发展中具有广阔的应用前景。

BP 神经网络，BP 即 Back Propagation 的缩写，也就是反向传播的意思，一种按"误差

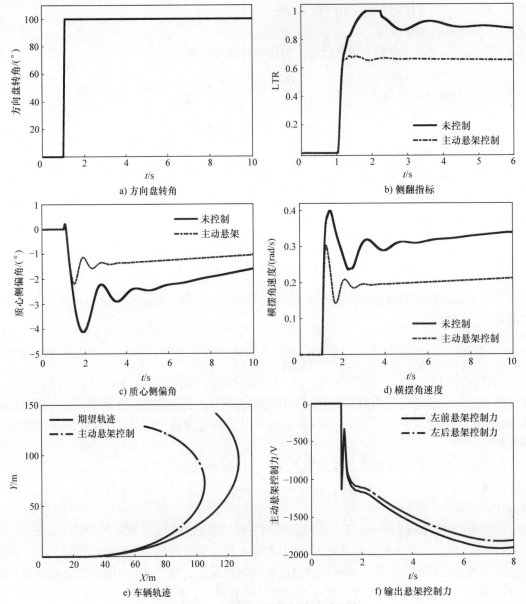

图 3.60 非绊倒工况控制效果对比图

逆传播算法"训练的多层前馈网络[72]。BP 神经网络具有任意复杂的模式分类能力和优良的多维函数映射能力,解决了简单感知器不能解决的异或(Exclusive OR,XOR)和一些其他问题。从结构上讲,BP 网络具有输入层、隐藏层和输出层;从本质上讲,BP 算法就是以网络误差平方为目标函数,采用梯度下降法来计算目标函数的最小值。

神经网络的基本组成单元是神经元。神经元的通用模型如图 3.61 所示,其中常用的激活函数有阈值函数、sigmoid 函数和双曲正切函数。

神经元的输出为:

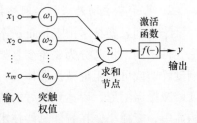

图 3.61 神经元模型

$$y = f(\sum_{i=1}^{m} w_i x_i) \qquad (3.57)$$

神经网络是将多个神经元按一定规则联结在一起而形成的网络,如图 3.62 所示。

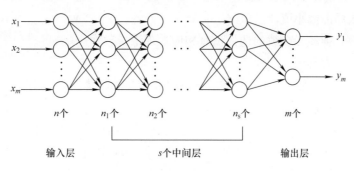

图 3.62　神经网络示意图

从图 3.62 可以看出,一个神经网络包括输入层、隐含层(中间层)和输出层。输入层神经元个数与输入数据的维数相同,输出层神经元个数与需要拟合的数据个数相同,隐含层神经元个数与层数就需要设计者自己根据一些规则和目标来设定。在深度学习出现之前,隐含层的层数通常为一层,即通常使用的神经网络是三层网络结构,如图 3.63 所示。

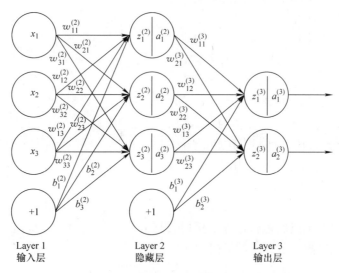

图 3.63　三层 BP 神经网络结构图

BP 神经网络的计算过程由正向计算过程和反向计算过程组成。正向传播过程,输入模式从输入层经隐单元层逐层处理,并转向输出层,每一层神经元的状态只影响下一层神经元的状态。如果在输出层不能得到期望的输出,则转入反向传播,将误差信号沿原来的连接通路返回,通过修改各神经元的权值,使得误差信号最小。

BP 神经网络无论在网络理论还是在性能方面均已比较成熟。它的突出优点就是具有很强的非线性映射能力和柔性的网络结构。网络的中间层数、各层的神经元个数可根据具体情况任意设定,并且随着结构的差异其性能也有所不同。但是,BP 神经网络也存在以下的一些主要缺陷。

1）学习速度慢，即使是一个简单的问题，一般也需要几百次甚至上千次的学习才能收敛。

2）容易陷入局部极小值。

3）网络层数、神经元个数的选择没有相应的理论指导。

4）网络推广能力有限。

对于上述问题，已经有了许多改进措施，研究最多的就是如何加速网络的收敛速度和尽量避免陷入局部极小值的问题。

在人工神经网络的实际应用中，绝大部分的神经网络模型都采用 BP 网络及其变化形式。它也是前向网络的核心部分，体现了人工神经网络的精华。

BP 网络主要用于以下四个方面：

1）函数逼近：用输入向量和相应的输出向量训练一个网络逼近一个函数。

2）模式识别：用一个待定的输出向量将它与输入向量联系起来。

3）分类：把输入向量所定义的合适方式进行分类。

4）数据压缩：减少输出向量维数以便于传输或存储。

近年来，采用神经网络的控制方法已日益引起人们的重视。神经网络具有自适应学习、并行分布处理和较强的鲁棒性、容错性等特点，故在汽车悬架振动控制中有着广泛的应用前景。

郑泉采用三层 BP 网络模型[73]，如图 3.64 所示。其中：I_1，I_2，$\cdots$，I_l 为输入层节点；H_1，H_2，$\cdots$，H_m 为隐层节点；O_1，O_2，$\cdots$，O_n 为输出层节点；W_{hi} 为输入层与隐层节点连接权重值；W_{oh} 为隐层与输出层节点连接权重值。

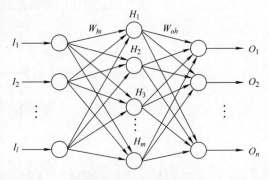

图 3.64　三层 BP 网络模型

由上述可知，BP 网络的运行过程由正向传播和反向传播组成。正向传播过程中，已知输入层向量 $I_i(t)$，则隐层节点 h 的输出 $H_h(t)$ 为：

$$H_h(t) = f[net_h(t)] = f\left[\sum_i W_{hi}I_i(t)\right] \tag{3.58}$$

输出层节点 O 的输出 $O_o(t)$ 为：

$$O_o(t) = f[net_o(t)] = f\left[\sum_h W_{oh}f\left[\sum_i W_{hi}I_i(t)\right]\right] \tag{3.59}$$

在反向传播过程中，将误差信号沿原来的连接通路返回，通过修改各层神经元的权值，使得误差最小。误差函数可使用平方型误差函数，即：

$$E(O) = \frac{1}{2}\sum_o [I_i(t) - O_o(t)]^2 \tag{3.60}$$

对于隐层到输出层的连接，权值 W_{oh} 向 $E(O)$ 减小的方向变化，即：

$$W_{oh}(t + \Delta t) = W_{oh}(t) + \Delta W_{oh} \tag{3.61}$$

$$\Delta W_{oh} = -Z\frac{\partial E(O)}{\partial W_{oh}} = -Z\sum_h W_o(t)H_h(t) \tag{3.62}$$

$$W_o(t) = \frac{\mathrm{d}f(net_o)}{\mathrm{d}net_o}[I_i(t) - O_o(t)] \tag{3.63}$$

式中 Z——学习率。

同理,对于输入层到隐层的连接,权值 W_{hi} 的变化为:

$$\Delta W_{hi} = -Z\frac{\partial E(O)}{\partial W_{hi}} = -Z\sum_h W_h(t)I_i(t) \tag{3.64}$$

$$W_h(t) = \frac{\mathrm{d}f(net_h)}{\mathrm{d}net_h}\sum_o W_{oh}W_o(t) \tag{3.65}$$

通过不断地应用以上的这种微分过程,使误差反向传播,从而使权值不断地进行调整,直到输入和输出达到理想的对应关系。

利用遗传算法神经网络控制系统对半主动悬架的控制包括两部分:①通过遗传算法计算控制力。②对神经网络的权值进行训练。

遗传算法—神经网络控制策略为:

1) 将神经网络的权值赋初值,遗传算法控制器计算控制量 $U(k)$,即悬架控制力。

2) 将控制力作用于悬架系统,测出系统的响应 $y_s(k+1)$,分别将 $U(k)$ 和路面速度激励信号 $w(k)$,即白噪声信号 $w(k)$ 输入神经网络,通过网络计算输出。

3) 网络误差函数即:

$$E_e(k+1) = \frac{1}{2}\sum_i [y^i(k+1) - y_s^i(k+1)]^2 \tag{3.66}$$

式中 i——输出向量中的元素。

控制目标函数取为:

$$J(t) = \sum_i y_i^2(t) \tag{3.67}$$

用遗传算法神经网络控制系统在线控制的具体方法如下。

从第一采样时刻开始,采集路面输入信号,计算控制力实施控制的步骤:

1) 遗传算法控制器随机产生一组字符串构成染色体群,每一字符串表示一种控制方案。

2) 将字符串译码成各个控制力向量,神经网络正向传播根据式(3.58)、式(3.59)计算系统响应,根据式(3.67)计算目标函数值,并取适应度函数为 $f(k) = 1/J(k)$。

3) 应用选择、交叉、变异算子对染色体群体依次操作。

4) 判断适应度值是否满足精度要求,或者迭代次数是否等于最大迭代次数,若不满足,则重复第2)、3)步,若满足则进行下一步。

5) 选择群体中适应度值最好的一组控制力施加于系统。

6) 行下一时刻的计算,$k = k + 1$ 重复步骤1) ~5)。

选取四自由度1/2汽车半主动悬架非线性系统模型参数,如表1.1所示。

通过 Matlab/Simulink 进行仿真,以所建立的汽车半主动悬架非线性系统为控制对象,应用遗传算法—神经网络的控制策略进行仿真计算。一般情况下汽车的路面速度激励为一限带白噪声过程,可以通过选取不同的路面等级和车速来确定。设汽车以 $v = 20\text{m/s}$ 的速度在 C 级道路上匀速行驶,其路面不平度系数 $G_q(n_0) = 256 \times 10^{-6}\text{m}^2/\text{m}^{-1}$,得到路面随机激励信号的均方根值为 $e = 0.317\text{m/s}$。

图 3.65 所示为随机路面速度激励信号,图 3.66 所示为被动悬架系统的垂直振动加速度响应曲线,图 3.67 所示为应用遗传算法—神经网络控制的半主动悬架垂直振动加速度响应曲线,图 3.68 所示为半主动悬架系统的控制输入曲线。由图 3.67～图 3.70 可见,应用遗传算法－神经网络控制的半主动悬架,可以很好地改善汽车的行驶平顺性,且控制力变化平缓。

图 3.67、图 3.68 表明了被动悬架和半主动悬架的加速度功率谱密度。由图 3.69、图 3.70 可见,半主动悬架的性能明显优于被动悬架,尤其在车身的共振峰(1～3Hz)及车轮的共振峰(10～13Hz)范围内,减振效果明显。

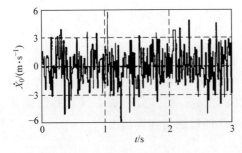

图 3.65 路面速度激励信号

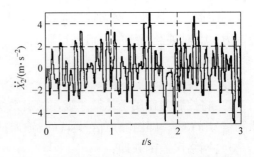

图 3.66 被动悬架系统垂直振动加速度响应

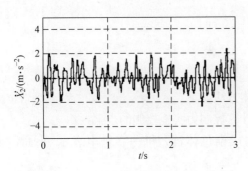

图 3.67 半主动悬架垂直振动加速度响应

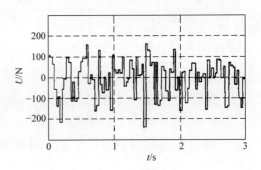

图 3.68 半主动悬架控制力

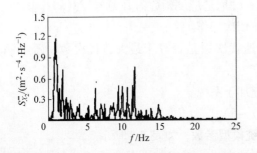

图 3.69 被动悬架加速度功率谱

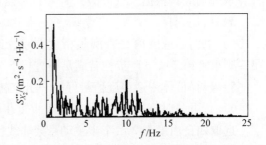

图 3.70 半主动悬架加速度功率谱

3.2.3 主动转向防侧翻控制

主动转向控制方法的基本原理是通过感知汽车运行过程中的状态参数,通过状态反馈,由控制器决策出一个补偿的前轮转角,直接叠加到驾驶员输出的转向指令上,从而降低了由于前轮转角过大引起汽车侧翻的危险[74]。

1. 模型预测控制

模型预测控制(Model Prediction Control,MPC)方法具有控制效果好、鲁棒性强、对模型精度要求低的特点,并且可有效控制复杂过程[75]。因此,研究者们设计了模型预测控制方法来防止车辆发生侧翻。

MPC 的机理可以描述为:在每一个采样时刻,根据获得的当前测量信息,在线求解一个有限时间开环优化问题,并将得到的控制序列的第一个元素作用于被控对象。在下一个采样时刻,重复上述过程:用新的测量值作为此时预测系统未来动态的初始条件,刷新优化问题并重新求解。

MPC 算法包括三个步骤:
1) 预测系统未来动态。
2) (数值)求解开环优化问题。
3) 将优化解的第一个元素(或者说第一部分)作用于系统。

这三步在每个采样时刻重复进行,且无论采用什么样的模型,每个采样时刻得到的测量值都作为当前时刻预测系统未来动态的初始条件。由此可见,MPC 是一种更为复杂的控制器,它非常依赖于数学优化。

模型预测控制由 MPC 控制器、被控对象和状态求解器三个模块组成。如图 3.71 所示,MPC 控制器负责将预测模型、目标函数和约束条件相结合以得到优化解,得到当前时刻的最优控制序列 $u^*(t)$,然后将 $u^*(t)$ 发送给被控对象。之后,将当前收集的一些状态值 $x(t)$ 发送给状态求解器。状态求解器通过求解或估计来计算无法通过当前状态值直接获得的状态量 $\hat{x}(t)$,接着将 $\hat{x}(t)$ 发送给 MPC 控制器,再次得到最优解,并获得下一步控制序列,MPC 的控制过程是通过往复计算而形成的。

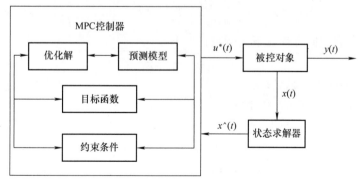

图 3.71 模型预测控制(MPC)功能框图

2. 基于主动转向 MPC 控制

基于模型预测控制方法,提出了基于主动转向的车辆侧翻控制策略[76],如图 3.72 所示。

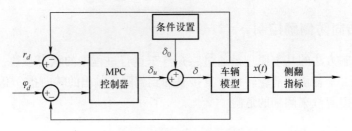

图 3.72 基于主动转向的模型预测控制（MPC）策略

实际的前轮转向角 δ 通过前轮转向角 δ_0 在转向条件下的积累，以及 MPC 控制器输出的前轮转角控制量 δ_u 来获得。控制器通过实际侧倾角 φ 与期望侧倾角 φ_d 的差值，以及实际横摆率 r 与期望横摆率 r_d 的差值，来计算前轮转角的控制量。$x(t)$ 为用来计算侧翻指标的车辆状态。期望侧倾角 $\varphi_d = 0$，期望横摆角速度由线性二自由度模型获得，即：

$$r_d = \frac{u\delta}{L(1+K_e u^2)} \tag{3.68}$$

式中　K_e——横摆角速度增益。

MPC 控制器使用以下目标函数：

$$J = \sum_{j=1}^{P_h} \|y_s(k+j) - y_d(k+j)\|_Q^2 + \sum_{j=1}^{C_h} \|\Delta U(k+j)\|_R^2 \tag{3.69}$$

式中　P_h——预测时域；

　　　C_h——控制时域；

　　　Q——输出状态加权系数；

　　　R——控制权重系数；

　　　y_s——输出状态；

　　　y_d——期望输出；

　　　ΔU——控制增量。

且有：

$$y_s(k+j) = \begin{bmatrix} \varphi(k+j) \\ r(k+j) \end{bmatrix}, y_d(k+j) = \begin{bmatrix} 0 \\ r_d(k+j) \end{bmatrix} \tag{3.70}$$

预测模型的状态空间方程如下式所示：

$$\dot{x} = Ax + B\delta_u \tag{3.71}$$

式中　x——车辆的侧翻状态量；

　　　A 和 B——分别为状态空间方程矩阵。

该模型为离散化模型，根据一阶微分系数法，该模型可离散化为离散状态空间方程：

$$\begin{cases} x(k+1) = A_k x(k) + B_k \delta_u(k) \\ y_s(k) = C_k x(k) \end{cases} \tag{3.72}$$

其中：

$$\begin{cases} A_k = E + t_s A \\ B_k = t_s B \end{cases} \tag{3.73}$$

式（3.72）和式（3.73）中，E 为与 A 维数相同的单位矩阵，C_k 是状态空间方程的输出方程中的系数矩阵，t_s 是离散采样时间，且 $t_s = 0.001$。

目标函数需要计算未来时间的状态输出：

$$\chi(k) = \begin{bmatrix} x(k) \\ \delta_u(k) \end{bmatrix} \tag{3.74}$$

因此，预测的状态空间方程可以转化为：

$$\begin{cases} \chi(k+1) = \hat{A}_k \chi(k) + \hat{B}_k \Delta \delta_u(k) \\ y_s(k) = \hat{C}_k \chi(k) \end{cases} \tag{3.75}$$

其中：

$$\hat{A}_k = \begin{bmatrix} A_k & B_k \\ 0_{1 \times 8} & 1 \end{bmatrix}, \hat{B}_k = \begin{bmatrix} B_k \\ 1 \end{bmatrix}, \hat{C}_k = \begin{bmatrix} C_k & 0 \end{bmatrix} \tag{3.76}$$

故，输出预测方程为：

$$Y_s(k) = \psi_k \chi(k) + \theta_k \Delta \delta_u(k) \tag{3.77}$$

其中：

$$Y_s(k) = \begin{bmatrix} y_s(k+1) \\ y_s(k+2) \\ \cdots \\ y_s(k+C_h) \\ \cdots \\ y_s(k+P_h) \end{bmatrix}, \psi(k) = \begin{bmatrix} \hat{C}_k \hat{A}_k \\ \hat{C}_k \hat{A}_k^2 \\ \cdots \\ \hat{C}_k \hat{A}_k^{C_h} \\ \cdots \\ \hat{C}_k \hat{A}_k^{P_h} \end{bmatrix}$$

$$\Theta(k) = \begin{bmatrix} \hat{C}_k \hat{B}_k & 0 & 0 & 0 \\ \hat{C}_k \hat{A}_k \hat{B}_k & \hat{C}_k \hat{B}_k & 0 & 0 \\ \cdots & \cdots & \ddots & \cdots \\ \hat{C}_k \hat{A}_k^{C_h-1} \hat{B}_k & \hat{C}_k \hat{A}_k^{C_h-2} \hat{B}_k & \cdots & \hat{C}_k \hat{B}_k \\ \hat{C}_k \hat{A}_k^{C_h} \hat{B}_k & \hat{C}_k \hat{A}_k^{C_h-1} \hat{B}_k & \cdots & \hat{C}_k \hat{A}_k \hat{B}_k \\ \vdots & \vdots & \ddots & \vdots \\ \hat{C}_k \hat{A}_k^{P_h-1} \hat{B}_k & \hat{C}_k \hat{A}_k^{P_h-2} \hat{B}_k & \cdots & \hat{C}_k \hat{A}_k^{P_h-C_h} \hat{B}_k \end{bmatrix}$$

$$\Delta U(k) = \begin{bmatrix} \Delta \delta_u(k) \\ \Delta \delta_u(k+1) \\ \cdots \\ \Delta \delta_u(k+C_h) \end{bmatrix}$$

由于车辆模型是实时变化的，为了保证目标函数在任何时刻都能得到可行解，故在优化目标中添加松弛因子：

$$J(\chi(k), \delta_u(k-1), \Delta U(k)) = \sum_{j=1}^{P_h} \| y_s(k+j) - y_d(k+j) \|_Q^2 + \sum_{j=1}^{C_h} \| \Delta U(k+j) \|_R^2 + \rho \varepsilon_1^2 \tag{3.78}$$

式中 ρ——权重系数；

ε_1——松弛因子。

由于车辆的转向角有限,故在设计控制器时必须考虑物理约束,因此,控制转角数量应满足如下约束:

$$\delta_{umin}(k+j) \leq \delta_u(k+j) \leq \delta_{umax}(k+j), j=0,1,\cdots,C_h-1 \quad (3.79)$$

由于:

$$\delta_u(k+j) = \delta_u(k+j-1) + \Delta\delta_u(k+j) \quad (3.80)$$

假设:

$$U_k = 1_{C_h} \otimes \delta_u(k-1) \quad (3.81)$$

$$A_{C_h \times C_h} = \begin{bmatrix} 1 & 0 & \cdots & 0 \\ 1 & 1 & 0 & \vdots \\ \vdots & 1 & \ddots & 0 \\ 1 & \cdots & 1 & 1 \end{bmatrix} \otimes E_1 \quad (3.82)$$

在方程(3.82)中,C_h 是有 C_h 行的列向量,E_1 为维数为 1 的单位矩阵,$\otimes$ 表示 Kronnecker 积,$\delta_u(k-1)$ 表示最后时刻的实际控制输出。

根据式(3.80)和式(3.81),可将式(3.79)转换为:

$$U_{min} \leq A_{C_h \times C_h} \Delta U_k + U_k \leq U_{max} \quad (3.83)$$

式中 U_{min} 和 U_{max} ——分别为时域控制的最大值和最小值的集合。

将式(3.78)代入目标函数式(3.83)即可得到最终目标函数,目标函数被简化为标准二次型:

$$J(\chi(k), \delta_u(k-1), \Delta U(k)) = [\Delta U(k)^T, \varepsilon]^T H_k [\Delta U(k)^T, \varepsilon] + G_t [\Delta U(k)^T, \varepsilon] + P_t$$

$$H_k = \begin{bmatrix} \Theta_k^T Q \Theta_k + R & 0 \\ 0_Q & \rho \end{bmatrix}, G_k = [2E(k)Q\Theta_k \quad 0_Q], P_k = E(k)^T Q E(k) \quad (3.84)$$

式中 0_Q ——与 Q 矩阵维数相同的零矩阵;

$E(k)$ ——预测层的轨迹误差且可表示为:

$$E(k) = \psi(k)\chi(k) - Y_{ref}(k), Y_{ref}(k) = [y_{ref}(k+1), y_{ref}(k+2), \cdots, y_{ref}(k+P_h)]^T$$
$$(3.85)$$

式中 $y_{ref}(k)$ ——参考输出量。

结合约束条件式(3.79),求解式(3.85)可得到控制时域的控制增量序列:

$$\Delta U_k^* = [\Delta(\delta_u)_k^* \quad \Delta(\delta_u)_{k+1}^* \quad \cdots \quad \Delta(\delta_u)_{k+C_h-1}^*]^T \quad (3.86)$$

控制增量序列中的第一个元素作为控制系统的实际控制增量:

$$\delta_u(k) = \delta_u(k-1) + \Delta(\delta_u)_k^* \quad (3.87)$$

在接下来的控制循环中,上述方案的连续循环可以实现侧翻控制。

控制输出量为[-24,24],经过调试,对 MPC 控制器的参数进行评估,预测时域 $P_h = 35$,控制时域 $C_h = 5$,权重系数 $\rho = 10$,松弛因子 $\varepsilon_1 = 10$,输出状态系数 $Q = [Q_1 \ 0_{8 \times 27}]$,控制权重系数 $R = r1[1 \ 0_{1 \times 4}]$,其中:

$$Q_1 = \begin{bmatrix} Q_q & \cdots & 0_{2 \times 2} \\ \vdots & \ddots & \vdots \\ 0_{2 \times 2} & \cdots & Q_q \end{bmatrix}, Q_q = \begin{bmatrix} 3.33 & 0 \\ 0 & 5 \end{bmatrix}, r_1 = 0.3$$

鱼钩工况下,有两个阶段容易发生侧翻。因此,分析该工况下多目标 MPC 控制的控制效果是非常有必要的。初始速度为 85km/h,最大前轮角输入为 6°,多目标 MPC 控制与 PID 控制的控制效果对比结果如图 3.73 所示。

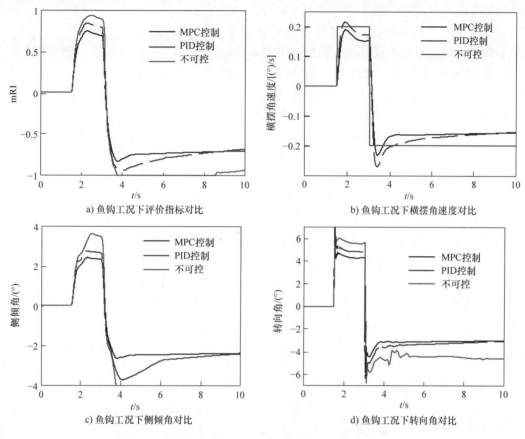

图 3.73 鱼钩工况下 MPC 与 PID 控制效果对比(有彩插)

图 3.73a~d 分别为鱼钩工况下无控制、MPC 与 PID 控制的评价指标,横摆角速度、侧倾角以及转向角的控制效果对比。如图 3.73a 所示,无控制情况下,车辆在第 4s 发生侧翻,MPC 和 PID 控制都能防止侧翻。显然,MPC 控制的评价指标值更小;在图 3.73b 中,可看出 MPC 控制的横摆角速度与期望值更一致,MPC 控制可以在保证控制效果的同时,遵循驾驶员的转向意图;图 3.73c 表明无控制情况下侧倾角接近 4°,这是非常危险的。MPC 控制将其限制在比 PID 控制小 2°的范围内。

3.2.4 主动制动防侧翻控制

主动制动控制是指在汽车运动过程中,给各个车轮单独施加制动力,以改变车辆的运动姿态,保持车辆稳定性和路径跟踪能力,并防止汽车侧翻的一种控制方法[77,78]。图 3.74 为各个车轮上作用制动力时所产生的横摆力偶矩,从图 3.74 中可以看出,在不同车轮上逐渐增加制动力,对汽车横摆力偶矩的影响程度不同。其中,前外轮和后内轮在制动力逐渐增加时,对横摆力偶矩的影响最大。作用在前外轮的制动力产生一个向外侧的附加横摆力偶矩,使汽车趋于不足转向;而作用在后内轮的制动力则会产生一个向内侧的附加横摆力偶矩,使汽车趋于过度转向。

差动制动装置的原理就是通过传感器检测车辆各个行驶工况的状态量，根据各个状态值的大小触发不同稳定性控制系统的启动，产生不同的横摆力矩控制效果。同时，为了获得较大的纵向附着系数，并防止制动时车轮抱死导致车辆发生侧滑，通过 ABS 调节制动轮缸的制动压力，将车轮滑移率控制在最佳范围内，以获得最大纵向制动力和足够的侧偏力。

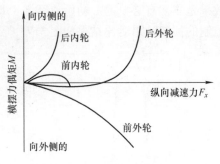

图 3.74 各个车轮上作用制动力时所产生的横摆力偶矩

1. H_∞ 控制

H_∞ 控制理论是 20 世纪 80 年代开始兴起的一门新的现代控制理论，是目前解决鲁棒性问题最成功的理论体系。H_∞ 控制理论是为了改变近代控制理论过于数学化的倾向，以适应工程的实际需要而诞生的，它的设计思想是对系统的频域特性进行整形（Loopshaping），而这种通过调整系统频率域特性来获得预期特性的方法，正是工程技术人员所熟悉的技术手段，也是经典控制理论的根本。

1981 年，Zames 首次用明确的数学语言描述了 H_∞ 优化控制理论[79]，他提出用传递函数阵的 H_∞ 范数来记述优化指标。1984 年加拿大学者 Fracis 和 Zames 用古典的函数插值理论提出了 H_∞ 设计问题的最初解法[80]，同时基于算子理论等现代数学工具，这种解法很快被推广到一般的多变量系统，而英国学者 Glover 则将 H_∞ 设计问题归纳为函数逼近问题[81]，并用 Hankel 算子理论给出这个问题的解析解。Glover 的解法被 Doyle 在状态空间上进行了整理，并归纳为 H_∞ 控制问题。至此，H_∞ 控制理论体系已初步形成。在这一阶段提出了 H_∞ 设计问题的解法，所用的数学工具非常繁琐，并不像问题本身那样具有明确的工程意义。直到 1988 年 Doyle 等[82]在全美控制年会上发表了著名的 DGKF 论文，证明了 H_∞ 设计问题的解可以通过适当的代数 Riccati 方程得到。DGKF 的论文标志着 H_∞ 控制理论的成熟。迄今为止，H_∞ 设计方法主要是 DGKF 等人的解法。不仅如此，这些设计理论的开发者还同美国的 The Math Works 公司合作，开发了 MATLAB 中鲁棒控制软件工具箱（Robust Control Toolbox），使 H_∞ 控制理论真正成为实用的工程设计理论。

2. 基于主动制动的 H_∞ 控制

为了解决由于复杂路况、乘客数量变化等外部干扰因素导致的车辆侧翻问题，利用 H_∞ 控制对模型的不确定性和外部干扰提供鲁棒性。Jin 等[34]设计了基于差动制动的 H_∞ 控制器，以防止车辆侧翻，并通过遗传算法进行了优化。

如图 3.75 所示，e_R 为侧翻指标误差，r_{in} 为侧翻指标的参考输入，z_1、z_2、z_3 为取决于外部输入的评价输出，G_s 为传递函数，K_c 是 H_∞ 控制器的传递函数，w_d 是系统输入，RI 为侧翻指标，M_B 为修正横摆力矩。

为了制定 H_∞ 控制器的标准结构，定义了权函数 W_1、W_2 和 W_3 来表征性能目标和执行器的限制条件。

W_1 对侧翻指标错误信号进行加权，控制系统能够调节外界干扰的影响，是制约防侧翻控制系统鲁棒性的一个重要因素；W_2 对横摆力矩信号进行加权，是制约由差分制动导致的反横摆力矩振幅的一个重要因素；W_3 对侧翻评价信号进行加权，这是制约防侧翻控制系统

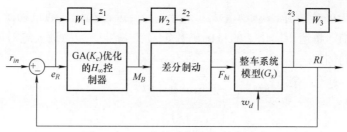

图 3.75 H_∞ 车辆防侧翻控制器框图

稳定性的一个重要因素,它还限制了横摆率和车辆侧向速度的演化。

根据 H_∞ 鲁棒控制理论,如果 $w_d = 0$,则从输入到输出的部分传递函数可以定义为:

$$G_1 \stackrel{def}{=} \frac{e(s)}{r_{in}(s)} = (I + G_s K_c)^{-1} \quad (3.88)$$

$$G_2 \stackrel{def}{=} \frac{M_B(s)}{r_{in}(s)} = K_c (I + G_s K_c)^{-1} \quad (3.89)$$

$$G_3 \stackrel{def}{=} \frac{RI(s)}{r_{in}(s)} = G_s K_c (I + G_s K_c)^{-1} \quad (3.90)$$

式中 G_1——灵敏度函数;

G_3——互补灵敏度函数。

即得加权复合灵敏度函数:

$$\begin{bmatrix} W_1 e \\ W_2 M_B \\ W_3 RI \\ e \end{bmatrix} = \begin{bmatrix} W_1 & -W_1 G_s \\ 0 & W_2 \\ 0 & W_3 G_s \\ I & -G_s \end{bmatrix} \begin{bmatrix} r_{in} \\ M_B \end{bmatrix} \quad (3.91)$$

在混合灵敏度问题中应用最小增益定理,其目标是找到一个合理的函数控制器,使防侧翻闭环系统稳定满足以下不等式:

$$\left\| \begin{matrix} W_1 G_1 \\ W_2 G_2 \\ W_3 G_3 \end{matrix} \right\|_\infty < 1 \quad (3.92)$$

权重函数 W_1、W_2 和 W_3 为调优参数,为了获得一个好的控制器,通常需要一些迭代来获得权重。为了获得好的鲁棒性裕度和小的轨迹误差,选择 W_1、W_2 和 W_3 为:

$$W_1 = \frac{k_1 s + k_2}{k_3 s + 1}$$

$$W_2 = k_4 \quad (3.93)$$

$$W_3 = \frac{k_5 s + k_6}{k_7 s + 1}$$

研究者们提出了多种选择权重的方法,在这些设计方法中,大多采用试错法。H_∞ 控制器使用环成型技术来合成。但是,这种合成方法有一个缺点,就是在稳定控制器中试错过程可能无法结束。因此,这里采用遗传算法来选择最优权函数,利用遗传算法进行 H_∞ 控制器规划的流程图,如图 3.26 所示。

利用遗传算法对参数 k_1、k_2、k_3、k_4、k_5、k_6、k_7 进行优化，通过动态车辆侧翻模型可以限制其变化范围。将遗传优化 J 的目标函数定义为侧翻指标的最大绝对值，适应函数 S_H 定义为目标函数的倒数。

$$\begin{cases} J \stackrel{def}{=} \max(|RI|) \\ S_H \stackrel{def}{=} 1/J \end{cases} \tag{3.94}$$

为了满足 H_∞ 控制器的防侧翻要求，应满足以下限制条件：

$$\overline{\sigma}[W_1^{-1}(j\omega)] + \overline{\sigma}[W_3^{-1}(j\omega)] \geq 1 \tag{3.95}$$

利用图 3.76 所示的优化算法可以得到最优解，结果表明：$k_1 = 0.5$，$k_2 = 2$，$k_3 = 1$，$k_4 = 1e-5$，$k_5 = 0.01$，$k_6 = 1e-5$，$k_7 = 1$。

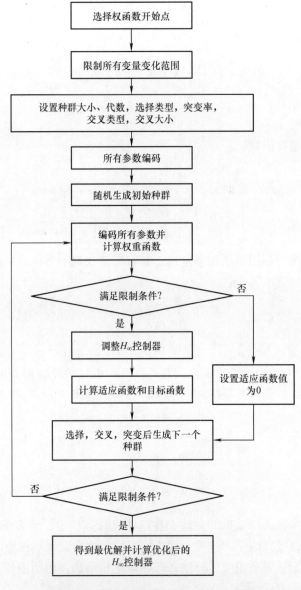

图 3.76　H_∞ 控制器遗传算法编程流程图

基于某大型乘用车参数，优化的 H_∞ 控制器可以推导出方程（3.96）：

$$K_c = \frac{\left\{\begin{array}{l} 1.665e4s^{11} + 1.524e6s^{10} + 1.404e8s^9 + 5.811e9s^8 + 2.262e11s^7 + 3.79e12s^6 \\ + 6.125e13s^5 + 5.565e14s^4 + 4.502e15s^3 + 2.214e16s^2 + 6.327e16s + 4.511e16 \end{array}\right\}}{\left\{\begin{array}{l} s^{11} + 101.7s^{10} + 9172s^9 + 4.195e5s^8 + 1.569e7s^7 + 3.149e8s^6 + 3.965e9s^5 \\ + 5.021e10s^4 + 2.842e11s^3 + 2.208e12s^2 + 3.754e12s + 1.784e12 \end{array}\right\}}$$

(3.96)

优化后的解和控制器随着参数的变化而变化，可以离线计算不同参数的增益，并使用查表法来选择不同的参数。为了尽量减少干扰对输出的影响，灵敏度函数和互补灵敏度函数应适当做简化处理。此外，系统必须具备足够的鲁棒性，以提供良好的性能和抵抗不确定性的稳定性。因此，应满足以下约束条件：

$$\begin{cases} \overline{\sigma}[G_1(j\omega)] < \overline{\sigma}[W_1^{-1}(j\omega)] \\ \overline{\sigma}[G_3(j\omega)] < \overline{\sigma}[W_3^{-1}(j\omega)] \end{cases}$$

(3.97)

以上为基于奇异值的限制条件，奇异值可以很好地测量系统的鲁棒性。图 3.77 给出了 H_∞ 控制系统的奇异值图，图中给出了灵敏度函数的幅值与频率的关系，互补灵敏度函数，性能权重函数 W_1 及鲁棒性权函数 W_3。如图 3.77 所示，在低频时，灵敏度函数的幅值较小；灵敏度函数的奇异值曲线，低于性能权重函数的奇异值曲线；互补灵敏度函数的奇异值曲线，低于鲁棒性权函数的奇异值曲线。因此，优化后的 H_∞ 控制器工作在稳定的环境中，并为车辆侧翻系统提供了良好的控制。

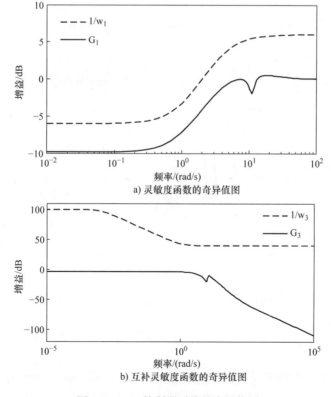

a) 灵敏度函数的奇异值图

b) 互补灵敏度函数的奇异值图

图 3.77 H_∞ 控制器系统的奇异值图

用该控制器模拟了两种典型工况下车辆的非绊侧翻稳定性:鱼钩工况和双移线工况。图3.78对比了鱼钩工况下不同控制策略的车辆新的侧翻评价指标,包括无控制、传统比例积微分(PID)控制方法和优化H_∞控制方法。传统的PID控制器采用临界比例法进行调试,并且设置K_p为5000,K_i为20,K_d为500。

如图3.78所示,没有额外制动力的情况下,侧翻评价指标的绝对值在2.57s时大于1,即车辆发生了侧翻。而采用传统的PID控制方法或优化后的H_∞控制方法,通过对各轮制动力采取差动制动的措施,可以有效防止侧翻。而且,采用优化后的H_∞控制方法比传统PID控制方法的侧翻评价指标绝对值的最大值更小,且变化更为平滑。

图3.79所示为双移线工况下的仿真结果,从中可得出与鱼钩工况下类似的结论。因此,该侧翻控制系统对不同的非绊倒型侧翻情况,均具有良好的鲁棒性。

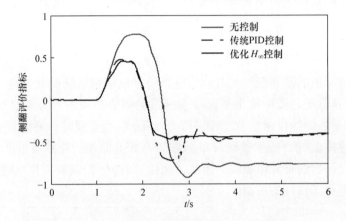

图3.78 鱼钩工况下的侧翻评价指标(有彩插)

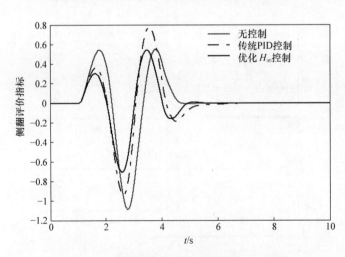

图3.79 双移线工况下的侧翻评价指标(有彩插)

为说明车辆在颠簸路面上行驶时防侧翻控制系统的性能,这里选取了以下两种侧翻情况:

情况一:在绊倒型侧翻情况下,车辆侧翻是由于外部道路输入导致的,例如当车辆在直线道路上行驶时,右轮下出现未知的路面凸起。凸起的最大高度为0.15m,车速为

100km/h；

情况二：在这种情况下，结合非绊倒型侧翻与由未知路面凸起导致的绊倒型侧翻。前轮转向角 δ 为 2°，路面凸起的最大高度为 0.15m。

如图 3.80 所示，对于没有控制器的车辆，侧翻指标绝对值的最大值大于 1。因此，当车辆在直线道路上行驶时，或者在没有控制的情况下转向遇到未知凸起时，车辆就会翻车。然而，采用传统的 PID 控制方法或优化后的 H_∞ 控制方法，可以有效防止侧翻。而且，在绊倒型侧翻中，采用优化后的 H_∞ 控制方法，比传统 PID 控制方法的侧翻评价指标绝对值的最大值更小，且变化更为平滑。因此，优化后的 H_∞ 控制器能有效阻止车辆发生绊倒型侧翻。

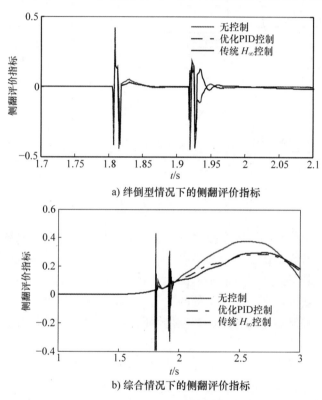

a) 绊倒型情况下的侧翻评价指标

b) 综合情况下的侧翻评价指标

图 3.80　不同情况下的侧翻评价指标对比（有彩插）

3.2.5　集成线控底盘防侧翻控制

汽车底盘系统是由多个子系统构成的大系统，主要包括与行驶平顺性有关的悬架系统、与操纵稳定性有关的转向系统，以及与行驶安全性有关的制动系统[83]。早期，对这些系统进行控制研究时，人们习惯把它们分割开来，即对这些系统建立独立的、互不干扰的动力学系统模型进行研究。但是，在汽车的实际行驶过程中，这些子系统之间是存在相互联系、相互影响的。比如转向过程中，路面在给车辆提供侧向力的同时，也通过悬架给车辆提供垂直输入干扰，悬架的作用除支撑车辆、隔离路面干扰外，还将控制转向时的车身姿态，并传递来自轮胎的力制动工况下，路面在给车辆提供纵向附着力的同时，也给悬架提供垂直输入干扰，即垂直方向和纵向的运动是相互联系的，由路面不平引起的车身俯仰，同时也可由制动方面引起。因此，若把具有相互关系、相互影响的子系统进行单独控制研究，虽然能取得不错的控制效果，但与实际的控制系统有较大的偏差，同时还可能对其他的耦合子系统产生不利的影响。由此看来，以往针对汽车底盘中某个子系统的控制研究，已不能满足人们对车辆整体性能更高的需求。因此，底盘技术已经成为当今国际汽车研究领域的热点问题。

一般来说，汽车主动底盘控制技术需要控制汽车在三维空间里的六种运动，包括纵向、侧向、垂向以及侧倾、横摆和俯仰，以改善汽车的操纵稳定性、平顺性以及动力性和制动性，主动底盘控制系统[84]如图3.81所示。

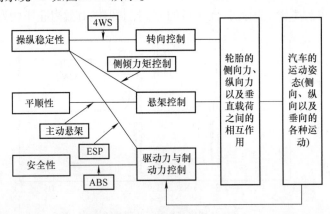

图3.81　主动底盘控制系统

车辆侧翻事故作为典型的车辆事故之一，它的发生与各个底盘子系统之间密切相关。目前针对车辆所进行的研究工作，大部分集中于借助单一或者部分子系统的协同控制，来降低车辆的车翻风险，这就导致所降低的车辆侧翻风险局限于特定工况。而如果从底盘子系统集成的角度出发来进行研究，那么车辆侧翻的主动控制策略则可以推广到复杂多变的道路条件和极限操纵工况中，控制策略的鲁棒性和泛化性也得到了进一步的提升。

1. 底盘集成控制结构

汽车底盘集成控制通常分为分散式控制结构，集中式控制结构和分层式控制结构。目前的车辆集成控制研究主要是分层式结构来实现车辆的底盘控制，本节中也将着重介绍分层集成控制方法。

在分散式控制结构中[85]，每个子系统都有其自己的独立控制器和控制目标，根据这些控制目标单独对特定的执行器进行控制，如图3.82所示。不同控制回路之间的交互仅限于从通信总线获得的共享信息。早期的机箱控制集成中使用了这种控制体系结构。在此方案中，集成取决于原始开发厂商（Original Equipment Manufacturer，OEM），而供应商则提供其系统互联选项。

在集中式控制结构中，主要目标在于将控制信号直接发送到子系统执行器的单个主控制器，如图3.83所示。这种信息流增加了中央处理器ECU的计算负荷，需要功能更强大的单元。另一方面，集中式结构是刚性的，这限制了其重新配置功能以将新元素集成到控制系统中。如果控制回路有一个新的子系统，惟一的解决方案是重新设计整个控制系统。而且，这种拓扑结构会迫使OEM开放其架构。

在分层控制方案中，可以分为出三层，即协调层，控制器层和执行器层，如图3.84所

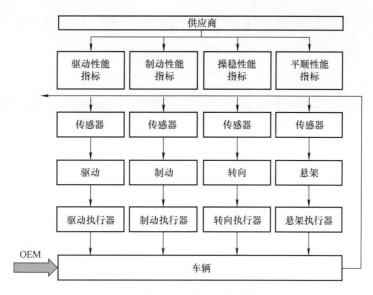

图 3.82 分散式控制结构

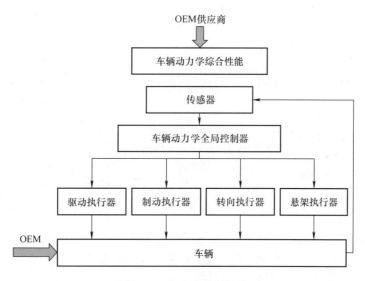

图 3.83 集中式控制结构

示。协调控制器层有两个主要功能,第一个作用是基于车辆的动态状态,为控制器层确定所需的控制目标,第二个作用是将特定的操作模式设置到执行器中。执行层从协调层接收控制信号,并在上层指示的模式下选择和控制自己的控制子系统。

底盘中各子系统之间的相互联系以及底盘控制系统与车辆动力学之间的关系如图 3.85 所示。对于汽车悬架系统来说,在路面输入的作用下有三种运动趋势,分别是沿与汽车行驶路面垂直方向的垂直振动,沿汽车前进方向的纵向俯仰运动,以及侧倾运动悬架系统的垂直运动,会影响地面对轮胎的法向反力车身沿纵向的前、后俯仰运动,将引起前、后轮胎垂直载荷的转移车身沿侧向的侧倾运动,将引起左、右轮胎处垂直载荷的变化。

总之,在汽车整个行驶过程中,由于垂直载荷的变化、制动减速度的变化、车速及车身

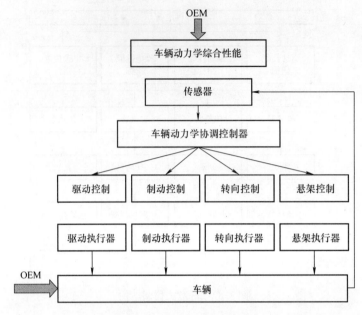

图 3.84 分层式控制结构

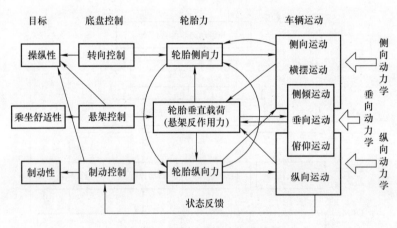

图 3.85 底盘三系统动力学关系

俯仰角、侧倾角的变化,三个子系统是相互作用、相互影响和相互制约的。对这三个子系统进行集成控制,将有利于提高汽车行驶过程中的安全性、平顺性和舒适性。

2. 转向与横向稳定杆联合控制

汽车转向系统时刻影响着汽车的侧向动力学特性,在汽车转向的过程中会引起汽车的侧滑、横摆、侧偏,加上轮胎的非线性特性,侧向与垂向运动的相互影响,使转向系统对汽车的垂向运动产生一定影响。主动横向稳定杆作为一种可控的主动安全装置能够在汽车垂向运动方向产生一定的辅助安全效果[86],当汽车由于转向引起较大的侧倾时,主动横向稳定杆可以产生一个侧倾方向的附加力矩并起到抗侧倾作用。反之,主动横向稳定杆独立作用时会影响汽车侧向动力学特性,造成汽车转向不足或转向过大等一些问题。所以,研究转向系统与主动横向稳定杆的联合控制方案,对汽车防侧翻控制很有必要。

根据以上对转向系统与横向稳定杆的分析，可以设计转向系统和主动防倾杆的联合控制框图如3.86所示。联合控制系统的输入量为前轮转角和行驶车速，输出为侧倾角及质心侧偏角；联合控制器的输入为参考模型输出目标量，与实际侧翻模型对应的状态量之差，形成反馈系统，使联合控制系统对参考模型进行很好的跟踪。

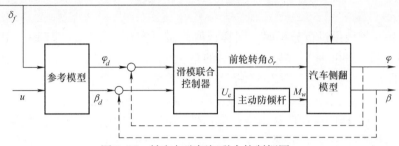

图3.86 转向与防倾杆联合控制框图

由第一章轮胎模型和三自由度侧翻动力学模型公式可得汽车侧向与侧倾方向动力学关系如下式：

$$\begin{cases} mu(\dot{\beta}+r) - m_s h \ddot{\varphi} = -2k_f\left(\beta + \dfrac{ar}{u} - \delta\right) - 2k_r\left(\beta - \dfrac{br}{u}\right) \\ I_x \ddot{\varphi} - m_s uh(\dot{\beta}+r) = m_s g h \varphi - c_\varphi \dot{\varphi} - k_\varphi \varphi + M_w \end{cases} \quad (3.98)$$

式（3.90）很好地体现了转向系统与主动横向稳定杆的动力学关系，对转向和横向稳定杆的联合防侧翻控制可基于上述关系式。式中两子系统的控制量 δ、M_w，可通过合适的控制器进行联合计算，这里采用滑模控制设计联合控制器。

对转向滑模控制器，选择滑模面为：

$$s_1 = \beta - \beta_d \quad (3.99)$$

期望的质心侧偏角为零，即 $\beta_d = 0$；

对横向稳定杆的滑模控制器，选择滑模面：

$$s_2 = \dot{e}_\varphi + \eta e_\varphi \quad (3.100)$$

式（3.100）中 e_φ 表示侧倾角的误差，即 $e_\varphi = \varphi - \varphi_d$；其期望的侧倾角也为零，即 $\varphi_d = 0$；由此可得到联合控制滑模面：

$$\begin{cases} s_1 = \beta - \beta_d \\ s_2 = \dot{e}_\varphi + \eta e_\varphi \end{cases} \quad (3.101)$$

对滑模面求导可得：

$$\begin{cases} \dot{s}_1 = \dot{\beta} \\ \dot{s}_2 = \ddot{\varphi} + \eta \dot{\varphi} \end{cases} \quad (3.102)$$

选择常速趋近率作为滑模控制器的趋近率，可由滑模面、趋近率、动力学关系等列出滑模控制器设计方程如下：

$$\begin{cases} \dot{s}_1 = \dfrac{m_s h}{I_x mu}(m_s gh\varphi - c_\varphi \dot{\varphi} - k_\varphi \varphi + M_w + m_s h a_y) - \dfrac{2}{mu}\left[k_f\left(\dfrac{v+ar}{u} - \delta\right) + k_r\left(\dfrac{v-br}{u}\right)\right] - r = -\varepsilon_1 \mathrm{sgn}(s_1) \\ \dot{s}_2 = \dfrac{1}{I_x}(m_s gh\varphi - c_\varphi \dot{\varphi} - k_\varphi \varphi + M_w + m_s h a_y) + \eta_2 \dot{\varphi} = -\varepsilon_2 \mathrm{sgn}(s_2) \end{cases}$$

$$(3.103)$$

可以计算出转向与主动横向稳定联合防侧翻滑模控制的两个联合控制量:

$$\begin{cases} u_{11} = M_w = -I_x[\varepsilon\text{sgn}(s_2) + \eta\dot{\varphi}] - mgh\varphi + c_\varphi\dot{\varphi} + k_\varphi\varphi - mha_y \\ u_{12} = \delta = mhu\dfrac{mgh\varphi - c_\varphi\dot{\varphi} - k_\varphi\varphi + M_w + mha_y - 2(k_f(v+ar) + k_r(v-br)) - mu^2(\varepsilon_1\text{sgn}(s_1) - r)}{2uk_f I_x} \end{cases}$$

(3.104)

对联合控制器效果进行分析时,同样选取侧翻研究典型工况,即 Fish – Hook 工况。设定汽车初始速度为 80km/h,转向工况中的最大方向盘转角为 120°,选取的仿真车辆与 3.1.3 小节的仿真车辆一样。图 3.87 所示是转向系统与主动防倾杆的防侧翻联合控制效果,图 3.58a~c 分别为汽车横向载荷转移率、横摆角速度、侧倾角速度。由图 3.87a 可知未控制的汽车在 3s 左右横向载荷转移率绝对值达到"1",即判定为已经发生侧翻,单独的主动防倾杆控制能将 LTR 的绝对值保持在"1"以内,可以较好地防止汽车侧翻,但其 LTR 绝对值峰值较转向系统单独控制大,防侧翻效果有一定局限性;对比转向系统单独控制,联合控制效果有较为明显的优势,无论是 LTR 的幅值、侧倾角速度幅值,在有主动防倾杆的辅助控制下,都有较为明显的减小。因此,可认为联合防侧翻控制器利用主动防倾杆的防侧翻辅助效果,提升了转向系统的防侧翻控制效果。

3. 转向系统与制动系统控制

转向系统对汽车行驶稳定性的影响是有限的,大部分情况下汽车在低速或车身具有较小侧向加速度时,转向系统对汽车防侧翻的效果较为明显。而在其他情况下,如高速转向、行驶过程中遭遇较大的侧向风等情况,单独运用转向系统进行控制,使汽车具有较好的侧倾稳定性即防侧翻效果,就不再那么理想。而对制动系统加以控制时,一方面能降低车速使横向加速度大幅度减小,另外差动制动效果还能产生额外的横摆力矩,在侧倾方向能产生一定的附加力矩,这样就能很好地抑制汽车高速过弯、变道时的侧滑或侧翻,因此提出转向与制动系统的防侧翻联合控制方案。

底盘子系统中转向系统和制动系统的作用平面主要是与路面平行的平面,在此基础上还需考虑由路面附着力作用而诱发的侧倾方向运动。因此,为了设计转向与制动的联合防侧翻控制器[87],需要选择合适的控制变量。鉴于控制执行机构是转向系统和制动系统,它们对汽车侧横向稳定性及横摆稳定性影响最大,选择汽车横摆角速度和侧倾角作为控制量。控制器设计时需要考虑合适的理想参考值。显然为增加侧翻稳定性,侧倾角的理想值应该为零,而横摆角速度理想值则需进行简单分析。

横摆角速度在理想状态下应与汽车前轮转角或方向盘转角呈线性关系,即横摆角速度直接由驾驶员转向决定。在考虑汽车转向灵敏度的前提下,应根据汽车行驶速度来设计转向传动比增益,比如将方向盘转角的增益随车速的上升而适当的减小。根据汽车理论相关知识,可以得到汽车理想横摆角速度:

$$r_d = G_r\delta \tag{3.105}$$

其中:

$$G_r = \dfrac{u}{L(1+Ku^2)}, K = \dfrac{m}{L^2}\left(\dfrac{a}{k_r} - \dfrac{b}{k_f}\right)$$

式中 G_r——稳态增益;

K——汽车稳定性因子;

L,a,b——分别为汽车轴距、质心到前轴的距离、质心到后轴的距离；
k_f,k_r——分别为前后轮的侧偏刚度。

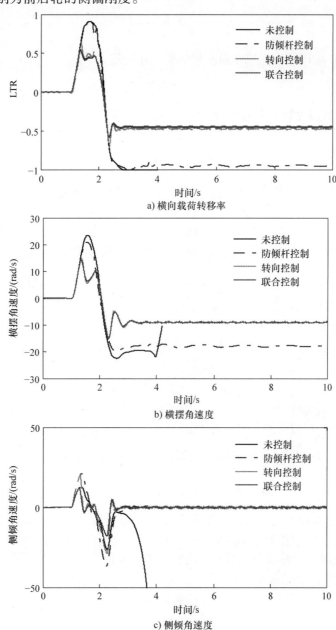

图 3.87 转向与防倾杆的防侧翻联合控制（有彩插）

汽车理想横摆角速度与汽车本身行驶状态参数及相关结构相关，且与另一重要外界因素路面附着系数高度相关。路面附着系数决定着路面能够给轮胎提供的最大附着力。在极限工况下，考虑汽车侧向动力学，侧向加速度不应大于路面所能提供给轮胎的最大加速度，具体可表示为式 (3.106)。

$$|a_y| \leq \mu g \tag{3.106}$$

另外，对汽车稳态工况，车辆状态参数有以下关系：

$$\begin{cases} \dot{v} = 0 \\ a_y = \dot{v} + ur \\ a_y = \dfrac{u^2}{R} \end{cases} \quad (3.107)$$

由式（3.107）可得汽车理想跟随模型的横摆角速度：

$$|r_d| \leq \left|\dfrac{\mu g}{u}\right| \quad (3.108)$$

由于汽车转向涉及左转和右转两种工况，所以前轮转角的值有正有负，需对理想横摆角速度做适当修正：

$$r_d = \min\left(|G_r \delta|, \left|\dfrac{\mu g}{u}\right|\right)\mathrm{sgn}(\delta) \quad (3.109)$$

通过对转向与制动系统关系的分析，可设计联合控制控制框图，如图 3.88 所示。其中联合防侧翻控制系统输入为车速和前轮转角，输出为侧翻模型中的侧倾角和横摆角速度；滑模联合控制器输入为参考模型的输出，即目标侧倾角和目标横摆角速度与实际侧翻模型对应参数的差值，形成反馈系统，能使整个控制系统的状态跟随参考模型的状态，达到预期控制效果。

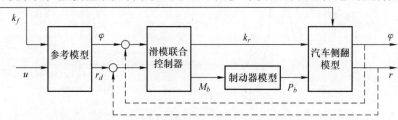

图 3.88 转向与制动联合控制框图

由第二章中的轮胎模型和三自由度侧翻动力学模型公式：式（2.3）、式（2.4）、式（2.6）~式（2.9）可以得到与汽车侧翻相关的转向与制动动力学关系式：

$$\begin{cases} mv(\dot{\beta}+r) - m_s h \ddot{\varphi} = -2k_f\left(\beta + \dfrac{ar}{u} - \delta\right) - 2k_r\left(\beta - \dfrac{br}{u}\right) \\ I_z \dot{r} = -2ak_f\left(\beta + \dfrac{ar}{u} - \delta\right) - 2bk_r\left(\beta - \dfrac{br}{u}\right) + M_b \end{cases} \quad (3.110)$$

由式（3.110）可以看出，转向系统和差动制动系统相关的物理量对汽车侧翻的影响。应对以上动力学关系中的控制量 δ，M_b 进行联合设计，合理选取控制方法对两个子系统，进行防侧翻联合控制。考虑联合控制器的功能需求，这里主要使用滑模变结构控制。

滑模控制器的滑模面选择如下：

$$\begin{cases} s_1 = \dot{\varphi} + \eta \varphi \\ s_2 = r - r_d \end{cases} \quad (3.111)$$

选择常速趋近率：$\dot{s} = -\varepsilon \mathrm{sgn}(s)$

对滑模面求导可得：

$$\begin{cases} \dot{s}_1 = \ddot{\varphi} + \eta \dot{\varphi} = \dfrac{ma_y + 2\left[ak_f\left(\dfrac{v+ar}{u}-\delta\right) + bk_r\left(\dfrac{v-br}{u}\right)\right]}{m_s h} + \eta \dot{\varphi} = -\varepsilon_1 \mathrm{sgn}(s_1) \\ \dot{s}_2 = \dot{r} - \dot{r}_d = \dfrac{-2ak_f\left(\dfrac{v+ar}{u}-\delta\right) - 2bk_r\left(\dfrac{v-br}{u}\right) + M_b}{I_z} - \dot{r}_d = -\varepsilon_2 \mathrm{sgn}(s_2) \end{cases} \quad (3.112)$$

由式（3.112）可得转向与制动联合防侧翻滑模控制器的两个控制量为：

$$\begin{cases} u_{21} = \delta = \dfrac{ma_y + 2\left[ak_f(\dfrac{v+ar}{u}) + bk_r(\dfrac{v-br}{u})\right] + m_s h\left[\eta\dot{\varphi} + \varepsilon_1\mathrm{sgn}(s_1)\right]}{2ak_f} \\ u_{22} = M_b = I_z\left[\dot{r}_d - \varepsilon_2\mathrm{sgn}(s_2)\right] + 2\left[ak_f(\dfrac{v+ar}{u} - \delta) + bk_r(\dfrac{v-br}{u})\right] \end{cases} \quad (3.113)$$

图 3.89 所示为转向系统与制动系统联合防侧翻滑模控制器的控制效果，图 3.89a 中未控制的车辆在 3s 左右就已经发生侧翻，无论是转向单独控制还是制动单独控制都能很好地防止侧翻，但联合防侧翻控制的稳态 LTR 绝对值更小，说明其侧翻概率更小；由图 3.89b、c 可以

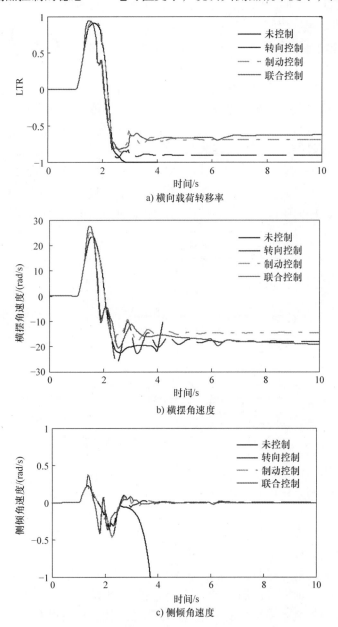

图 3.89　转向与制动防侧翻联合控制效果（有彩插）

看出转向防侧翻控制在发挥控制效果的同时，其产生的横摆角速度绝对值和波动较大，制动系统防侧翻控制过程中产生的侧倾角速度峰值较大。而基于两者的联合防侧翻滑模控制器，能在很好地降低汽车侧翻概率的同时，增加汽车的横摆稳定性及侧倾角速度峰值，使汽车在防侧翻综合性能表现上有明显提升。

4. 集成悬架-转向-制动系统控制

为提高车辆在转向工况下的行驶平顺性和操纵稳定性，文献［88］采用分层式协调集成控制的方式对转向系统、悬架系统及制动系统进行了集成控制研究，并取得了良好的控制效果，本节将研究对底盘三系统：悬架系统、电动助力转向系统和制动系统进行协调控制，在分析三系统动力学关系的基础上，进行了上层协调控制器的设计。

（1）分层式协调集成控制

主动悬架（ASS）、主动转向（EPS）和主动制动（ABS）三系统分层式协调控制思路如下：在对悬架系统进行单独控制器设计时，不考虑其与电动助力转向系统和制动系统之间的相互影响，这不仅简化了悬架系统控制器设计初期的工作任务，而且也在一定程度上降低了系统建模及控制器的阶次；在对电动助力转向系统进行单独控制器设计时，不考虑其与悬架系统和制动系统之间的相互影响，降低了系统建模及控制器设计的复杂性；同理，在对制动系统进行单独控制器设计时，不考虑其与悬架系统和电动助力转向系统之间的相互影响。在对底盘三个子系统进行集成控制时，它们的相互耦合作用才予以考虑，此时可以不用重新进行子控制器设计，可以通过对集成控制系统设计上层协调器来协调子系统间的耦合作用。悬架系统、电动助力转向系统和制动系统协调控制框图如图 3.90 所示。

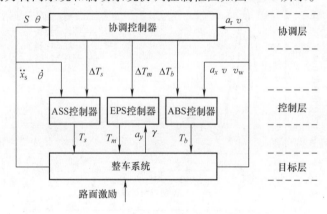

图 3.90 底盘三系统协调控制框图

由协调控制框图（图 3.90）可知：

整个底盘集成控制系统由底层控制器和上层协调控制器组成。底层控制器为各子系统控制器，用以执行各子系统的控制任务，实现各自的性能指标；上层协调器一方面执行对子系统的监控作用，另一方面，对整个控制系统进行协调，及时修改底层控制器的决策，从实现整车综合性能最优的目标出发来执行协调优化任务。

对于底盘三个系统的分层协调控制，底层控制器采用本节中建立的主动转向、主动悬架与主动制动数学模型。前面设计的底层控制器可直接应用到三系统协调控制中，这样做，一方面大大降低了整个控制系统设计的工作量和控制器设计的复杂程度，另一方面充分体现出分层式协调控制可扩展的优势。

(2) 上层协调控制器设计

将 $\dfrac{\mathrm{d}V}{\mathrm{d}t}$ 与车身俯仰角 θ 及车速 u 与滑移率 s 作为上层协调控制器的决策指标。

上层协调控制器仍然作为一个决策控制器，起到了对底层控制器决策、监控的作用。它相当于一个选择开关。当车辆正常行驶时，上层协调控制器起到了监控各底层控制器的作用，各传感器信号通过总线传输到上层协调控制器，对主要指标进行监控。当出现异常情况时，如紧急制动，上层协调控制器对主要指标车速、制动减速度、车身俯仰角和滑移率进行监控，发现异常后对底层控制器发出决策指令。上层协调控制器可进行如下设计（图3.91）：

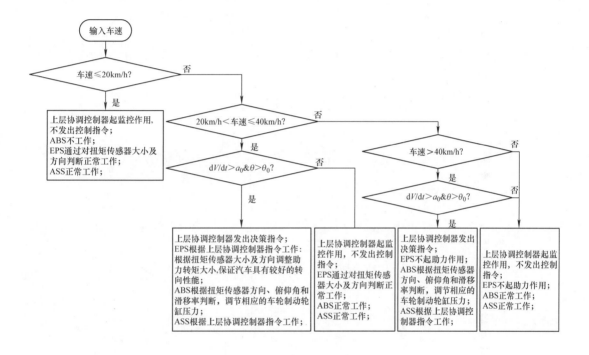

图3.91 上层协调控制器设计逻辑

从图3.91中的控制逻辑可以看出：

上层协调控制器的设计突出了制动性能在汽车行驶过程中的重要性。在制动过程中，当不满足协调控制条件时，上层协调控制器并不干预的工作，这样就保证了汽车行驶过程中的制动性能，同时，为了提高车辆平顺性能、转向性能及防侧滑能力，在对主要决策指标进行逻辑判断后，协调控制器对EPS、ABS和ASS发出了决策指令。

(3) 仿真结果分析

采用分层式协调控制策略，对上述底盘系统在Simulink中进行仿真，车辆参数如表1.1所示，给定车辆初始速度10m/s，方向盘转角输入为180°阶跃输入，在车辆行驶到0.5s时紧急制动。上层协调器各决策指标阈值取为：$V_1 = 20\text{km/h}$，$V_2 = 40\text{km/h}$，$a_0 = -8\text{m/s}^2$，$\theta_0 = -0.0689\text{rad}$，$s = 0.16$。分层式协调控制与分散控制（即对子系统单独控制）的对比仿真图如图3.92所示。

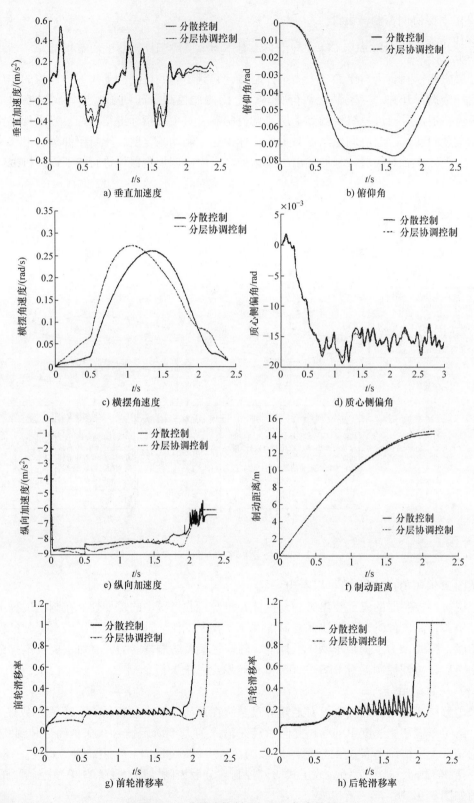

图 3.92 分层式控制 Simulink 仿真结果

图 3.92a 和图 3.92b 分别表示的是垂直加速度和俯仰角，在两种不同控制策略情况下的对比。采用分散控制策略，垂直加速度的改善并不明显，但在峰值处有一定的降低；采用分层协调控制策略，俯仰角的改善较为明显，这说明上层协调控制器起到了较好的协调作用。

图 3.92c 和图 3.92d 分别表示的是质心侧偏角和横摆角速度，在两种不同控制策略情况下的对比。采用分层协调控制策略，质心侧偏角在 0.5s 到 1.5s 的时间之间，其幅值与分散控制相比有所减少；采用分层协调控制策略，与分散控制相比，横摆角速度响应速度明显加快，其峰值亦有所增加。由于上层协调控制器的协调作用，车辆在转向制动过程中，能够保持较好的操纵性能。

图 3.92e 和图 3.92f 分别表示的是纵向加速度和制动距离，在两种不同控制策略情况下的对比。由于在转向制动过程中，根据扭矩传感器信号来调节对应对角车轮的制动压力，且根据俯仰角来调节前、后轮制动压力，使得车辆的制动性能有一定损失，由分散控制时的 14.715m 增大到 15.07m。从数据来看，制动性能的损失是比较小的，在可以接受的范围内。

前、后轮的滑移率情况分别见图 3.92g 和图 3.92h。前轮滑移率采用两种不同的控制策略，并未有明显差别，但是后轮差别较为明显。其原因如下：在制动过程中，由于轮胎垂直载荷的变化，导致后轮垂直载荷显著降低，而此时制动器制动力矩并未改变，所以，轮胎的滑移趋势加重，如果存在侧向干扰，车辆很容易发生甩尾情况。此时，采用协调控制策略能够很好地避免此问题。

由以上分析可知，在转向制动过程中，三系统间存在着相互影响和相互作用，尤其是制动系统对电动助力转向系统和悬架系统的影响较大。通过设计上层协调控制器，首先提高了转向系统的操纵性能，亦保证了转向轻便性；其次，有效降低了车身姿态变化；虽然制动距离有所增加，但在可以接受的范围内，系统的综合性能获得提高。

3.3 智能汽车防侧翻控制技术

3.3.1 路径规划防侧翻控制

智能车辆作为运载工具，自动驾驶系统是其最具价值的技术功能。而对于自动驾驶而言，环境感知、路径规划与路径跟踪控制是三大核心技术。三部分相辅相成才能实现智能车辆安全、舒适、节能、高效的自动驾驶。

设计主动防侧翻的运动规划算法时，首先要确保无人驾驶重型车能及时躲避障碍物。李等基于人工势场法实现无人驾驶重型车的避障要求，人工势场法是由 Khatib 提出的一种虚拟力法[89]，它的基本思想是通过设计特定的函数，将车辆的运动环境抽象成一种人工势场，势场内包含引力势和斥力势，车辆期望的目标区域定义为引力势，不希望车辆到达的区域（如障碍物，道路边界等）定义为斥力势。通过引力和斥力的共同作用，引导车辆无碰撞地向目标区域行驶。

1. 势场函数

控制车辆跟随期望的全局轨迹行驶的任务，由模型预测控制的代价函数里的跟踪项来完成，进一步通过 Wang 提出的人工势场（APF）[90]来计算。其中只考虑用于避障的斥力势场函数,包括不可跨越障碍物的势场函数 P_{NC},可跨越障碍物的势场函数 P_C,以及道路边界势场函数 P_R,如式(3.114)所示。

$$APF = \sum_i P_{NC_i} + \sum_j P_{C_j} + \sum_q P_{R_q} \tag{3.114}$$

式中 i, j, q——分别表示第 i 个不可跨越障碍物,第 j 个可跨越障碍物,及第 q 条道路边界。

根据障碍物的类型将其分为三类:①不可跨越障碍物,即指那些必须避开的障碍物,如车辆、行人等其他道路使用者,以及固定障碍物等;②可跨越障碍物,即路面凸起等车辆可不受碰撞伤害通过的障碍物,但如果可能的话,仍应尽量避免与它们接触,因为它有可能会导致车辆发生侧翻等失稳的危险;③道路边界。三个类型的势场函数分别如下。

(1)不可跨越物的势场函数

$$P_{NC_i}(X,Y) = \frac{a_i}{s_i(\frac{dX}{X_{si}}, \frac{dY}{Y_{si}})^{b_i}} \tag{3.115}$$

式中 a_i 和 b_i——表示 P_{NC} 的形状和强度参数;

dX 和 dY——表示自车与障碍物的纵向和横向距离;

X_{si} 和 Y_{si}——表示自车与障碍物纵向和横向的安全距离,X_{si} 和 Y_{si} 定义如下形式:

$$X_{si} = X_0 + uT_0 + \frac{\Delta u_{a_i}^2}{2a_n} \tag{3.116}$$

$$Y_{si} = Y_0 + (u\sin\theta + u_{oi}\sin\theta)T_0 + \frac{\Delta v_{a_i}^2}{2a_n} \tag{3.117}$$

式中 X_0 和 Y_0——最小纵向距离和最小横向距离;

T_0——安全时间间隔;

θ——自车与障碍物车航向角的夹角;

u_{oi}——第 i 个障碍物的纵向速度;

a_n——舒适系数;

Δu_{ai}——自车和障碍物的纵向相对速度;

Δv_{ai}——自车和障碍物的横向相对速度。

一个坐标位于(20,3.5),行驶速度与自车一致(均为80km/h)的障碍物的势场分布如图3.93所示。

从图3.93中可以看出,在不可跨越障碍物附近势场值很大,对自车产生"斥力",使自车远离障碍物,从而实现了避障。

(2)可跨越物的势场函数

$$P_{C_j}(X,Y) = a_j e^{-b_j s_j \left(\frac{dX}{X_{si}}, \frac{dY}{Y_{si}}\right)} \tag{3.118}$$

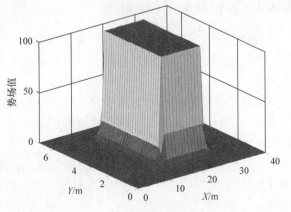

图3.93 不可跨越障碍物势场分布

式中 a_j——P_C 的形状参数；

b_j——P_C 的强度参数；

s_j——第 j 个可跨越障碍物与自车之间的 Signed Distance（SD）。

由于指数函数具有正梯度，所以阻止车辆靠近障碍物，但由于其梯度值随着与障碍物的接近而减小，因此其势场值也相对较小，使车辆不必强行避开此类障碍物，可跨越障碍物的势场 P_C，示例如图 3.94 所示。

可以看出，可跨越障碍物的势场值 P_C 相对于 P_{NC} 要小得多，这表明算法的首要任务是避开不可跨越的障碍物，当可跨越障碍物与不可跨越障碍物的躲避出现矛盾时，算法会以躲避不可跨越障碍物为主。

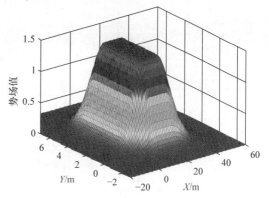

图 3.94 可跨越障碍物势场

（3）道路边界势场函数

$$P_{R_q}(X,Y) = \begin{cases} a_q(s_{R_q}(X,Y) - D_a)^2 & s_{R_q}(X,Y) < D_a \\ 0 & s_{R_q}(X,Y) \geq D_a \end{cases} \quad (3.119)$$

式中 a_q——P_R 的形状参数；

D_a——道路边界的允许距离；

s_{R_q}——第 q 条道路与自车之间的 Signed Distance（SD）。

如图 3.95 所示，道路边界势场值在两侧的道路边界处较大，而在每条道路中心时处于最低谷，在两条道路的中心线处势场值稍有增加。这表明道路边界势场函数使车辆远离两侧道路边界及道路间的中心线，鼓励车辆在道路中央行驶。

如图 3.96 所示，李提出的融合主动防侧翻的无人驾驶重型车的整体架构，包括感知系统，全局规划模块，基于 MPC 的运动规划模块，状态估计器及 V2V 通信模块。首先，感知系统通过高清摄像头、毫米波雷达、激光雷达等传感器获取周围环境信息，

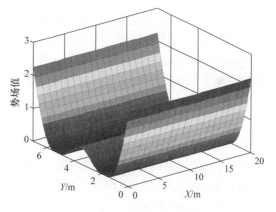

图 3.95 道路边界势场

并将环境信息发送给全局规划模块。全局规划模块同时获取由 V2V 通信传来的周围车辆实时运动状态，结合自车运动状态及期望目的地，规划出全局路径，包括期望的行驶车道及车速等，并将全局路径发送给基于 MPC 的运动规划模块。运动规划模块结合由感知模块传来的环境信息，由全局规划模块传来的全局路径，由 V2V 通信模块发送的其他车辆运动状态，以及自车运动状态，向自车输出最优的纵向力及转向角，使自车沿全局路径驶向目的地的同时，避免与周围障碍物发生碰撞，并且避免重型车发生侧翻；最后，通过 V2V 模块将自车的运动状态及实时决策广播给其他车辆，完成信息交互。

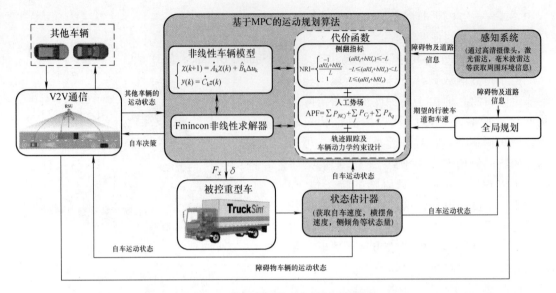

图 3.96 主动防侧翻运动规划整体框架

针对基于 MPC 的运动规划算法模块进行研究，对上述架构需做适当假设：

1）假设感知系统及 V2V 通信系统已经存在，即周围环境信息已知。

2）已存在有效的全局规划模块，即全局路径已知。

基于 MPC 的运动规划算法主要包括三部分，即非线性车辆模型，代价函数及非线性求解器。其中，非线性车辆模型采用加入纵向运动的十自由度重型车模型；代价函数是运动规划算法的核心，作者所提出的代价函数融合了李提出的侧翻评价指标 NRI 与期望值之间的误差、构造的人工势场（通过 V2V 通信及感知系统获取的障碍物，及其他车辆的运动状态）与轨迹跟踪，以及必要的车辆动力学约束，通过非线性求解器求解可最小化代价函数的纵向力和转向角，从而实现无人驾驶重型车避障和防侧翻功能，并在车辆动力学约束范围内跟踪全局路径。

2. 仿真结果分析

为了验证设计算法的有效性，设计了三种极端危险场景，重型车必须同时完成避免与障碍物相撞，且保证自车的侧翻稳定性。选用 TruckSim 中的一款重型车作为自车，其车型及参数与第 1 章 1.1.2 小节所用车型及参数保持一致，搭建 TruckSim 与 Simulink 联合平台完成三种极端场景的仿真分析。

场景Ⅰ：紧急避障场景。如图 3.97 所示，重型车（自车）以 80km/h 的目标车速（由全局规划模块确定）在车道 1 上行驶，自车正前方有一轿车（车辆 1）直行，车辆 1 突然急停降速至 40km/h，与此同时，车道 2 上与车辆 1 纵向距离 10m 的位置有一轿车（车辆 2）以 50km/h 的车速直行，主动防侧翻运动规划算法需输出合理的纵向力和转向角，以避免自车与车辆 1 和车辆 2 发生追尾，并同时防止自车由于转向剧烈及车速较高发生侧翻。

图 3.98 表示在场景Ⅰ中自车和障碍物的轨迹，其中红色矩形框和红色曲线表示自车和自车的运动轨迹，蓝色矩形框和蓝色曲线表示车辆 1 和车辆 1 的运动轨迹，绿色矩形框和绿色虚线表示车辆 2 和车辆 2 的运动轨迹，虚线框表示各车的实际尺寸。$t=1s$ 时，自车仍然在车辆 1 后面，并未发生追尾。为了避免碰撞，自车需变道至车道 2，从 $t=2s$ 可以看出在

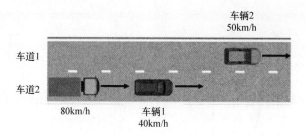

图3.97 场景Ⅰ中自车和障碍物车辆的相对位置

变道的过程中，自车并未与车辆1和车辆2相撞。由于车辆2的速度也相对较低，因此自车如果保持在车道2行驶仍然有与前车追尾的风险，所以运动规划算法继续驱动自车换回至车道1行驶，从 $t=2.5s$ 和 $t=3s$ 可以看出，在这一过程自车仍然没有与车辆发生碰撞。为进一步对比主动防侧翻运动规划的效果，图3.98中也展示了未考虑侧翻因素的规划路径，即模型预测控制的代价函数中未加入侧翻指标项，如图中紫色虚线所示。可以看出，在避障方面，模型所提出的主动防侧翻运动规划不如未考虑侧翻因素的运动规划，但它仍然可以确保避免碰撞。

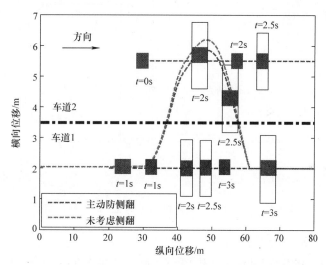

图3.98 场景Ⅰ中自车和障碍物车辆的轨迹

图3.99表示在场景中主动防侧翻运动规划的防侧翻性能分析。如图3.99a所显示的，按照未考虑侧翻因素的规划算法得到的路径行驶，自车的NRI值在2.8s时达到了1，一侧车轮离地，侧翻危险较大。然后，主动防侧翻运动规划计算的路径有效地降低了NRI的峰值，大大提高了自车的侧翻稳定性。从图3.99b给出的转向角曲线对比，也可看出，主动防侧翻运动规划用更小的转角完成了对场景Ⅰ的处理，并且显著降低了自车的侧翻危险。

图3.100分析了主动防侧翻运动规划算法的纵向控制效果。当自车开始转弯时，其速度往往会减慢。为了保证自车以目标速度运行，运动规划算法及时响应了适当的纵向力。由于未考虑侧翻的运动规划获得的转角较大，速度下降幅度较大，所需的纵向力也大于防侧翻运动规划。

综上所述，在场景Ⅰ中，主动防侧翻运动规划很好地兼顾了避障和防侧翻性能，使自车

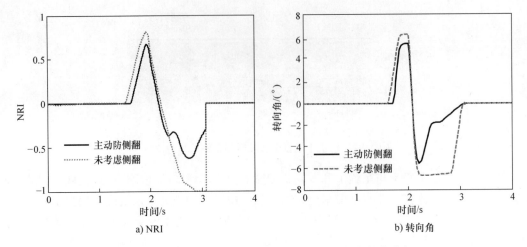

图 3.99　场景Ⅰ中主动防侧翻运动规划的防侧翻性能分析

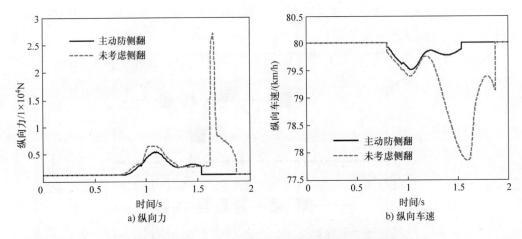

图 3.100　场景Ⅰ中主动防侧翻运动规划的纵向控制效果

安全地通过了这一极端危险场景。

场景Ⅱ：弯道避障场景。如图 3.101 所示，自车（重型车）以 80km/h 的目标速度在车道 1 上行驶，自车的感知系统探测到车道 1 前方 50m 处发生临时交通事故（可等效为前方 50m 处有一固定障碍物），与此同时，车道 2 上有一轿车（车辆 1）以 80km/h 的车速匀速行驶。运动规划算法需要引导车辆避免与固定障碍物及车辆 1 发生碰撞，并且在转向过程中防止自车发生侧翻。

图 3.102 显示了自车在场景Ⅱ中的运行轨迹，其中红色矩形框和红色曲线表示自车及自车的运动轨迹，蓝色矩形框和蓝色曲线表示车辆 1 及其运行轨迹，绿色矩形框表示

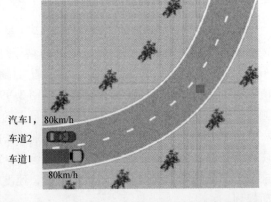

图 3.101　场景Ⅱ中自车和障碍物车辆的相对位置

临时交通事件,即固定障碍物。当 $t=1s$ 时,自车的感知系统感知到前方 50m 处有固定障碍物,主动防侧翻运动规划算法开始输出制动力和转向角以躲避固定障碍物。从 $t=3s$ 和 $t=4.5s$ 可以看出,自车变道至车道 2,并且进行适当减速,防止在换道过程中与车道 2 的车辆 1 相撞。紫色曲线表示由未考虑侧翻因素的运动规划算法驱动的自车运动轨迹,可以看出未考虑侧翻因素的运动规划算法在避障方面表现得更好,但主动防侧翻运动规划算法仍然可以安全地通过场景Ⅱ。

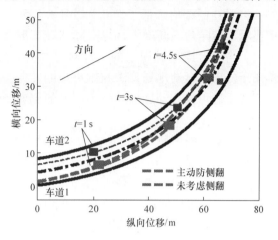

图 3.102　场景Ⅱ中自车和障碍物车辆的轨迹(有彩插)

图 3.103 分析了场景Ⅱ中所提出的运动规划算法的防侧翻性能。与场景Ⅰ类似,本书提出的运动规划算法在主动防侧翻方面表现良好,将 NRI 的幅值降低了约 0.2。如图 3.103b 中显示的,转向角逐渐增大,与实际驾驶工况一致。与未考虑侧翻因素的运动规划相比,本书所提出的运动规划算法利用更小的转向角完成了避障操作,这也提高了车辆的侧向稳定性。

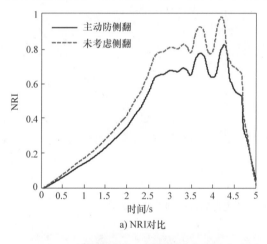 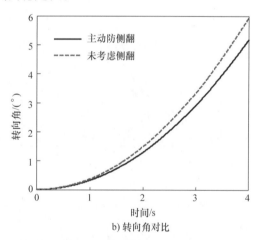

a) NRI对比　　　　　　　　　　　b) 转向角对比

图 3.103　场景Ⅱ中主动防侧翻运动规划的防侧翻性能对比(有彩插)

图 3.104 显示了自车在场景Ⅱ中的运行轨迹,其中红色矩形框和红色曲线表示自车及自车的运动轨迹,蓝色矩形框和蓝色曲线表示车辆 1 及其运行轨迹,绿色矩形框表示临时交通事件,即固定障碍物。当 $t=1s$ 时,自车的感知系统感知到前方 50m 处有固定障碍物,主动防侧翻运动规划算法开始输出制动力和转向角以躲避固定障碍物。从 $t=3s$ 和 $t=4.5s$ 可以看出,自车变道至车道 2,并且进行适当减速,防止在换道过程中与车道 2 的车辆 1 相撞。紫色曲线表示由未考虑侧翻因素的运动规划算法驱动的自车运动轨迹,可以看出未考虑侧翻因素的运动规划算法在避障方面表现得更好,但主动防侧翻运动规划算法仍然可以安全地通过场景Ⅱ。

图 3.105 分析了场景Ⅱ中所提出的运动规划算法的防侧翻性能。与场景Ⅰ类似,本书提

出的运动规划算法在主动防侧翻方面表现良好，将 NRI 的幅值降低了约 0.2。图 3.105b 中显示，转向角逐渐增大，与实际驾驶工况一致。与未考虑侧翻因素的运动规划相比，本书所提出的运动规划算法利用更小的转向角完成了避障操作，这也提高了车辆的侧向稳定性。

场景Ⅲ：极端转向情景。为了进一步验证所提出的主动防侧翻运动规划算法，设计了如图 3.106 所示的更为极端的场景。重型车以 50km/h 的目标速度通过双向车道，该车道有两个较大弯道。当自车在车道 1 通过第一个弯道时，其前方 15m 处突然出现长宽均为 1m 的固定障碍物；同样，当车辆通过第二个弯道时，其前方 15m 处突然出现另一个长、宽为 1m 的固定障碍物。

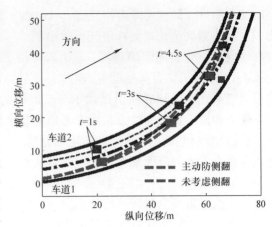

图 3.104　场景Ⅱ中自车和障碍物车辆的轨迹（有彩插）

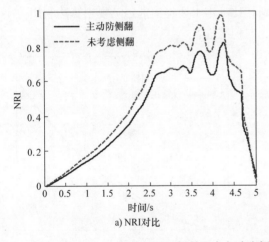

a) NRI 对比

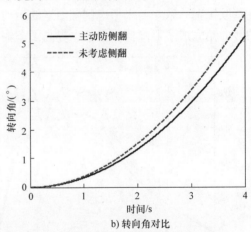

b) 转向角对比

图 3.105　场景Ⅱ中主动防侧翻运动规划的防侧翻性能对比

图 3.107 表示自车的运动轨迹，其中红色曲线表示主动防侧翻运动规划驱动的自车运动轨迹，紫色曲线表示未考虑侧翻因素的运动规划输出的自车运动轨迹，绿色矩形框表示两个固定障碍物。可以看出，由主动防侧翻运动规划驱动的自车，成功躲避了两个固定障碍物，并且无侧翻地通过了两个弯道；若在运动规划过程中未考虑侧翻因素，自车在第一个弯道处将由于转向幅度过大而发生侧翻，所以紫色曲线在第一个弯道处消失。

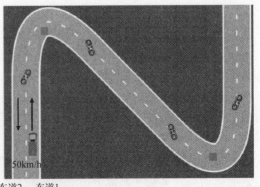

图 3.106　场景Ⅲ中自车和障碍物车辆的相对位置

图 3.108 更直观地展示了主动防侧翻运动规划的防侧翻性能。从图中明显可以看出，若在运动规划时未考虑侧翻因素，自车在 10s 时 NRI 值达到 -1，并随即发生侧翻；当自车遵循主动防侧翻运动规划输出的纵向力和转角行驶时，虽然由于工况过于极端，在 8s 时自车的 NRI 绝对值也较大，但很快调整过来，没有发生侧翻。通过防侧翻运动规划计算得到的转向角相对较小，如图 3.108b 所示。这也说明本书所提出的算法在保证安全避开固定障碍物的同时，强调了自车的侧向稳定性。

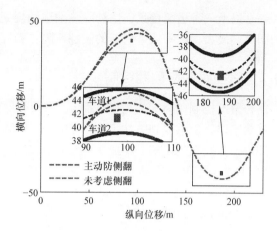

图 3.107 场景Ⅲ中自车和障碍物车辆的轨迹（有彩插）

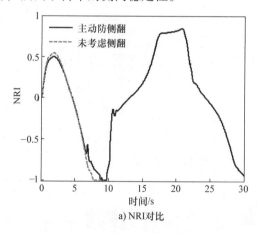

a) NRI 对比

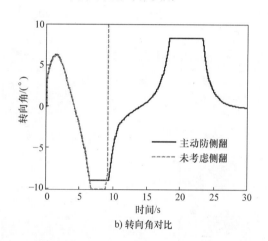

b) 转向角对比

图 3.108 场景Ⅲ中主动防侧翻运动规划的防侧翻性能对比

图 3.109 为主动防侧翻运动规划算法的纵向控制效果。当自车通过弯道后，车速略有下降，主动防侧翻运动规划算法输出的驱动力相应增加，使自车车速再次稳定在 50km/h 的目标速度。

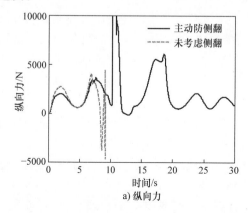

a) 纵向力

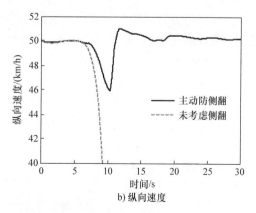

b) 纵向速度

图 3.109 场景Ⅲ中主动防侧翻运动规划的纵向控制效果

综合以上三种极端场景，主动防侧翻运动规划可以在确保无人驾驶重型车安全无碰撞行驶的同时，最大程度降低重型车的侧翻风险，验证了算法的有效性。

3.3.2 路径跟踪防侧翻控制

路径跟踪控制作为无人驾驶的最后一环，处在最重要的位置，是实现其核心价值的关键。相对于路径轨迹规划方法而言，智能车辆的路径轨迹跟踪控制研究的出发点则比较单一，即设计控制算法求解某个或某一组控制变量，使车辆能够跟随参考的换道轨迹。轨迹跟踪控制策略具体包括古典控制（Classical Control）、动态反馈控制（Dynamic State Feedback）、神经网络控制（Neural network）、模糊控制（Fuzzy Logic）、模型预测控制（Model Predictive Control，MPC）等。

1. 路径跟踪控制

如图 3.110 所示，智能车辆的自动驾驶中，感知、规划和跟踪控制缺一不可。

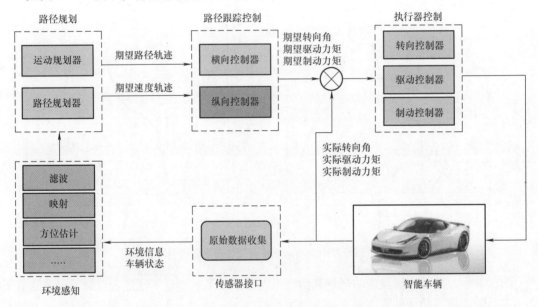

图 3.110　自动驾驶关键技术与路径跟踪控制过程示意图

智能车辆路径跟踪控制是智能车辆自动驾驶的关键技术之一。路径跟踪控制分为**纵向跟踪控制**和**横向跟踪控制**[91]。纵向控制一般指智能车辆的速度跟踪控制，使车辆保证稳定和快速地跟踪期望的速度，或者始终与前后的动态车辆保持一定的距离。横向跟踪控制一般在保证车辆的稳定性、安全性和舒适性的前提下，控制转向系统使得车辆沿期望路径行驶。

就横向控制而言，其结构可分为单层结构与分层结构。单层控制结构通常应用状态方程，将车辆模型、车路相对位置模型和前馈控制器整合，利用经典和现代控制理论，分析系统的稳态跟踪误差和稳定性，并通过调节控制器参数以取得预期横向控制性能，实现防侧翻的目的。纵向跟踪控制指合理操控驱动、制动系统以实现速度跟踪、距离保持等功能，达到安全节能的驾驶目的。纵向速度控制方法按照控制器结构可分为直接式控制和分层式控制。直接式控制将车辆视为一个非线性多变量系统，根据车辆模型和参考速度轨迹，直接生成期望制动压力或节气门开度。该方法系统集成度高，控制更为精准，但对状态信息依赖性较大，模型非线性强。

考虑到智能车辆本身是一个高度非线性系统，动力学存在强耦合，同时系统存在很多内部不确定性和外部扰动。本节将介绍一种适用于系统跟踪控制的非线性控制方法——三步法的基本控制理论。同时，考虑智能车辆在自动驾驶过程中运动学的不确定性和动力学的不确定性，在三步法的基础上，设计一种鲁棒自适应三步法来解决路径跟踪问题。

（1）三步法控制理论

三步法是一种基于模型的非线性控制算法，其设计思路来源于工程中广泛应用的前馈控制加 PID 反馈控制的设计方法[92]，控制框图如图 3.111 所示。

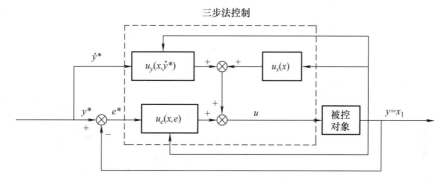

图 3.111　三步法控制框图

三步法控制算法的设计步骤分为三步，分别是稳态反馈控制、参考动态前馈控制和误差反馈控制，且顺序不可颠倒。设置一个一阶系统

$$\dot{x} = f(x) + g(x)u_c$$

接下来分别介绍各步骤的设计过程。

1）稳态反馈控制。该步骤的设计思路来源于工程中为了得到快速地控制响应而设计的前馈控制。而工程中的前馈控制常常采用标定好的 Map 表，在给定输入以后，得到响应的系统响应值 $y_s = x_s$，这样就可以得到相应状态 x_s 为输入，控制量 u_s 为输出的 Map 表，使其用于前馈控制。这样提高了系统响应的快速性，但是系统不一定达到稳态。根据其思路，可以设定系统达到稳态时即 $\dot{y} = \dot{x} = 0$，此时的控制律

$$u_c = u_s = -\frac{f(x)}{g(x)}$$

但是，实际上系统只依靠稳态控制并不一定能达到控制目标，而 u_s 对应的状态也并不是系统的稳态，称其为稳态反馈控制。

2）参考动态前馈控制。对于工程中大多数系统都是强非线性系统，当参考目标、外部扰动和自身参数等发生变化时，系统内部非线性会发生变化。此时，只依靠稳态反馈控制难以完成控制目标。因此，会加入一些正反馈或者负反馈作为补偿，在稳态控制律基础上，设计控制律 $u = u_s + u_f$，带入到系统中，得到 $\dot{x} = g(x)u$，要求 $g(x) \neq 0$，那么 u_f 与参考值 y^* 的动态变化有关系，称其为"参考动态前馈控制"，求得

$$u_f = \frac{\dot{y}^*}{g(x)}$$

当期望的参考动态变化时，起到相应的调节作用。

3）误差反馈控制。在上两步的基础上，依然不能保证系统能够达到控制目标，实现控制性能，为了提高系统的鲁棒性和小偏差调节能力，引入误差反馈控制 u_e，将 $u_c = u_s + u_f + u_e$ 带入系统，重新定义系统跟踪误差 $e = y^* - y$，则得到误差系统：

$$\dot{e} = g(x)u_e \tag{3.120}$$

对于这个系统，可以采用李雅普诺夫的方法来设计控制器，定义李氏函数

$$V = \frac{1}{2}e^2$$

求导得到：

$$\dot{V} = e\dot{e} = eg(x)u_e \tag{3.121}$$

因为 $g(x) \neq 0$，如果选择：

$$u_e = -\frac{k_1}{g(x)}e \tag{3.122}$$

其中，$k_1 > 0$，则能够得到：

$$\dot{V} = -k_1 e^2 \leq 0 \tag{3.123}$$

则系统是渐进稳定的。这里的选择是一个变增益的 P 控制，至此，整个一阶系统的三步法控制器的设计就完成了，得到最终控制律形式如下：

$$u_c = -\frac{f(x)}{g(x)} + \frac{y^*}{g(x)} - \frac{k_1}{g(x)}e \tag{3.124}$$

该方法广泛应用于汽车控制中，如汽车动力总成系统、混合动力汽车的起停非线性控制、柴油机系统设计、电动离合器执行机构位置制、电动汽车的集成控制、爆胎汽车的协同运动控制等。

（2）自适应三步法

为了克服传统三步法设计对模型参数的依赖，应进一步设计实时的自适应参数更新律。图 3.112 给出了基于自适应三步法的工程实现示意图，自适应三步法依然由稳态反馈控制、参考动态前馈控制和误差反馈控制组成，在此基础上需要重新设计自适应控制律。

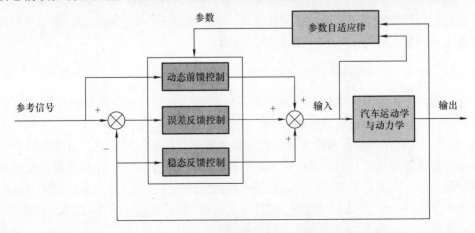

图 3.112　自适应三步法工程实现结构示意图

一阶非线性系统与二阶非线性系统的控制律和自适应率的详细推导过程,如读者感兴趣可参考文献[91],这里直接给出控制律结果如下。

一阶非线性系统控制律:

$$u_c = -\frac{\hat{f}(x)}{\hat{g}(x)} + \frac{1}{\hat{g}(x)}\dot{y}^* - \frac{k_1}{\hat{g}(x)}e \tag{3.125}$$

$$\dot{\theta} = ke\varphi$$

二阶非线性系统控制律:

$$u_c = u_s(x) + u_f(x, \ddot{y}^*, \dot{y}^*) + u_e(x) \tag{3.126}$$

$$\dot{\theta} = -ke_1\varphi, k>0$$

其中,稳态反馈控制律:

$$u_s = -\frac{\hat{C}(x)}{\hat{B}(x)}$$

参考动态前馈控制律:

$$u_f = -\frac{1}{\hat{B}(x)}\ddot{y}^* - \frac{\hat{A}(x)}{\hat{B}(x)}\dot{y}^*$$

误差反馈控制律:

$$u_e = -\frac{1+k_1k_2}{\hat{B}(x)}e_1 - \frac{k_1+k_2+A(x)}{\hat{B}(x)}\dot{e}_1$$

相应的合成变量$\hat{A}(x)$,$\hat{B}(x)$,$\hat{C}(x)$分别为:

$$\begin{aligned}\hat{A}(x) &= \sum_{i=1}^{n_1}\theta_{1,i}\frac{\partial f_{1,i}(x_1)}{\partial x_1} + \sum_{j=1}^{n_2}\theta_{1,j}\frac{\partial g_{2,j}(x_1)}{\partial x_1}x_2 \\ \hat{B}(x) &= \sum_{j=1}^{n_2}\sum_{l=1}^{n_4}\theta_{2,j}\theta_{4,l}g_{1,j}(x_1)g_{2,l}(x) \\ \hat{C}(x) &= \sum_{j=1}^{n_2}\sum_{k=1}^{n_3}\theta_{2,j}\theta_{3,l}g_{1,j}(x_1)f_{2,k}(x)\end{aligned} \tag{3.127}$$

自适应律中:

$$\begin{aligned}e_1(s) &= \frac{1}{s^2+(k_1+k_2)s+(1+k_1k_2)}(\varphi^T\Delta\theta) \\ &= F(s)(\varphi^T\Delta\theta)\end{aligned} \tag{3.128}$$

从控制律形式上可以看出,控制器每部分都与系统状态和工况信息相关,更新该信息实现控制器增益自调节,更重要的一点是控制律结构清晰,层次分明。

2. 鲁棒自适应三步法控制算法设计

一般智能车辆路径跟踪控制问题常采用三种坐标系,即大地坐标系,路径参考坐标系和车辆坐标系。智能车辆运动学模型如图3.113

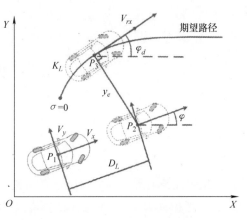

图3.113 智能车辆路径跟踪运动学示意图

所示。

图 3.113 中，y_e 表示预瞄车辆质心 P_2 到期望路径中心点 P_3 的直线距离，称为横向预瞄偏差值。u, v 分别是车辆质心 P_1 的纵向速度和横向速度。φ_e 表示车辆在大地坐标系下的偏航角 φ 与期望路径的偏航角 φ_d 之差，即 $\varphi_e = \varphi_d - \varphi$，其中，$r$ 为车辆横摆角速度。定义 $\sigma > 0$ 表示路径参考坐标系中心点 P_3 从初始点到当前路径的弧长，K_L 表示路径参考坐标系中心点 P_3 的曲率参数。

根据 Serret – Frenet 方程[68]，智能车辆运动学可以描述为：

$$\begin{aligned} \dot{\varphi}_e &= uK_L - r \\ \dot{y}_e &= u\varphi_e - v - D_L r + d_1 \end{aligned} \tag{3.129}$$

式中　D_L——预瞄距离；

$$d_1 = u(\sin\varphi_e - \varphi_e) + v(1 - \cos\varphi_e)$$

根据三自由度动力学模型，根据智能车辆路径跟踪控制目标，选择驱动力矩作为纵向控制输入 $u_1 = T_d$，前轮转向角为横向控制输入 $u_2 = \delta$。可将车辆动力学模型（三自由度公式）重写为：

$$\begin{cases} \dot{u} = vr - \theta_1 u^2 + \theta_6 u_1 + \theta_9 + d_2 \\ \dot{v} = -ur + \theta_2 \dfrac{v}{u} + \theta_3 \dfrac{r}{u} + \theta_7 u_2 + d_3 \\ \dot{r} = \theta_4 \dfrac{v}{u} + \theta_5 \dfrac{r}{u} + \theta_8 u_2 + d_4 \end{cases} \tag{3.130}$$

其中，扰动表示为：

$$\begin{aligned} d_2 &= -\frac{1}{M}F_{yf}\sin\delta + \frac{1}{MR_e}(T_{fl} + T_{fr})(\cos\delta - 1) \\ &\quad + \frac{1}{MR_e}[\cos\delta \quad \cos\delta \quad 1 \quad 1]\dot{\omega} \end{aligned}$$

$$d_3 = \frac{1}{M}F_{yf}(\cos\delta - 1), \quad d_4 = \frac{l_f}{I_z}F_{yf}(\cos\delta - 1) \tag{3.131}$$

参数如下：

$$\theta_1 = -\frac{C_a}{M}, \theta_2 = -\frac{(C_f + C_r)}{M}, \theta_3 = \frac{(C_r l_r - C_f l_f)}{M}, \theta_4 = \frac{(C_r l_r - C_f l_f)}{I_z},$$

$$\theta_5 = -\frac{(C_r l_r^2 - C_f l_f^2)}{I_z}, \theta_6 = \frac{1}{MR_e}, \theta_7 = \frac{C_f}{M}, \theta_8 = \frac{C_f l_f}{I_z}, \theta_9 = g\sin\chi_{road} \tag{3.132}$$

接下来将依据自适应三步法设计纵向与横向控制算法。根据车辆运动学和动力学的描述，得到被控系统的状态空间方程式（3.129）和式（3.130）。同时考虑参数不确定性，上述参数不能直接获取。因此在控制器设计过程中，$\hat{\theta}_i$ 表示动力学参数 θ_i 的估计值，其中 $i = \{1,2,3,4,5,6,7,8,9\}$。综上所述，如图 3.114 所示，智能车辆路径跟踪控制需求可描述为：给定光滑有界的纵向速度参考轨迹 u_r 和道路曲率 K_L，设计纵向控制律 u_1 和横向控制律 u_2，在考虑动力学不确定的前提下，当扰动满足 $d \in H_2 \cap H_\infty$，且 $t \to \infty$ 时，使得系统状态空间方程式（3.129）和式（3.130）鲁棒渐进跟踪期望的参考轨迹，即 $u \to u_r$ 和 $y_e \to 0$。

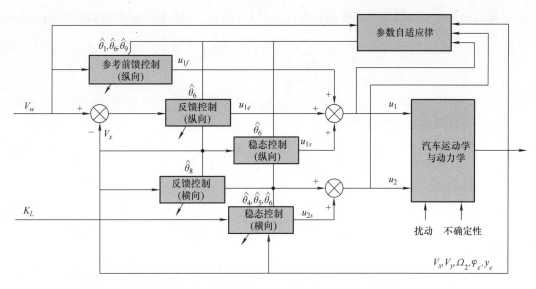

图 3.114 鲁棒自适应三步法横纵联合控制策略框图

（1）纵向鲁棒自适应三步法控制算法设计

由系统状态方程式（3.130）可知，纵向动力学与横向和横摆动力学在控制量上解耦，因此可以分别设计控制纵向控制器和横向控制器。纵向动力学如下：

$$\dot{u} = vr - \theta_1 u^2 + \theta_6 u_1 + \theta_9 + d_2 \tag{3.133}$$

选取输出变量 $y_1 = x_1 = u$，可得到系统如下：

$$\dot{x}_1 = A_1 x_1 + B_1 [\theta_a^T g_1(x_1) u_1 + \theta_{b1}^T f_1(x) + f_2(x) + d_2] \tag{3.134}$$

式中 $A_1 = 0$，$B_1 = 1$，$g_1(x_1) = 1$，$\theta_a^T = [\theta_6]$，$\theta_b^T = [\theta_1 \theta_9]$，$f_1 = [u^2 1]^T$，$f_2 = vr$。设置纵向速度参考 $u_{r1} = u_r$，动态方程如下，

$$\dot{x}_{r1} = A_{r1} x_{r1} + B_{r1} r_1 \tag{3.135}$$

式中 $A_{r1} = -\dfrac{1}{T}$，$B_{r1} = \dfrac{1}{T}$；

T——时间常数；

r_1——参考速度。

根据三步法设计基本步骤，设计鲁棒自适应三步法控制律为：

$$u_c = u_s(x) + u_f(x, \ddot{y}^*, \dot{y}^*) + u_e(x) \tag{3.136}$$

第一步设计类稳态反馈控制律。在忽略扰动和动态的情况下，考虑 $\dot{u} = 0$，则有：

$$0 = A_1 x_1 + B_1 [\theta_{a1}^T g_1(x_1) u_1 + \theta_{b1}^T f_1(x) + f_2(x)] \tag{3.137}$$

并考虑参考信号动态方程，可以设计稳态控制律：

$$u_{1s} = \dfrac{1}{\widehat{\theta}_{a1}^T g_1(x_1)} [B_1^T (B_1 B_1^T)^{-1} (A_{1r} - A_1) x_1 - \widehat{\theta}_{b1}^T f_1(x) - f_2(x)]$$

$$= \dfrac{1}{\widehat{\theta}_6} \left(-\dfrac{1}{T} - \widehat{\theta}_1 u^2 - \widehat{\theta}_9 - vr \right) \tag{3.138}$$

第二步设计参考动态前馈控制律，考虑 $\dot{u} = \dot{u}_r$，则有：

$$\dot{u}_r = A_1 x_1 + B_1 [\theta_{a1}^T g_1(x_1) u_1 + \theta_{b1}^T f_1(x) + f_2(x)] \tag{3.139}$$

结合类稳态控制律和参考信号动态方程式（3.135），可设计参考前馈控制律如下：

$$u_{1f} = \frac{1}{\widehat{\theta}_{a1}^T g_1(x_1)} B_1^T (B_1 B_1^T)^{-1} B_{1r} r = \frac{1}{T\widehat{\theta}_6} r \tag{3.140}$$

第三步设计误差反馈控制律，定义误差

$$e_1 = x_{1r} - x_1 = u_r - u$$

设计误差反馈控制律和自适应律：

$$u_{1e} = \frac{1}{\widehat{\theta}_{a1}^T g_1(x_1)} K_e = \frac{1}{\widehat{\theta}_6} k_{1p} e_1 \tag{3.141}$$

$$\begin{aligned}\dot{\widehat{\theta}}_{a1} &= -k_{a1} u_1 B_1^T P_1 e \\ \dot{\widehat{\theta}}_{b1} &= -k_{b1} f_1(x) B_1^T P_1 e\end{aligned} \tag{3.142}$$

（2）横向鲁棒自适应三步法控制算法设计

横向控制的控制需求是根据参考曲率 K_L，使得横向预瞄偏差值 y_e。由系统状态方程式（3.130）可知，横摆动力学如下：

$$\dot{r} = \theta_4 \frac{v}{u} + \theta_5 \frac{r}{u} + \theta_9 u_2 + d_4 \tag{3.143}$$

考虑路径跟踪的运动学，首先定义横向误差 y_e，建立如下李雅普诺夫函数：

$$V = \frac{1}{2} y_e^2$$

求导得到：

$$\dot{V}_2 = y_e \dot{y}_e = y_e (u\sin\varphi_e - v\cos\varphi_e - D_L r) \tag{3.144}$$

引入虚拟变量 $V_s = u_x \sin\varphi_e - D_L r$，对其求导可得到：

$$\begin{aligned}\dot{V}_s &= \dot{u}\sin\varphi_e + u\cos\varphi_e \dot{\varphi}_e - D_L \dot{r} \\ &= \dot{u}\sin\varphi_e + u\cos\varphi_e (uK_L - r) - D_L \left(\theta_4 \frac{v}{u} + \theta_5 \frac{r}{u} + \theta_8 u_2 + d_4\right) \\ &= F_2 - D_L \theta_8 u_2 + d_5\end{aligned} \tag{3.145}$$

式中 $F_2 = F_3 - D_L \left(\theta_4 \frac{v}{u} + \theta_5 \frac{r}{u}\right)$，$F_3 = \dot{u}\sin\varphi_e + u\cos\varphi_e (uK_L - r)$，$d_5 = -D_L d_4$。

为了保证误差 y_e 收敛到零，李雅普诺夫函数的导数需要满足

$$\dot{V}_2 = -k_2 y_e^2 < 0, \; k_2 > 0$$

为此，虚拟控制变量的期望值需要满足：

$$V_{sr} = -k_2 y_e - v\cos\varphi_e \tag{3.146}$$

由此可得：

$$\dot{y}_e = V_s - v\cos\varphi_e = -V_{sr} + V_s - k_2 y_e \tag{3.147}$$

求导得：

$$\ddot{y}_e = -\dot{V}_{sr} + \dot{V}_s - k_2 \dot{y}_e = F_2 - D_L \theta_8 u_2 - \dot{V}_{sr} - k_2 \dot{y}_e \tag{3.148}$$

根据三步法的设计原则给出相应控制律：

$$u_2 = u_{2s} + u_{2f} + u_{2e} \tag{3.149}$$

根据前述纵向控制器的设计原则，将式（3.148）改写成如下形式：

$$\begin{bmatrix} \dot{y}_e \\ \ddot{y}_e \end{bmatrix} = \begin{bmatrix} \dot{x}_3 \\ \dot{x}_4 \end{bmatrix} = \begin{bmatrix} 0 & 1 \\ 0 & -k_2 \end{bmatrix} \begin{bmatrix} x_3 \\ x_4 \end{bmatrix} + \begin{bmatrix} 0 \\ 1 \end{bmatrix} \left[-D_L \frac{v}{u} - D_L \frac{r}{u} \right] \begin{bmatrix} \theta_4 \\ \theta_5 \end{bmatrix}$$

$$+ \begin{bmatrix} 0 \\ -\dot{v}_{sr} + F_3 \end{bmatrix} + \begin{bmatrix} 0 & -D_L \end{bmatrix} \begin{bmatrix} 0 \\ \theta_8 \end{bmatrix} u_2 + d_5 \tag{3.150}$$

写成标准形式：

$$x = A_2 x + B_2 [\theta_{a2}^T g_2(x) u_2 + \theta_{b2}^T f_3(x) + f_4(x) + d_5] \tag{3.151}$$

其中：

$$A_2 = \begin{bmatrix} 0 & 1 \\ 0 & -k_2 \end{bmatrix}, \quad B_2 = \begin{bmatrix} 0 \\ 1 \end{bmatrix}, \quad \theta_{a2}^T = \begin{bmatrix} 0 \\ \theta_5 \end{bmatrix}, \quad \theta_{b2}^T = \begin{bmatrix} \theta_4 \\ \theta_5 \end{bmatrix}$$

$$f_4(x) = F_3 - \dot{v}_{sr}, \quad g_2(x) = \begin{bmatrix} 0 & -D_L \end{bmatrix}, \quad f_3(x) = \begin{bmatrix} -D_L \frac{v}{u} & -D_L \frac{r}{u} \end{bmatrix}$$

参考模型如下：

$$x_{r2} = A_{r2} x_{r2} + B_{r2} r_2 \tag{3.152}$$

具体如下：

$$\begin{bmatrix} \dot{x}_{r3} \\ \dot{x}_{r4} \end{bmatrix} = \begin{bmatrix} 0 & 1 \\ -\omega_n^2 & -2\xi\omega_n \end{bmatrix} \begin{bmatrix} x_{r3} \\ x_{r4} \end{bmatrix} + \begin{bmatrix} 0 \\ 1 \end{bmatrix} r_2 \tag{3.153}$$

式中 ω_n，ξ——分别为参考系统的自然频率和阻尼比；

r_2——参考横向偏差，值为零。

根据前文给出算法，第一步稳态反馈控制律 u_{2s} 形式如下：

$$u_{2s} = \frac{1}{\widehat{\theta}_{a2} g_2(x)} [B_2^T (B_2 B_2^T)^{-1} (A_{2r} - A_2) x - \widehat{\theta}_{b2}^T f_3(x) - f_4(x)]$$

$$= \frac{1}{D_L \widehat{\theta}_8} [-\omega_n^2 y_e + (2\xi\omega_n - 1) \dot{y}_e - \widehat{\theta}_{b2}^T f_3(x) - f_4(x)] \tag{3.154}$$

第二步，参考动态前馈控制律 u_{2f} 形式如下：

$$u_{2f} = \frac{1}{\widehat{\theta}_{a2} g_2(x)} B_2^T (B_2 B_2^T)^{-1} B_{2r} r_2 = 0 \tag{3.155}$$

第三步，误差反馈控制律 u_{2e} 和自适应律 $\dot{\hat{\vartheta}}$ 形式如下：

$$u_{2e} = \frac{1}{\widehat{\theta}_{a2} g_2(x)} K_2 e_2 = -\frac{1}{D_L \widehat{\theta}_8} [(1 + k_3 k_4) e_2 + (k_3 + k_4 - k_2) \dot{e}_2] \tag{3.156}$$

$$\dot{\widehat{\theta}}_{a2} = -k_{a2} u_2 B_2^T P_{02} e$$
$$\dot{\widehat{\theta}}_{b2} = -k_{b2} f_3(x) B_2^T P_{02} e \tag{3.157}$$

横向控制器的部分设计完成。

3. 仿真结果分析

为了验证设计自适应鲁棒三步法控制算法的防侧翻有效性，作者通过 CarSim 车辆仿真软件与算法开发软件 Matlab/Simulink 进行联合仿真。选取某型号 SUV，车辆参数如表 1.1 所示。

为了验证所设计控制器的防侧翻性能,主要考虑其横向控制性能。横向控制目标为横向预瞄偏差值为零,跟踪期望路径。在纵向速度控制条件下,进行横纵联合控制,通过不同的外部测量扰动和轮胎侧偏刚度等参数的变化,来验证在双移线工况下自适应鲁棒三步法的鲁棒性和良好的自适应能力。

在纵向控制设置的基础上,进行横向仿真验证。控制目标是,在给定工况下的参考曲率后能够进行控制横向预瞄偏差值 y_e 为零,来实现给定工况下的路径跟踪功能。同样,在 Matlab 中通过线性矩阵不等式(LMI)求解出参数自适应矩阵 P 和三步法误差反馈控制律参数矩阵 K。经求解,参数自适应矩阵 $P_2 = [3.1226, 0.3996\ 0.3996, 0.5037]$,三步法误差反馈控制律参数 $K_{p2} = -2.4966$,$K_{d2} = -96.4946$,K_{i2} 可自行调节。

双移线工况横纵联合控制仿真验证的路径参考曲率 K_L 如图 3.115 所示,车辆在第 5s 时加速并开始转向动作,第 19s 时回到原车道,结束转向动作。纵向参考速度是从 72km/h 匀速行驶 5s 后,开始匀减速到 36km/h,后匀加速至第 20s 处速度为 54km/h。联合仿真中,路面坡度为 0,纵向速度 u、横摆角速度 r、横向预瞄偏差值 y_e、偏航角偏差 φ_e 的测量扰动分别是均值为 0,方差为 10^{-3}、10^{-5}、10^{-6} 和 10^{-6} 的高斯白噪声,仿真时间为 30s。

图 3.116 中,红色实线 r_1 为参考速度,黄色虚线 V_{xr} 是参考动态信号,蓝色点划线 V_x 是横纵联合控制后的车辆纵向速度,三者重合,稳态误差较小可忽略。

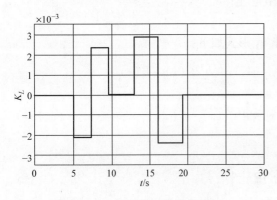

图 3.115 双移线工况参考曲率

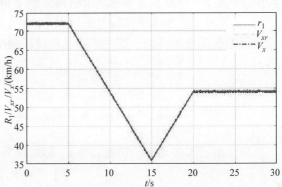

图 3.116 双移线工况纵向速度

图 3.117 中图 3.117a 是车辆在双移线工况下跟踪目标曲率时的横向预瞄偏差曲线,图 3.117b 是航向角偏差曲线,图 3.117c 是车辆的四轮转向角曲线,图 3.117d 是车辆的行驶轨迹,由此可以看出横向控制使得车辆根据参考曲率实现期望轨迹的跟踪。图 3.117e 与图 3.117f 分别为侧向加速度与侧倾角速度变化值,从其变化过程可知,侧倾角在 $t = 20$s 后恢复零值,表明鲁棒自适应三步法横向、纵向控制器有良好的跟踪性能和鲁棒稳定性。

3.3.3 基于 V2X 智能车防侧翻控制

美国公路上每年发生约 600 万起交通事故,造成约 3.5 万人死亡;每年交通事故带来的直接经济损失高达 2306 亿美元;交通事故已经成为 4~34 岁人群的主要死亡原因。美国公路交通事故中的 94% 是由人的操作和失误引起的[42]。智能网联车安全应用利用基于专用短程通信（DSRC）或 LTE/5G 通信技术，实现车-车（V2V）、车-路（V2I）的车辆安全预警，达到减少或完全防止交通事故发生的目的。

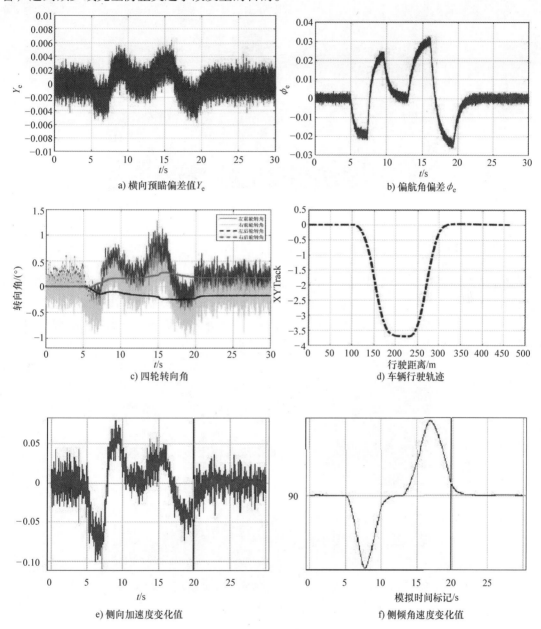

图 3.117 双移线工况下联合仿真结果

1. 基于 V2V 通信的智能车安全研究

美国在车辆安全方面的研究主要集中于基于 V2V 通信的安全应用，如图 3.118 所示。通过邻近车辆之间的无线数据交换，为提高交通安全提供一个有效平台。根据美国国家公路交通安全管理局（NHTSA）的估算，V2V 应用可以减少 71% 的非醉酒及药物影响的货车及客车交通事故。V2V 研究的愿景是将来任何车辆（汽车、货车、公交车以及摩托车）都可以与其他车辆通信,这个具有丰富数据的交流平台为实现将来主动式交通安全应用奠定了坚实的基础。

图 3.118　基于 V2V 通信的安全应用场景

2. 基于 V2I 通信的智能车安全研究

基于 V2I 通信的安全应用主要是通过车 – 路间的无线数据交换,达到预防交通事故的目的。初步研究结果表明,V2I 研究可以解决额外的 12% 交通事故[93]。V2I 研究的愿景是预防 V2V 应用所不能解决的其他交通事故的发生。此外,V2I 通信研究旨在确保其在全国范围内的互操作性,以支持基础设施及车辆的部署,并推进可互操作的、有成本效益的基础设施部署。图 3.119 为基于车 – 路通信的车载终端信息。

图 3.119　基于 V2I 通信的车载终端信息

3.4　本章小结

本章介绍了现在主流的汽车防侧翻控制技术,包括安全带、安全气囊等被动防侧翻控制技术,介绍了其常见结构及工作原理,通过数据说明安全带等措施对行车安全的重要性,并通过有限元技术对 SUV 与客车进行了结构设计与优化。被动措施不能防止汽车侧翻,但可

以降低汽车侧翻造成的危害程度。本章还针对诸如横向稳定杆、主动悬架、主动转向、主动制动与集成底盘等主动防侧翻控制技术,并结合控制技术介绍了 PID、MPC、H_∞ 等经典控制理论。为使防侧翻系统能够满足各种行驶工况的要求,可联合多种措施进行集成防侧翻控制。此外,在汽车智能化的趋势下,智能汽车的防侧翻控制研究也被提上日程。本章介绍了目前提出的一些基于路径规划与路径跟踪的防侧翻控制算法,此外,还介绍了基于 V2X 的智能车防侧翻控制技术的研究进展情况。

第4章 汽车侧翻试验技术

汽车侧翻试验研究的方法主要有静态侧翻测试试验，试车场内动态侧翻测试试验，以及汽车侧翻硬件在环试验等。

4.1 汽车静态侧翻试验

汽车静态侧翻测试试验通过试验台测量汽车侧翻极限值及静态稳定因子，进行汽车静态侧翻稳定性研究[24]。试验时，根据汽车侧翻时高侧一端车轮支承平面法向力为零这一条件，采用车轮负荷计观察高侧端车轮脱离，或直接利用质量传感器的读数和相关几何参数，来测量汽车侧翻时的最大侧翻稳定角。

4.1.1 SSF 试验法

静态评价主要通过计算车辆的稳定系数（Static Stability Factor，SSF）来评价，而这个系数是根据车辆的几何特性测量而来的，因此与车辆自身设计特性是紧密相关的，其计算公式为：Section 4

$$\text{SSF} = \frac{a_{y\_\max}}{g} = \frac{T}{2h} \tag{4.1}$$

式中 $a_{y\_\max}$——最大侧向加速度；
g——重力加速度；
T——轮距；
h——汽车质心高度，如图4.1所示。

由SSF的表达式可知，SSF只与汽车的轮距与质心高度有关，便于计算，SSF作为车辆静态侧翻的一个评价指标虽然比较简单，却是一个非常直接有效的指标。

4.1.2 侧拉试验法

侧拉试验法是通用汽车公司在1960年开发的一套用于研究汽车静态侧翻的试验装置，这种试验设备十分复杂，但一直沿用至今。与SSF类似，侧拉比例系数SPR（Side Pull Ratio）[24]也是一种根据车辆静态特

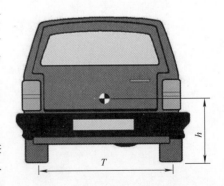

图4.1 静态稳定因数试验图

性，来评估车辆侧翻倾向的评价指标。SPR通过侧向拉力试验来获得，通过试验来模拟车身从稳态情况直至其发生侧翻，侧拉试验装置如图4.2所示，将汽车置于试验台上，一侧轮胎用挡板约束。在同侧施加一个通过车身质心的水平力，缓慢地侧向牵引汽车直到另一侧轮胎离地。SPR在SSF的基础上考虑了车轮和悬架运动学及柔顺性的影响，具有一定改进功能。侧拉比例系数（SPR）为：

$$\text{SPR} = \frac{F_P}{m} \tag{4.2}$$

式中　F_P——侧拉力；
　　　m——整车质量。

侧拉试验为准静态试验，通过一根宽尼龙带绑在车身的簧载质量处，在侧向缓慢地（25mm/min）施加拉力。

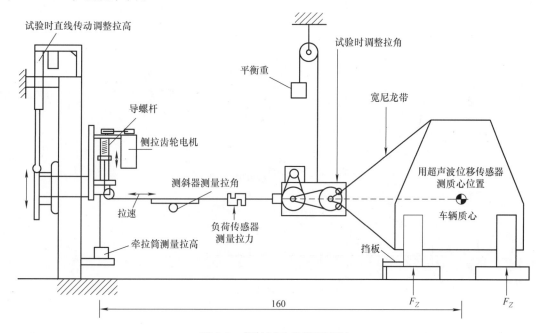

图4.2　侧拉试验步骤示意图

4.1.3　倾斜台试验法

T_{TR}通过倾斜台试验来获得，将车辆置于一个可绕纵向轴倾斜的平台上，平台的倾角缓慢增加到车辆发生侧翻，试验装置如图4.3所示，作用于车辆上的侧向力和垂直力及T_{TR}表达式如下：

$$F_Y = mg\sin\varphi, \quad F_Z = mg\cos\varphi \tag{4.3}$$

$$T_{TR} = \frac{F_Y}{F_Z} \tag{4.4}$$

式中　φ——车辆一侧两车轮刚离地平台的试验台倾斜角；
　　　m——车辆质量；
　　　g——重力加速度。

与侧拉试验相比，侧倾试验装置更加简单，侧倾试验不需要预先测量车辆的质心高度，甚至不需要提前测量汽车的质量，在减少试验流程的基础上，大大减小了试验误差，最接近车辆侧翻时的实际情况，估计值更能反映真实的汽车侧翻倾向性。1990 年开始，国际标准（ISO）推荐了侧倾试验台方法，NHTSA 也建议将侧倾试验台比例系数法用于厢式货车和 SUV 等车辆的侧翻稳定性试验。

然而，由于试验台侧倾后，车身侧向受力方向发生变化，不再保持水平；车辆与试验台之间的正压力也逐渐减小，对悬架和轮胎变形产生影响。

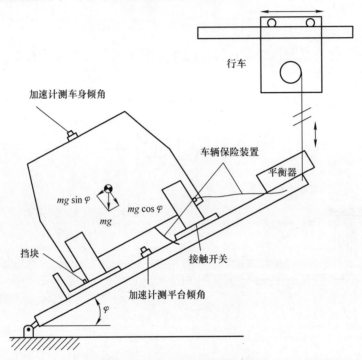

图 4.3 倾斜台试验步骤示意图

4.2 汽车动态侧翻试验

汽车动态侧翻测试试验[94]需要在试车场内完成。先选择各种典型路况，包括 J-Turn、Slalom、Double-Lane-Change 及 Fish-Hook 等。然后，通过采集系统得到动态过程中前轮转角输入、横向加速度、汽车侧倾角等变量。根据试验数据可进行汽车侧翻模型参数辨识，也可得到动态过程中汽车侧翻指标的极限值，再进行汽车侧翻动态稳定性分析等。

4.2.1 Fish-Hook 工况测试

NHTSA 认为 Fish-Hook 工况是评估动态侧翻倾向性的最佳工况，且相关测试表明[95]鱼钩工况的方向盘转角输入速率和幅度在驾驶员的能力范围内，因此选用 Fish-Hook 工况来评定车辆发生侧翻的概率。

测试中,车辆初始速度控制在 56~80km/h。达到目标速度时,使用可编程转向机输入图 4.4 所示的转向操作命令。如果初始转向输入为逆时针方向,则当车辆的侧倾速度为 1.5°/s 时,方向盘转角将反向旋转;如果初始转向输入为顺时针方向,则当车辆的侧倾速度为 -1.5°/s 时,方向盘转角将反向旋转。完成转向后,方向盘保持 3s,之后回归初始状态。如图 4.5 所示,在红线起始位置处,迅速进行 270°左转向。然后,在位置 2 处进行 540°回调右转向,待试验完成后评价的结果确定车辆在动态试验中是发生"tip"或者"notip",其中 tip 的定义为试验中车辆内侧两个轮胎同时从路面上至少上浮 50.8mm。

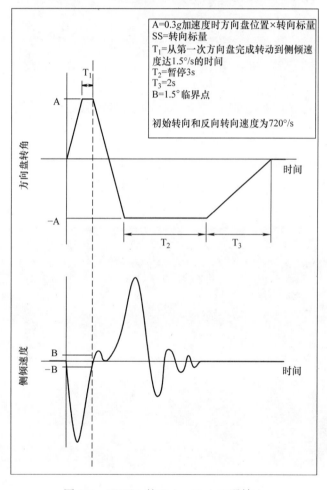

图 4.4　NHTSA 的 Fish – Hook 工况输入

每个 Fish – Hook 工况测试包含两个阶段:使用左 – 右转向(第一阶段)进行测试,以及使用右 – 左转向(第二阶段)进行测试。通常来说,左 – 右测试的顺序在右 – 左测试之前。

4.2.2　Dolly 侧翻测试

在 1970 年 SAE 冲击和侧翻小组委员会的报告中,梅赛德斯 – 奔驰介绍了 Dolly 侧翻试

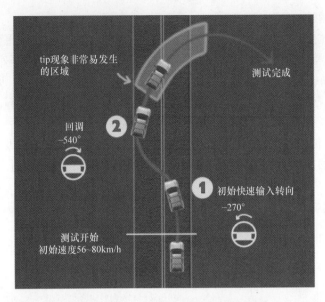

图 4.5 Fish–Hook 工况动态侧翻试验

验程序（Dolly Rollover Test Procedure）[96]，Dolly 侧翻试验于 1971 年被纳入 FMVSS208，于 1993 年通过 SAE J2114 "Dolly 试验规程"，SAE J2114 侧翻测试过程如图 4.6 所示，Dolly 侧翻试验固定装置如图 4.7 所示。

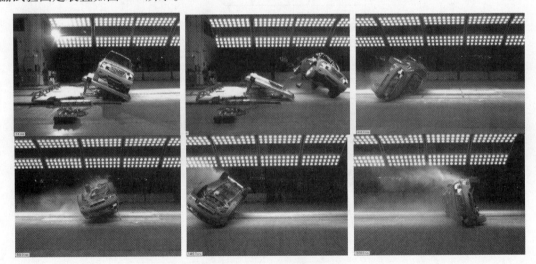

图 4.6 SAE J2114 侧翻测试过程

SAE J2114 侧翻测试方法是使用最广泛的侧翻测试方法之一，因为它可以实现对车辆侧翻位置和侧翻方向的控制。尽管如此，但在测试期间，特定车辆与地面接触点的时间和位置，以及由此产生的车辆侧翻运动是不可重复的。

如图 4.8 所示，采用一个 23°斜角的楔形平面作为侧翻试验样车运载装置。下侧轮胎边缘离地 10.16cm，上侧轮胎边缘离地 22.86cm。然后以 48.3km/h 的速度平移，在不大于 0.914m 的距离内平台从 48.3km/h 减速到零，减速度至少为 $20g$，持续时间至少为 0.04s。

NHTSA 在 20 世纪 80 年代早期使用这种测试方法来测试各种乘用车和货车，从 20 世纪

图 4.7 Dolly 侧翻试验固定装置

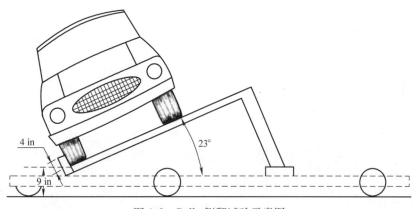

图 4.8 Dolly 侧翻试验示意图

70 年代至今有许多研究者做了大量的研究。该方法还被用于开发、测试和评估侧翻乘员保护系统。此外，这种测试方法已被用于研究除混凝土路面以外的侧翻动力学。

4.2.3 斜坡侧翻测试

与 SAE J2114 测试方法中车辆的横向运动不同，斜坡测试是靠车辆前进（纵向）的动量，并将其转化为侧倾运动。斜坡侧翻通常具纵向速度较高和侧倾率相对较低的特点，根据车辆的前进速度和斜坡布置，侧翻和未侧翻情况都可能发生，从而可以为防侧翻控制算法提供侧翻和未侧翻两种情况下的侧倾率数据。图 4.9 所示为一种给定高度、宽度和长度的斜坡配置。

平面坡道的设计方式是使车辆通过如图 4.9 所示的平面斜坡，可用于测试从小型汽车到轻型货车和 SUV 的各种车辆。测试过程中，车轮一侧与斜坡接触，另一侧与路面接触。当车辆继续沿着斜坡向上移动时，左、右侧在纵向的加速度不同，导致车辆绕着纵轴旋转。当车辆离开坡道时，车辆继续绕着纵轴旋转，直到与地面接触。平面斜坡测试如图 4.10 所示。

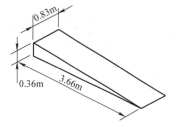

图 4.9 平面斜坡结构图

图 4.10 平面斜坡测试示意图

测试过程中需要注意两个问题：

1) 每次以同样的方式让试验车辆上坡道。
2) 试验车辆上的方向盘在试验过程中是否处于锁定位置。

另一种测试坡道的类型为曲面或螺旋坡道，如图 4.11 所示。曲面斜坡可以在车辆沿坡道上行时提供一个侧倾角。一般情况下，曲面斜坡测试会产生一个或两个四分之一转的车辆侧倾，比如分别为 90°和 180°。

图 4.11 曲面斜坡测试

可以通过使用不同的斜坡配置来产生车辆的侧翻和非侧翻运动，如斜坡长度、斜坡高度、斜坡平面（平面或曲面）、车辆速度等。

4.2.4 路缘绊倒测试

侧向路缘绊倒试验如图 4.12 所示，在纯侧向路缘试验模式下，车辆被放置在一个比路缘高约 15cm 的滑车上，保证其高度足以让其边缘与路缘相互作用。然后，将滑车拖至预定速度（该速度可通过特定车辆的 CAE 侧翻模型或通过试错法确定），并在与路缘发生碰撞之前从牵引装置释放。一般来说，车辆会有大约 $7\sim12g$ 的侧向加速度，从而产生高侧倾率和高侧向加速度信号。另一种用于进行此类测试的方法是在低摩擦表面上侧滑的车辆拖到路缘上（例如，在路面上铺一层肥皂水使车辆侧滑）。路缘高度和侧向速度是影响路缘侧向碰撞过程中侧倾状态的参数。Thomas 和 Cooperrider 提出了使用乘用车和 SUV 进行测试的方法[97]，分析车辆运动学结果，包括位移、速度和能量。此外，将结果与同类型车在相似速度下的试验结果进行比较。

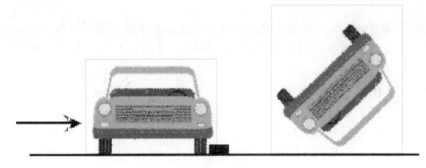

图 4.12　侧向路缘绊倒示意图

Hare 和 Hughes 提出了一种侧向路缘绊倒测试方法[98]，该方法利用 SAE J2114 台车，但车辆支持平台是水平的，将车辆发射到铝蜂窝缓冲的路缘上（蜂窝通常用于确保发生翻转），如图 4.13 所示。在这种测试中，试验车辆从距离地面 47cm 的台车上下来，撞击到 15cm 高的路缘，该路缘距发射点向下约 4m。文献作者们指出，在有限的领域内评估虚拟运动学和约束性能方面，这种测试方法提供了一个新的思路。

图 4.13　侧向路缘绊倒测试方法示意图

路缘绊倒测试也可以在斜向配置中进行，如图 4.14 所示，其中车辆具有向前的速度，具有或不具有横摆率，以规定的角度撞击路缘。这种方法的好处是可以更接近事故发生场景，但代价是由此产生的车辆行为的可重复性差。纯粹的侧向变化有时被称为"侵略性的"侧向路缘绊倒，在某些研究中被认为是最坏的情况。除了路缘高度和侧向速度外，前进速度和侧向滑移角也是斜路缘绊倒测试的可控因素。密苏里大学哥伦比亚分校（University of Missouri Columbia）的 Nalecz[99]进行的一系列测试就是斜路缘测试的一个例子。在这些测试中，车辆通过遥控以三种不同的方式驶向路缘：直行、转弯、急转弯。

图 4.14　斜路缘绊倒测试示意图

4.3 汽车防侧翻控制系统硬件在环试验

硬件在环是随着计算机和微电子技术的进步而发展起来的一门新技术。汽车侧翻硬件在环试验研究，包括驾驶员在环仿真研究和主动防侧翻控制系统硬件在环试验研究[100-101]。前者可以采用真实的驾驶员输入和直观的三维模拟道路工况，实现汽车侧翻模型验证及汽车防侧翻控制动力学仿真，使得仿真结果更加真实可靠。主动防侧翻控制系统硬件在环试验，则可以代替汽车动态侧翻试验，实现部分执行机构的硬件或子系统的性能测试，减少汽车动态侧翻试验的危险性和昂贵的试验费用，缩短汽车防侧翻控制系统的研制周期。

金智林研究设计了一种汽车防侧翻控制系统硬件在环试验平台[3]，该试验平台由计算机、PCI-6024E 多功能数据采集卡、SC-2075 端子板、侧翻预警器、控制器、电子机械制动系统部分硬件及传感器组成。硬件在环试验系统以软件方式模拟汽车行驶环境，并计算控制输入下汽车侧倾状态；以硬件方式实现汽车侧翻预警、控制及驱动电子机械制动系统产生防侧翻力矩。

4.3.1 汽车防侧翻控制系统硬件在环试验平台

汽车防侧翻控制系统硬件在环试验平台框图，如图 4.15 所示。该试验平台由计算机系统、汽车侧翻预警/控制系统、制动系统等组成。它具备以下功能：一是实现汽车防侧翻控制系统的全软件在环仿真分析，由在环仿真软件把汽车侧翻模型、执行机构模型、汽车防侧翻预警及控制算法连接起来，在人机交互界面上选择不同行驶工况，并把汽车侧翻状态输出

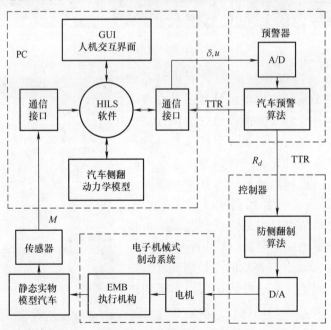

图 4.15 汽车防侧翻控制系统硬件在环试验平台框图

到人机交互界面实时显示；二是能单独分析和验证汽车防侧翻预警/控制器、电子机械制动系统在汽车侧翻控制系统中的性能；三是能在模拟的外部环境下进行汽车防侧翻控制系统硬件在环试验，并实现根据结果不断修正模型的循环设计过程，使结果更加真实可靠，以达到汽车防侧翻控制系统设计要求。

1. 人机交互界面设计

根据汽车防侧翻控制系统硬件在环试验平台设计要求，显示界面应具有良好的人机交互操作。试验人员可通过界面改变影响汽车侧翻性能的主要参数，选择汽车运行的模拟工况，看到汽车侧翻状态变量实时结果，并保存试验数据。基于此种目的，汽车防侧翻控制系统硬件在环试验平台选用 Windows 操作系统为 PC 的开发环境，采用 Visual C++ 设计界面，主界面如图 4.16 所示。这样不仅简化了编程过程，也便于设计人员进行程序的扩展和维护。

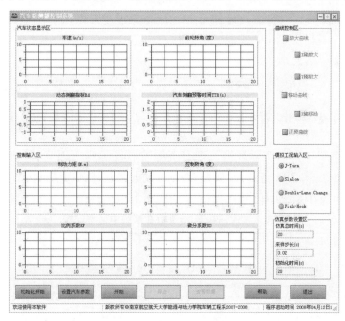

图 4.16　汽车防侧翻控制系统硬件在环试验平台主界面

如图 4.16 所示，界面分成仿真参数设置区、模拟工况输入区、控制输入区、汽车侧翻状态显示区，以及曲线控制区五个部分。仿真参数设置包括仿真总时间长、采样步长及初始化时间设置。试验人员可进行 J-Turn、Slalom、Double-Lane-Change、Fish-Hook 四种模拟工况的选择，但每次仿真只能选其中一种工况。控制输入区以图形方式显示控制参数随时间变化曲线。汽车侧翻状态显示区以图形方式直观显示仿真过程中汽车侧翻状态变量随时间变化的关系。在曲线控制区，试验人员可对选中区域的曲线进行局部放大和平面内移动操作。

汽车侧翻动力学模型参数设置界面及试验结果的数据查看界面，如图 4.17 和图 4.18 所示。通过参数设置界面输入可改变影响汽车侧翻性能的主要参数，可适应不同车型的试验研究。试验的结果不仅可在主界面中直接显示，也可以选择以 .txt 或 .dat 文件形式保存，供后处理分析。所有试验界面符合 Windows 设计风格，且具有良好的人机交互操作。

2. 通信接口设计

硬件在环试验平台的通信接口是界面与实物之间信息交换的桥梁。在汽车防侧翻控制系统硬件在环试验中,PC 需要将汽车模型的车速及前轮转角信号,以模拟量形式输出给预警/控制器,而预警/控制器则将汽车侧翻预警时间值及 PD 控制算法的比例微分系数,以数字信号形式传输给 PC,电子机械制动系统把控制力矩以模拟信号形式传送到 PC。因此,通信接口必须具有从模拟信号到数字信号及从数字信号到模拟信号的双向转换,以及数字信号直接通信功能。

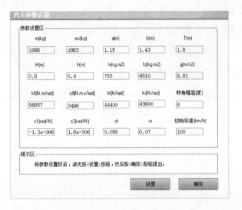

图 4.17　汽车模型参数设置界面

图 4.18　数据保存界面

考虑到 HILS 系统运行的实际环境,现有资源及软件编程等因素,这里选用美国国家仪器(National Instruments,NI)公司的典型多功能数据采集卡 PCI－6024E 及 SC－2075 端子板。SC－2075 端子板在系统中信号连接搭配见表 4.1。

表 4.1　SC－2075 端子板在系统中信号连接

SC－2075 端子板接头	信号标识	连接信号	信号类型
弹簧端子/AGND	AGND	模拟输入信号地	模拟输入
弹簧端子/CH7＋	ACH7	制动力矩信号	模拟输入
弹簧端子/CH6＋	ACH6	液压缸压力信号	模拟输入
弹簧端子/CH5＋	ACH5	电机电流信号	模拟输入
BNC/CH0	DAC0	车速信号	模拟输出
BNC/CH1	DAC1	前轮转角信号	模拟输出
弹簧端子/DIO0－7	DIO0－7	侧翻预警时间值	数字输入
		比例系数	数字输入
		微分系数	数字输入

3. 硬件在环试验平台软件设计

汽车防侧翻控制系统硬件在环试验平台的软件在 PC 上运行,能根据试验人员在人机交互界面的操作命令,控制整个硬件在环系统运行流程,实现汽车侧翻动力学模型及系统中未实物化的执行机构动力学模型或控制算法仿真计算,完成实物与 HILS 平台之间的信息交换,预留可维护和扩展的功能接口。因此,HILS 软件是汽车防侧翻控制系统硬件在环系统的控制核心。

为了提高系统开发的效率,采用 VC＋＋ 与 MATLAB 混合编程的方法进行软件设计,既能利用 VC++开发工具的 Windows 平台优势,设计出良好的人机交互界面,又能充分发挥 MATLAB 强大的数据处理功能,方便汽车侧翻动力学模型仿真计算,以及预留未实物化的执行机构动力学模型的扩展接口。

汽车防侧翻控制系统硬件在环试验平台的软件流程如图 4.19 所示。完整的 HILS 仿真软件打包集成可执行文件形式,执行以后进入汽车防侧翻控制系统硬件在环平台主界面,软件设计时按照主界面上按钮设计各子模块。第一次试验时,需进行采集卡初始化,将模拟输入端通过 SC-2075 端子板接入零电压,消除端子板初始干扰。试验平台可根据不同类型汽车进行参数设置,如果不设置参数,系统将默认一组设置好的 SUV 参数。汽车侧翻动力学模型可根据模拟工况及控制输入的制动力矩和控制转角,按侧翻规律模拟计算得到汽车动态侧翻指标后在主界面显示,并将汽车速度及前轮转角输出给侧翻预警/控制器。

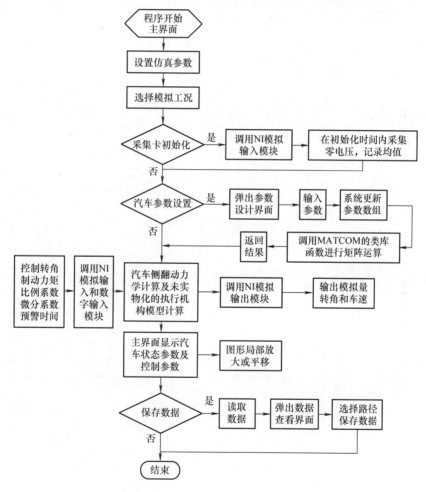

图 4.19 汽车防侧翻控制系统硬件在环试验平台软件流程图

4.3.2 汽车侧翻预警器及控制器的软/硬件设计

随着产品智能化程度的不断提高,8 位单片机已经很难满足控制器设计的要求。为了满足预警器和控制器在汽车防侧翻控制系统中的性能要求,本节作者以 Samsung 公司推出的

16/32 位处理器 S3C44B0X 为核心,设计了汽车侧翻预警器和控制器,并把硬件连接到在环试验平台,进行了预警器和控制器性能测试。

1. 汽车侧翻预警/控制器硬件设计

汽车侧翻预警/控制器硬件部分包括 S3C44B0X 微处理器、电源模块电路、外部时钟输入电路、复位电路、模拟信号处理电路、存储器扩展电路,以及语音播报功能电路和 JTAG 接口电路。

S3C44B0X 芯片的内部结构如图 4.20 所示。它以 ARM7.0 为内核,支持 Thumb16/32 位双指令集,其指令操作在寄存器间进行,采用缓存 - 主机 - 外存三级存储结构,使取数与存数指令分开执行,提高了处理速度。该芯片支持基于 JTAG 接口的在线调试功能,可方便调试程序。因此,选用 S3C44B0X 微处理器可提高系统计算效率和可靠性,满足汽车防侧翻预警及控制算法的设计要求。

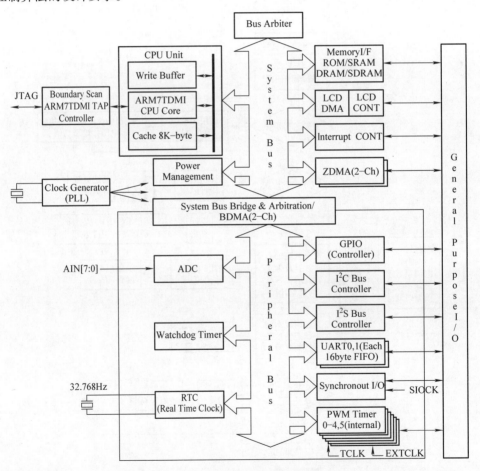

图 4.20 S3C44B0X 芯片的内部结构图

电源模块电路如图 4.21 所示。SC - 2075 端子板提供 ±15V 以及 5V 电源。5V 电源经过电容去除电源噪声后,输入到两个三段电源转换芯片 AMS1117,分别得到 3.3V 和 2.5V 的电压输出。2.5V 电源提供给 S3C44B0X 微处理器内核逻辑电压以及 A/D 转换的参考电压;3.3V 电源提供 I/O 接口以及实时时钟的工作电压。当预警/控制器断电后,为保证实时时钟正常工作，采用备用电池提供 3.3V 电源。

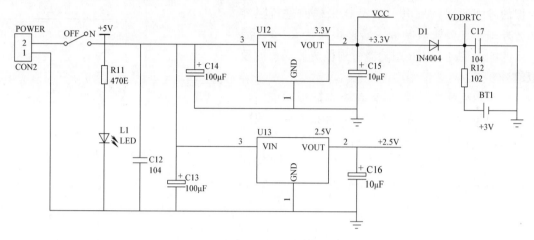

图 4.21　电源模块电路图

外部时钟电路如图 4.22 所示。它采用 8MHz 石英晶体振荡器，经过内部 PLL 控制电路 8 倍频后，得到 S3C44B0X 微处理器内核工作系统主频为 64MHz。此外，还需要在 PLL 控制电路中外接一个 820pF 的电容。片内实时时钟工作频率由 32.768kHz 的石英晶体振荡器提供。

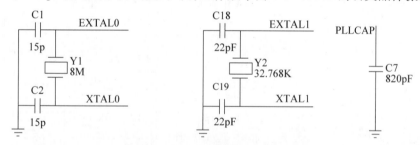

图 4.22　外部时钟电路图

复位电路如图 4.23 所示，可提供上电复位及按键复位两种复位模式。上电复位采用阻/容电路，在电源打开且稳定后，系统复位引脚 nRESET 必须保持低电平 4 个 MCLK 周期。选择电阻值 10kΩ，电容 10μF，由于电容两极电压不能突变，通电后 0.1s 才能使复位引脚完全达到高电平。为了使复位电平可靠，设计中增加了两个施密特触发器。

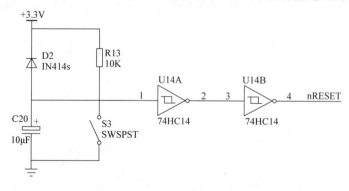

图 4.23　复位电路图

模拟信号处理电路如图 4.24 所示。为了去除模拟信号中的高频噪声,在 A/D 采样前进行阻容滤波处理,二极管限制最大转换电压为 2.5V,滤波后的电压经过 LF356 跟随器得到稳定低噪声的模拟信号。

汽车侧翻预警/控制器具有语音播报功能,可把汽车侧翻预警时间值以语音形式播报出来,提醒驾驶员采取措施。语音输出电路如图 4.25 所示。JTAG 接口可以在线调试程序,并把程序固化在 FLASH 存储器中,电路如图 4.26 所示。

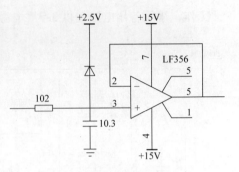

图 4.24　模拟信号处理电路图

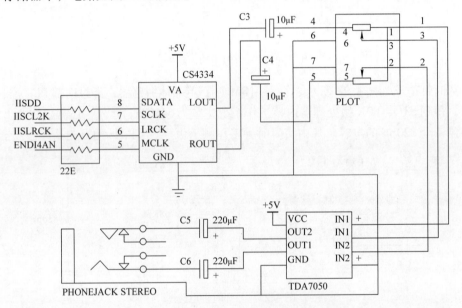

图 4.25　语音输出电路图

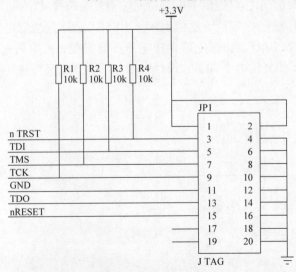

图 4.26　JTAG 接口电路图

另外，S3C44B0X 微处理器内部不集成 ROM、RAM 和 D/A 转换器。设计时采用并行扩展 FLASH 芯片（SST39VF160）及 SDRAM 芯片（HY57V641620）；采用 I2C 串行扩展 EEPROM 存储器（AT24C512）。程序固化到 FLASH 中，中间计算数据在 SDRAM 中临时保存，可加快运算速度，预警/控制计算结果保存 EEPROM 中。控制电压采用 PWM 形式输出，即根据计算结果调节 PWM 占空比，由 I/O 接口直接输出，然后通过阻容滤波得到平均值，作为输出的控制电压。

2. 汽车侧翻预警/控制器软件设计

汽车侧翻预警/控制器软件流程如图 4.27 所示。它不仅要实现预警算法和控制算法，同时要采用正确的配置，充分利用 S3C44B0X 微处理器的硬件资源特性，满足预警的实时性要求。

汽车侧翻预警/控制算法采用 C++ 语言编程实现，包括 A/D 采集、汽车侧翻预警时间值计算和保存、采样步长定时、输出 PWM 控制信号程序模块。

4.3.3 电子机械制动系统设计及性能分析

基于预警的汽车防侧翻控制，要求制动执行机构有很快的响应速度，即制动执行机构从响应控制命令到产生制动力的时间，应该远小于汽车侧翻过程的时间，传统液压制动系统很难满足这样的设计要求。随着线控制动技术逐渐成熟，差动制动防侧翻控制可望得以有效实现。电子机械制动（EMB）系统是线控制动技术的一种。它与

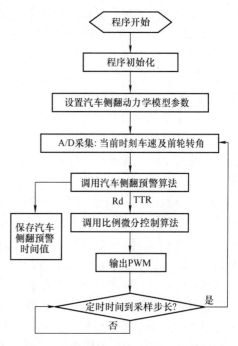

图 4.27 汽车侧翻预警/控制器软件流程图

常规的液压制动系统不同，采用电能为能量来源，采用电线传递能量，数据线传递信号，由制动力矩电机带动增力机构和制动钳压紧制动盘工作；整个系统没有液压管路，不存在液压油泄漏问题，且没有不可回收部件。因此，EMB 系统响应速度快，且有利于节能和环保。

1. 电机机械制动系统执行机构设计

在研究中，通过选购、采用 UG 软件设计与研制，得到了 EMB 系统的部分硬件机构。其中包括制动力矩电机、减速器、滚珠丝杠、联轴器、推杆及液压缸，液压盘式制动器。

1) 制动力矩电机及减速器：在制动时，当制动钳与制动盘接触后，电机将在卡止的恶劣状态下工作。这要求电机性能优越，反应迅速，可提供足够的力矩，结构紧凑，能安装在狭小的制动空间内，并要求电机能在冷、热、泥水、振动、电磁干扰等恶劣环境下可靠工作。本例的设计中选用了东方电机集团生产的 DM10-GN 型直流力矩电机。该电机可连续堵转工作 1min 以上，额定电流 6.2A，额定力矩 0.705N·m，额定功率 120W，工作电压 24V，最高转速 1800r/min。配套有各种传动比的减速器，根据系统设计要求选定传动比为 20 的减速器。

2) 滚珠丝杠：这是可以实现增矩并将旋转运动转化为直线运动的装置。设计中选用标准件 NSK 滚珠丝杠，其传递效率较高，钢球外循环式滚珠丝杠的结构适应重载传动。当螺

杆旋转运动时，若限制带滚珠的螺母圆周运动，则螺母会在螺杆上产生前后平移运动。该滚珠丝杆可承受最大动载荷达到 11.1kN，满足系统最大制动力的设计要求。

3) 联轴器：系统中各部间的连接都是轴向的，由于加工精度及安装误差很难保证所有部件的同轴度完全一致，难免会出现不同轴现象。为了防止系统执行机构在装配时，由于不同轴度导致力矩传感器损坏及执行机构卡死等现象，试验中设计了一对铝合金材质的弹簧联轴器，该联轴器加工方便，成本低廉，其许用力矩高达 12N·m，主要用在电机与力矩传感器，以及力矩传感器与 NSK 滚珠丝杆之间的连接。

4) 液压缸：为了简化设计过程，充分利用已装备汽车的液压式制动钳和制动盘，并不直接由滚珠丝杆中螺母及推杆的平动带动制动钳夹紧制动盘，而由推杆通过少量的液体推动制动钳活塞，然后推动制动钳夹紧制动盘。因此，液压缸系统包括缸筒、液压缸活塞推杆、液压缸端盖、液压缸导向套和液压缸支撑。

2. 传感器选择及驱动电路设计

为了获得执行机构的反馈信息并传送到 PC 机，根据设计要求选择电流传感器、力矩传感器以及液体压力传感器，分别用于测量电机的输入电流、减速器的输出扭矩以及推动制动钳活塞的液体压力。

电流传感器选用型号为 CSM100LT - A 的磁平衡霍尔电流传感器，其测量范围为 0 ~ 100A。为了提高测量精度使传感器工作在中间区域，绕线匝数选择为 10 匝，则可测量线路最大电流为 10A，输出 0 ~ 5V 的电压与输入电流线性对应，电流变化时电压输出稳定时间小于 1μs；力矩传感器选用了航天空气动力技术研究院开发的 AKC - 215 动态力矩传感器。该传感器采用电阻应变式原理，结合电子技术，实现非接触电源供电与信号输出，精度高，性能稳定可靠，量程范围广。适用于动、静扭矩测量，允许测量转速最高达到 10000r/min，最大力矩 100N·m，能测量顺时针和逆时针两个方向旋转的力矩及转速；液压压力传感器选用 PPM - 201 压阻式压力传感器。该传感器最大量程为 35MPa，精度 ±2.5‰，采用 M8×1 螺杆与液压缸连接，外圈密封，采用三线制电器连接，包括 15V 电源输入线、地线以及信号线，输出电压范围 0 ~ 5V。

电机驱动电路是侧翻预警/控制器与电子机械制动系统的中间连接，EMB 系统应能根据控制器输出的 PWM 信号正确制动。驱动电路由普通运算放大器芯片 LM741 和 N - MOS 栅极管放大器 IRF250 芯片及采样电阻组成。其中，IRF250 芯片可以承受的最大电流为 30A，最大功率为 150W，为了保护 IRF250 芯片过载，在电路的输出端与负载电机并联了一个反向二极管。驱动电路原理如图 4.28 所示，为恒流型输出电路。

3. 电子机械制动系统数学模型及性能分析

EMB 系统电路及执行机构的简化物理模型如图 4.29 所示，输入为控制电压 U_e，输出为制动产生的抗侧翻力矩 M。

忽略驱动电路及减速器的响应时间，得到输入控制电压经驱动电路、力矩电机、减速增矩后的减速器转速输出，两者间的传递函数为：

$$\frac{\dot{\theta}_N(s)}{U_e(s)} = \frac{k_m(L_m s + R_m)}{N_i R_e [(J_m s + b_m)(L_m s + R_m) + k_b k_m]} \tag{4.5}$$

减速器输出力矩与控制电压稳态关系为：

$$T_N = (k_m N_i / R_e) U_e \tag{4.6}$$

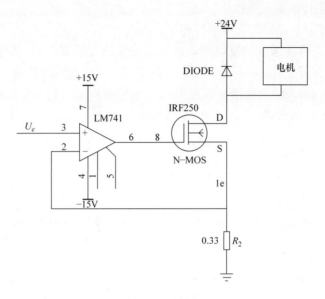

图4.28 驱动电路原理图

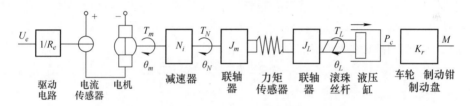

图4.29 EMB系统电路及执行机构简化物理模型

式中 R_m 和 L_m——分别为电机的电阻和电感；
k_m——电机力矩系数；
k_b——电机反电动势系数；
J_m——电机转动惯量；
b_m——电机阻尼比系数；
N_i——减速器传动比；
θ_N——减速器输出转角；
T_N——减速器输出力矩。

电机及减速器动态特性参数见表4.2。

表4.2 电机及减速器动态特性参数

R_m/Ω	$k_m/(\text{N}\cdot\text{m/A})$	$k_b/(\text{V}\cdot\text{s/rad})$	L_m/mH	$J_m/(\text{kg}\cdot\text{m}^2)$	$b_m/(\text{N}\cdot\text{m}\cdot\text{s/rad})$	N_i
4.5	0.155	0.84	3.6	0.02	1.0	20

减速器输出经传动轴，弹性联轴器传递后得到滚珠丝杠输入转角模型简化为：

$$\frac{\theta_s(s)}{\dot{\theta}_s(s)} = \frac{1}{a_{s1}s + a_{s0}} \tag{4.7}$$

式中 θ_s——滚珠丝杆的输入转角;

a_{s1}、a_{s0}——联轴器及传动轴简化模型传递系数。

液压缸中液体选用抗压缩的航空制动液,与传统液压系统不同,该系统中液压缸体积小,装入制动液少,因此可忽略制动液响应时间。同时忽略滚珠丝杆响应时间,根据机械传递关系可得液压力与输入转角比例关系为:

$$\frac{P_c}{\theta_s} = K_l \frac{P_s/(2\pi)}{s_l} \quad (4.8)$$

式中 P_s——滚珠丝杆的导程;

s_l——装入的制动液在液压缸的内原始长度;

制动系统结构参数值见表4.3。

表4.3 联轴器、滚珠丝杆、盘钳式制动器及车轮结构参数

P_s/mm	s_l/mm	K_l/(N/m²)	a_{s1}	a_{s0}	K_r/(N·m/Pa)	R_r/mm
5	25	1.8×10^9	0.001	0.14	2.39×10^{-4}	310

钳盘式制动器根据中华人民共和国机械行业标准(JB/T 7156—1993)设计,为单活塞双向对置式,制动盘直径400mm,液压缸直径50mm。制动器制动力矩经车轮传递得到轮胎与地面制动力,根据差动制动原理形成抗侧翻力矩。忽略制动器响应时间,限制轮胎与地面制动力不大于轮胎与地面的纵向附着力,得到:

$$M = f_b \cdot T/2 = (K_r P_c / R_r) \cdot T/2 \quad (4.9)$$

式中 K_r——钳盘式制动器传递系数;

R_r——车轮滚动半径;

f_b——轮胎制动力。

制动钳、制动盘、车轮结构参数值参见表4.3。

由式(4.5)~式(4.9)得EMB系统抗侧翻力矩与控制电压间传递函数为:

$$\frac{M(s)}{U_e(s)} = \frac{K_r T K_l P_s}{4\pi R_r s_l (a_{s1}s + a_{s0})} \cdot \frac{k_m(L_m s + R_m)}{N_i R_e [(J_m s + b_m)(L_m s + R_m) + k_b k_m]} \quad (4.10)$$

图4.30为电机及减速器动态特性的仿真结果与试验结果比较。0.5s时输入控制电流从零突变到3A,细实线为力矩传感器测量数据,粗实线为电机及减速器模型仿真的结果。可以看出,电机及减速器动态特性的仿真结果与试验数据非常吻合,仿真结果显示减速器0.66s时输出最大扭矩9.32N·m,而试验数据在0.68s时达到最大值,但由于力矩传感器量程大,测量误差导致试验结果波动较大。

图4.31显示了传统液压制动系统和EMB系统的阶跃响应特性仿真结果与试验结果的对比。0.5s时输入控制电压从零变到1V,细实线为压力传感器测量数据输入到钳盘式制动器及车轮模型后,得到的抗侧翻力矩响应,粗实线为EMB系统模型仿真结果,点画线为传统液压制动系统仿真结果。结果显示EMB系统在0.7s时达到最大力矩值6450N·m,而传统的液压系统在1.78s时达到此值;试验测试数据为0.56s时开始产生力矩,且初始值为782N·m,在0.98s时达到最大值。这是由于模型中忽略了制动液的响应时间,同时试验过程中液压缸内可能留有少量空气,导致存在一定滞后时间,且使初始液压缸内残留预压力。

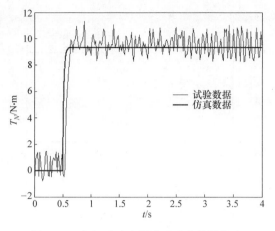

图 4.30 电机及减速器阶跃响应特性仿真与试验结果对比

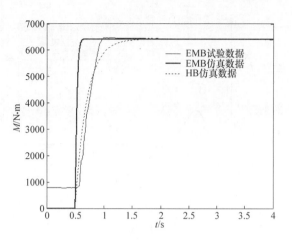

图 4.31 EMB 系统阶跃响应特性理论值与试验结果比较

4.3.4 汽车防侧翻性能试验分析

汽车防侧翻控制系统硬件在环试验台如图 4.32 所示。它包括电源、PC、采集卡、端子板、预警/控制器、电机驱动电路板、力矩电机、减速器、滚珠丝杆、液压缸组件等结构部件，以及电流传感器、力矩传感器、液压压力传感器等测量器件。

在试验系统中，PC 及其软件系统提供了汽车侧翻动力学模型，从制动缸液压力推动制动钳压紧制动盘经车轮传递，得到轮胎与地面制动力形成抗侧翻力矩的动力学模型、汽车参数设置、汽车行驶工况的模拟，以及试验数据输出显示功能。试验中采用三自由度线性汽车侧翻动力学模型，以及基于预警的 PD 防侧翻控制算法，产生抗侧翻力矩的执行机构为 EMB 系统。假设控制过程中汽车速度保持初始值不变。预警/控制器电源由端子板提供，并使整个系统电路的"地"端连接在一起形成公共"地"。由于差动制动过程中同一时刻只需要一侧车轮制动，

图 4.32 汽车防侧翻控制系统硬件在环试验台实物图

因此本试验中采用一套 EMB 系统供应两侧车轮制动，且规定左侧车轮制动力采集信号为正值，右侧车轮制动力采集信号值前添加负号。

汽车防侧翻控制系统硬件在环试验条件设置：选择 $K_P = 2.5$，$K_D = 1$，预警极限值取 2s，步长为 20ms，当预警时间小于极限值时触发控制器，车速 100km/h，J-turn 工况和 Fish-Hook 工况前轮转角幅值 5°，Double-Lane-Change 工况前轮转角幅值 9°，Slalom 工况前轮转角输入频率为 1Hz，前轮转角幅值 12°。四种典型工况下仿真结果与试验数据比较如图 4.33～图 4.36 所示。

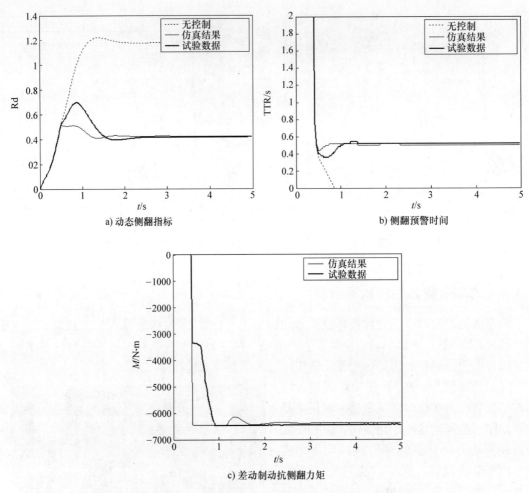

图 4.33 J-turn 工况汽车防侧翻控制硬件在环试验结果

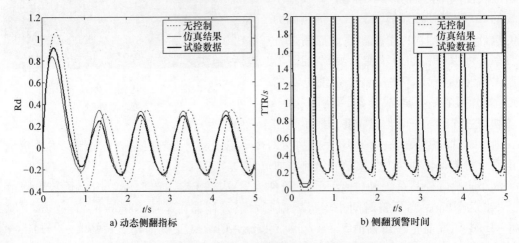

图 4.34 Slalom 工况汽车防侧翻控制硬件在环试验结果

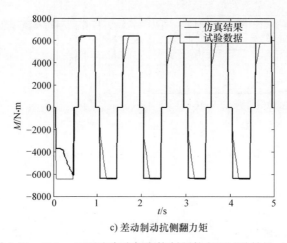

c) 差动制动抗侧翻力矩

图 4.34 Slalom 工况汽车防侧翻控制硬件在环试验结果（续）

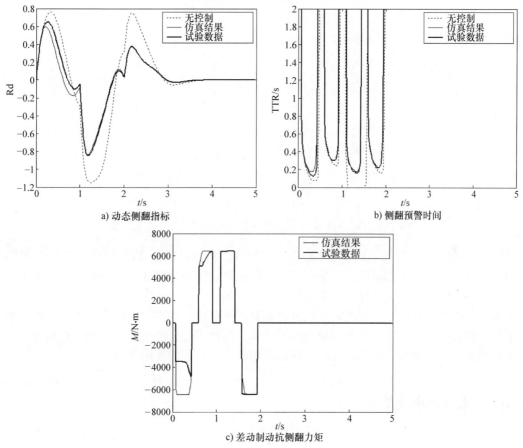

图 4.35 Double-Lane-Change 工况汽车防侧翻控制硬件在环试验结果

试验结果表明：在设定的典型工况下，未控制时虚线所示的汽车动态侧翻指标绝对值最大值都大于1，汽车发生侧翻。而基于预警的差动制动防侧翻控制措施的仿真结果（细实线）和试验数据（粗实线），均显示汽车动态侧翻指标绝对值最大值不超过1，有很好的控制效果，能够防止汽车侧翻。汽车侧翻预警时间值曲线也表明，基于预警的差动制动防侧翻

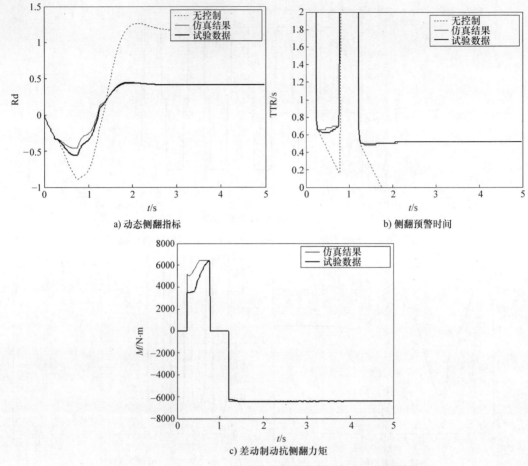

图 4.36 Fish-Hook 工况汽车防侧翻控制硬件在环试验结果

控制措施不仅能使 TTR 大于 0，有效防止汽车侧翻，而且可以使 TTR 达到极限值时间略有增加，因此能改善汽车侧翻预警效果。基于预警的差动制动防侧翻控制措施要求输出抗侧翻力矩响应快，硬件在环试验数据表明实际的电子机械制动系统具有一定的响应时间，控制力矩不能完全达到仿真效果，但能满足汽车防侧翻控制要求。从控制力矩曲线可以看出，当汽车不存在侧翻危险时，即使动态侧翻指标不为零，控制器也会停止工作，输出控制为零，有利于节约能源，减少制动器响应频率，提高控制器和制动器的使用寿命。

4.4 本章小结

本章介绍了常用的汽车侧翻试验研究方法，主要有静态侧翻测试试验，即通过试验台测量汽车侧翻极限值及静态稳定因子，进行汽车静态侧翻稳定性研究，包括 SSF 试验法、侧拉试验法及侧倾台试验法等；动态侧翻试验需要在试车场内完成，包括"鱼钩"工况测试、Dolly 侧翻测试、斜坡与路缘绊倒测试等；汽车侧翻硬件在环试验包括驾驶员在环仿真研究和主动防侧翻控制系统硬件在环试验研究。本章介绍了硬件在环试验平台搭建，与汽车防侧翻性能试验分析等内容。

第5章

其他汽车侧翻动力学分析技术

5.1 汽车-驾驶员闭环系统汽车侧翻动力学分析

汽车行驶过程中,驾驶员对汽车操纵不仅仅是简单地发出指令,指挥汽车各部件执行,同时他们也会感应汽车的当前运行状态,并根据当前状态做出相应的反应,从而形成一个包含驾驶员与汽车的闭环反馈控制系统。当驾驶员感觉到汽车存在侧翻倾向时,会本能地做出反应来减小汽车侧翻倾向。此时,驾驶员的反应速度、操纵熟练程度等因素对防止汽车侧翻起着重要作用。熟练的驾驶员会感受到侧翻危险,迅速采取措施减小汽车侧翻倾向。经验不足的驾驶员则直到侧翻临近时才采取紧急补救方法,甚至来不及反应汽车就已经发生侧翻,或感到侧翻时采取了不当操作导致汽车侧翻。因此,对包括驾驶员侧翻反应在内的闭环汽车侧翻系统稳定性进行研究,是非常重要的。

5.1.1 汽车-驾驶员闭环系统侧翻稳定性分析

金智林在考虑驾驶员对汽车侧翻的反应基础上提出了驾驶员侧翻反应模型,把该模型应用到汽车侧翻系统中,建立了汽车-驾驶员闭环侧翻系统模型,并分析了该闭环系统的稳定性。先在零时滞条件下对汽车-驾驶员闭环侧翻系统的稳定性进行分析,采用频域内数值计算,得到了驾驶员模型参数对汽车操纵稳定性指标的影响。再考虑驾驶员时滞因素,运用广义 Sturm 判别法序列理论讨论了汽车-驾驶员闭环侧翻系统全时滞稳定的条件,以及不满足全时滞稳定条件时,驾驶员模型参数对系统临界时滞的影响。然后,根据实际情况中驾驶员模型参数取值范围和车速取值范围,以某 SUV 为对象进行了数值计算,结果验证了驾驶员模型参数及车速,对时滞汽车-驾驶员闭环侧翻系统稳定性影响的结论。

1. 汽车-驾驶员闭环系统侧翻模型

考虑驾驶员侧翻反应的汽车-驾驶员闭环侧翻系统框图如图 5.1 所示,在前轮转角初始输入或干扰输入下,汽车侧翻模型输出得到开环的侧倾状态响应,驾驶员根据汽车的侧倾状态做出反应,形成反馈输入作用到汽车侧翻模型。研究中只考虑驾驶员根据汽车侧倾角状态反馈进行方向盘操作引起的前轮转角输入,并把初始前轮转角输入看成系统干扰输入,两者的代数和形成汽车闭环侧翻系

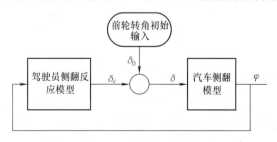

图 5.1 汽车-驾驶员闭环侧翻系统框图

统的前轮转角输入。

(1) 驾驶员侧翻反应模型

为了评价驾驶员的熟练程度及反应时间对汽车侧翻稳定性的影响,根据 Adams[102] 提出的飞行员对飞机侧倾的反应模型,以及 Dai 等应用的汽车驾驶员预瞄转向模型[103] 的研究经验,根据汽车侧倾角及侧倾角变化率反馈,建立了如下的驾驶员对汽车侧翻反应的线性模型:

$$\delta_c = -K_d[\varphi(t-t_r) + t_d\dot{\varphi}(t-t_r)] \tag{5.1}$$

其中参数 K_d 为驾驶员闭环增益,即侧倾角经过驾驶员及转向机构后,传到前轮转角的放大倍数。用这个参数来描述驾驶员操纵的熟练程度,当闭环增益 K_d 太小,则反馈输入太小无法改变汽车侧翻的倾向;而 K_d 太大时,系统会产生振荡,表现为驾驶员不断地正反方向来回操纵方向盘;闭环增益 K_d 适中表明驾驶员对汽车操纵的熟练程度高。试验数据[102] 表明飞机驾驶员的闭环增益取值范围为 0~5。

参数 t_d 为驾驶员对汽车侧翻的判断反应时间,用这个参数来描述驾驶员的驾驶经验。当判断反应时间 t_d 取值小时,表明驾驶员有丰富的驾驶经验,对汽车侧翻状态判断反应迅速;t_d 取值大则反映驾驶员的驾驶经验不足,不能及时把握汽车侧翻趋势。试验数据[102] 表明,驾驶员判断反应时间取值范围为 0~0.4s。

参数 t_r 为驾驶员及转向机构执行转向动作的滞后时间,用来描述驾驶员紧急状况下的动作能力及转向机构的灵活程度,取值大表明驾驶员及转向机构执行转向动作迟钝,取值小则表明驾驶员及转向机构执行转向动作灵活。

(2) 时滞汽车-驾驶员闭环系统侧翻状态方程

考虑驾驶员对汽车侧倾反应模型后,仍选取系统状态变量为:

$$x(t) = [x_1(t)\ x_2(t)\ x_3(t)\ x_4(t)]^T = [v\ r\ \varphi\ \dot{\varphi}]^T$$

前轮转角为汽车侧翻的初始输入或干扰输入和驾驶员侧倾反应输入代数和:

$$\delta(t) = \delta_0(t) + \delta_c(t) \tag{5.2}$$

把式 (5.1) 和式 (5.2) 代入系统状态空间方程式 (1.23),得到考虑驾驶员时滞的汽车-驾驶员闭环侧翻系统动力学微分方程为:

$$\dot{x}(t) = Ax(t) + A_0x(t-t_r) + B\delta_0(t) \tag{5.3}$$

其中:

$$A = \begin{bmatrix} \dfrac{I_x(k_1+k_2)}{(mI_x-m_s^2h^2)u} & \dfrac{I_x(ak_1-bk_2)}{(mI_x-m_s^2h^2)u} & -\dfrac{I_x(k_1c_f+k_2c_r)+m_sh(k_\varphi-m_sgh)}{mI_x-m_s^2h^2} & \dfrac{-m_shc_\varphi}{mI_x-m_s^2h^2} \\ \dfrac{ak_1-bk_2}{I_zu} & \dfrac{a^2k_1+b^2k_2}{I_zu} & \dfrac{-ak_1c_f+bk_2c_r}{I_z} & 0 \\ 0 & 0 & 0 & 1 \\ \dfrac{m_sh(k_1+k_2)}{(mI_x-m_s^2h^2)u} & \dfrac{m_sh(ak_1-bk_2)}{(mI_x-m_s^2h^2)u} & -\dfrac{m_sh(k_1c_f+k_2c_r)+m(k_\varphi-m_sgh)}{mI_x-m_s^2h^2} & -\dfrac{mc_\varphi}{mI_x-m_s^2h^2} \end{bmatrix}$$

$$A_0 = \begin{bmatrix} 0 & 0 & \dfrac{I_x k_1 K_d}{mI_x - m_s^2 h^2} & \dfrac{I_x k_1 K_d T_d}{mI_x - m_s^2 h^2} \\ 0 & 0 & \dfrac{ak_1 K_d}{I_z} & \dfrac{ak_1 K_d T_d}{I_z} \\ 0 & 0 & 0 & 0 \\ 0 & 0 & \dfrac{m_s h k_1 K_d}{mI_x - m_s^2 h^2} & \dfrac{m_s h k_1 K_d T_d}{mI_x - m_s^2 h^2} \end{bmatrix}, \quad B = \begin{bmatrix} \dfrac{-I_x k_1}{mI_x - m_s^2 h^2} & \dfrac{-ak_1}{I_z} & 0 & \dfrac{-m_s h k_1}{mI_x - m_s^2 h^2} \end{bmatrix}^T$$

2. 零时滞汽车-驾驶员闭环系统侧翻稳定性

（1）汽车-驾驶员闭环系统侧翻的 Hurwitz 分析

不考虑驾驶员及转向机构执行转向动作的滞后时间，即当 $t_r = 0$ 时，汽车-驾驶员闭环系统侧翻为常系数线性反馈系统。把 $t_r = 0$ 代入式（5.3），得到一个 4 阶的线性常微分方程组：

$$\dot{x}(t) = (A + A_0)x(t) + B\delta_0(t) \tag{5.4}$$

上述系统稳定的充分必要条件是矩阵 $A + A_0$ 对应的所有特征根都具有负实部，根据 Routh-Hurwitz 判据，得到特征多项式为：

$$\lambda^4 + \tilde{a}_3 \lambda^3 + \tilde{a}_2 \lambda^2 + \tilde{a}_1 \lambda + \tilde{a}_0 = 0s \tag{5.5}$$

其中：

$$\tilde{a}_3 = a_3 + b_3, \quad \tilde{a}_2 = a_2 + b_2, \quad \tilde{a}_1 = a_1 + b_1, \quad \tilde{a}_0 = a_0 + b_0,$$

$$b_0 = \frac{m_s h k_1 k_2 K_d L}{(mI_x - m_s^2 h^2) I_z},$$

$$b_1 = \frac{m_s h k_1 k_2 K_d L (ut_d + b)}{(mI_x - m_s^2 h^2) I_z u},$$

$$b_2 = \frac{-m_s h k_1 K_d L (I_z u - bk_2 t_d L)}{(mI_x - m_s^2 h^2) I_z u},$$

$$b_3 = \frac{-m_s h k_1 K_d t_d}{mI_x - m_s^2 h^2}.$$

因为 b_0，b_1，b_2，b_3 均为大于零的数，当满足开环稳定条件时，特征多项式（5.5）的各项系数都大于零。因此，对于开环稳定的汽车侧翻系统，对应的零时滞汽车-驾驶员闭环系统侧翻稳定的条件为：

$$\tilde{a}_1 \tilde{a}_2 \tilde{a}_3 - \tilde{a}_1^2 > \tilde{a}_0 \tilde{a}_3^2 \tag{5.6}$$

以某 SUV 为对象，考虑驾驶员闭环增益取值范围为 [0，5]，驾驶员对汽车侧翻的判断反应时间为 [0，0.4s]，车速取值范围为 [10m/s，30m/s] 时，讨论零时滞汽车-驾驶员闭环系统侧翻稳定性，可以得到如下结论：

1）当汽车具有不足转向特性时，在驾驶员模型参数取值范围内，零时滞的汽车-驾驶员闭环系统侧翻均能满足 Hurwitz 稳定条件。

2）当汽车具有过多转向（$k_r = 20000\text{N/rad}$）特性时，在驾驶员模型参数取值范围内，零时滞汽车-驾驶员闭环侧翻系统的稳定区域，只受驾驶员闭环增益 K_d 和车速 u 变化的影响，而与驾驶员对汽车侧翻的判断反应时间 t_d 无关。如图 5.2 所示，不同判断反应时间 t_d 对应的三条曲线重合。汽车低速行驶时开环系统稳定，所以驾驶员增益最小取值为零；随着车速增大，开环系统不满足稳定条件，需要增大驾驶员反馈增益取值才能使闭环侧翻系统满足 Hurwitz 稳定条件。

（2）汽车－驾驶员闭环系统侧翻频域响应

为了分析驾驶员闭环增益及驾驶员对汽车侧翻的判断反应时间，对汽车侧翻性能的影响，采用了频域方法进行研究。频域分析时，定义前轮转角初始输入为正弦信号，然后在频域内进行理论计算，得到汽车－驾驶员闭环侧翻系统的频率响应特性，包括幅频

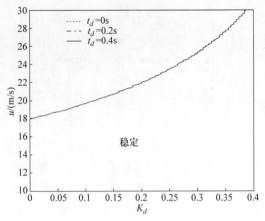

图 5.2 过多转向汽车零时滞闭环
侧翻系统稳定区域

特性和相频特性。为了研究的简便，对式（5.3）进行简化，假设前轮转角初始输入或干扰输入幅值较小，对前轮侧偏力的影响可以忽略，即 $\cos(\delta_0) = 1$。简化后的系统为一个线性系统，其输出与输入为同频率的正弦信号。

在频域内进行汽车侧翻性能研究时，选择汽车侧倾角为主要输出指标，其输出与系统输入的幅值比为幅频特性，反映了驾驶员以不同频率指令输入时，汽车执行的失真程度；汽车侧倾角输出与系统输入的相位差为相频特性，反映了汽车侧倾角滞后于前轮转角的失真程度。在汽车系统频域分析中，研究人员常选用汽车稳态增益、共振峰频率、共振时的增幅比、相位滞后角 $\angle\phi_{f=0.1}$ 和相位滞后角 $\angle\phi_{f=0.6}$ 作为分析汽车频域响应特性的评价指标。频率为零时的幅值比，即为稳态增益；共振峰频率与驾驶员的主观评价有相关关系，共振频率越高，主观评价越好，汽车的稳定性亦越好；共振时的增幅比越大，说明系统阻尼越小，超调量越大，过渡时间也越长，故增幅比值小些好；$\angle\phi_{f=0.1}$ 表示频率为 0.1Hz 时的相位滞后角，它代表缓慢前轮转角输入时输出响应的快慢，这个数值应接近于零；$\angle\phi_{f=0.6}$ 表示频率为 0.6Hz 时的相位滞后角，它代表较快速度前轮转角输入时输出响应的快慢，其数值应当小些。根据系统状态方程式（5.4），可得汽车侧倾角为：

$$\varphi(t) = Cx(t) = [0\ 0\ 1\ 0]x(t) \tag{5.7}$$

对式（5.4）和式（5.7）进行傅里叶变换，得到零时滞汽车－驾驶员闭环侧翻系统侧倾角的频响函数为：

$$\frac{\varphi(j\omega)}{\delta_0(j\omega)} = H(j\omega) = C(j\omega I - A - A_0)^{-1}B \tag{5.8}$$

为了得到驾驶员闭环增益对汽车－驾驶员闭环侧翻系统的各评价指标影响，设定驾驶员对汽车侧翻的判断反应时间 t_d 为零。图 5.3 ~ 图 5.6 分别为具有不足转向特性的汽车以及过多转向特性的汽车，在不同行驶车速下汽车－驾驶员闭环侧翻系统侧倾角的幅频特性曲线和相频特性曲线。从图 5.3 中的幅频特性曲线可得，驾驶员闭环增益 $K_d = 0$ 时，稳态增益为 -7.07dB，共振频率为 1.15Hz，共振时的增幅比为 1.05；$K_d = 5$ 时，稳态增益为 -17.2dB，共振频率为 2.16Hz，共振时的增幅比为 1.34。从图 5.3 中的相频特性曲线可得，$K_d = 0$ 时，$\angle\phi_{f=0.1} = 5.4°$，$\angle\phi_{f=0.6} = 29°$；$K_d = 5$ 时，$\angle\phi_{f=0.1} = 1.7°$，$\angle\phi_{f=0.6} = 9.5°$。

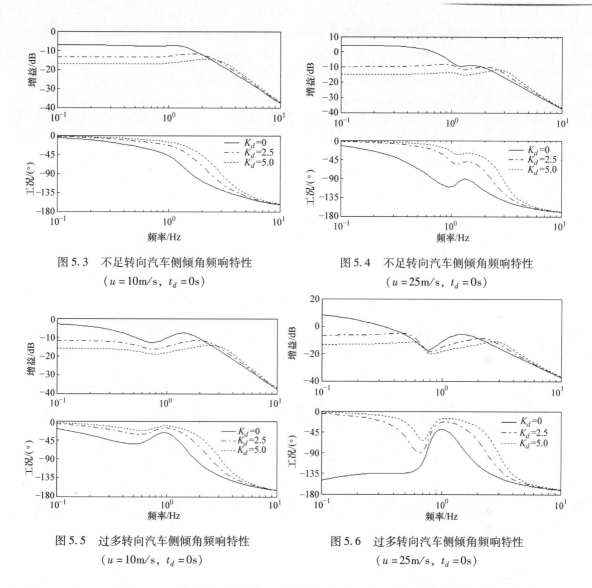

图 5.3　不足转向汽车侧倾角频响特性
（$u=10\text{m/s}$，$t_d=0\text{s}$）

图 5.4　不足转向汽车侧倾角频响特性
（$u=25\text{m/s}$，$t_d=0\text{s}$）

图 5.5　过多转向汽车侧倾角频响特性
（$u=10\text{m/s}$，$t_d=0\text{s}$）

图 5.6　过多转向汽车侧倾角频响特性
（$u=25\text{m/s}$，$t_d=0\text{s}$）

从图 5.3～图 5.6 的仿真结果可得，增大驾驶员闭环增益，可以减小系统稳态增益，增大共振频率，增大共振时的增幅比，减小频率为 0.1Hz 和 0.6Hz 时的相位滞后角。同时，从图 5.4 可以得到，汽车高速行驶时增大驾驶员闭环增益，对汽车侧翻频域性能指标的影响趋势比低速行驶时更明显。而从图 5.5～图 5.6 可得，增大驾驶员闭环增益，对过多转向汽车侧翻频域性能指标的影响趋势比不足转向汽车更明显。

图 5.7～图 5.10 分别为固定驾驶员闭环增益 $K_d=2.5$ 时，具有不足转向特性汽车和过多转向特性汽车，在不同行驶车速下，汽车－驾驶员闭环侧翻系统的侧倾角频域响应特性。计算结果表明，增大驾驶员对汽车侧翻的判断反应时间，不会影响系统的稳态增益，但可以增大共振时的增幅比，减小共振频率。当频率为 2.27Hz 时，系统侧倾角相位滞后角为 90°，不受驾驶员对汽车侧翻的判断反应时间和车速的影响；小于这个频率时，增大驾驶员对汽车侧翻的判断反应时间，相位滞后角增加；大于这个频率时，增大驾驶员对汽车侧翻的判断反应时间，相位滞后角减小。同时，对于高速行驶时以及过多转向的汽车，增大驾驶员对汽

侧翻的判断反应时间,对汽车侧翻频域性能指标的影响趋势更明显。

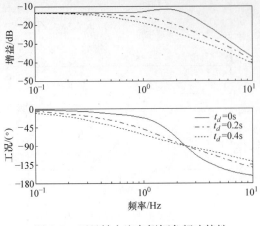

图 5.7 不足转向汽车侧倾角频响特性
($u=10\text{m/s}$,$K_d=2.5$)

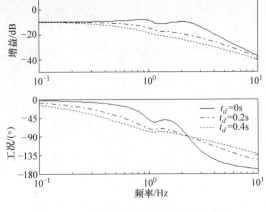

图 5.8 不足转向汽车侧倾角频响特性
($u=25\text{m/s}$,$K_d=2.5$)

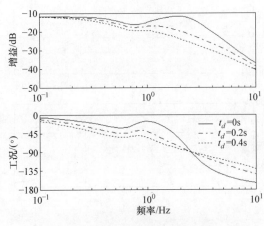

图 5.9 过多转向汽车侧倾角频响特性
($u=10\text{m/s}$,$K_d=2.5$)

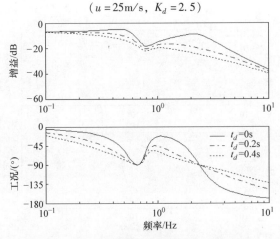

图 5.10 过多转向汽车侧倾角频响特性
($u=25\text{m/s}$,$K_d=2.5$)

可以得到如下结论:

1) 增大驾驶员闭环增益,可以减小系统稳态增益,增大共振频率,从而避免系统产生共振;同时可以减小频率为 0.1Hz 和 0.6Hz 时的相位滞后角,加快侧倾角响应速度,即较大的驾驶员静态反馈增益有助于减小汽车侧翻倾向。但驾驶员闭环增益增大使得共振时的增幅比增大,即侧倾角响应超调量越大,稳定的时间也越长。因此,适中的驾驶员闭环增益,可以兼顾汽车侧翻所有频域特性指标,有助于提高汽车防侧翻能力。

2) 增大驾驶员对汽车侧翻的判断反应时间,不影响系统稳态增益以及频率为 2.27Hz 时的系统侧倾角相位滞后角,该角固定为 90°。但增大共振时的增幅比,减小共振频率,使得侧倾角响应超调量增大,稳定的时间也变长,且系统容易产生共振。当频率小于 2.27Hz 时,侧倾角相位滞后角增大,即频率为 0.1Hz 和 0.6Hz 时的相位滞后角增大,侧倾角响应速度变慢。因此,增大驾驶员对汽车侧翻的判断反应时间,会降低汽车防侧翻性能。

3) 随着车速的增加,上述影响的性质不变,但改变驾驶员模型参数对系统频域指标影响的作用增大。对于过多转向的汽车，改变驾驶员模型参数对汽车侧翻频域性能指标的影响趋势更明显。

3. 时滞汽车-驾驶员侧翻闭环系统稳定性

（1）汽车-驾驶员闭环系统侧翻全时滞稳定性

在汽车-驾驶员闭环系统研究中，存在很多时滞因素的影响。例如，驾驶员执行转向动作的滞后时间，以驾驶员输入指令到转向系统执行指令产生前轮转角的滞后时间，以及驾驶员踩下制动踏板到制动器产生制动力的滞后时间等。这些时滞会对汽车的行驶状态造成很大的影响。当时滞较大时，甚至会使得汽车稳定性的性质发生变化。高速行驶的汽车，在紧急操纵下形成侧翻，总是在短时间内发生的，驾驶员的执行转向动作以及转向与制动机构的时间滞后过大，可能导致汽车系统不稳定，发生侧翻。

当驾驶员及转向机构执行转向动作存在时间滞后 t_r 时，汽车—驾驶员闭环侧翻系统为线性时滞动力系统。随着时滞从无到有逐渐增大，系统的稳定性会发生变化，从稳定的系统变成不稳定，或从不稳定系统变成稳定，甚至可能随着时滞的变化发生多次稳定与不稳定的切换。

考察线性时滞动力系统稳定性，其特征方程为：

$$D(\lambda, t_r) = P(\lambda) + Q(\lambda)\exp(-\lambda t_r) = 0 \qquad (5.9)$$

经过讨论后，选取某 SUV 为对象进行数值计算，图 5.11 与图 5.12 为不足转向特性汽车和过多转向特性汽车，在 (u, K_d) 参数平面内对应不同的驾驶员，对汽车侧翻的判断反应时间的全时滞稳定性区域。从图 5.11 可以得到，具有不足转向特性汽车，随着车速增加及驾驶员闭环增益增大，系统全时滞稳定区域越窄；驾驶员对汽车侧翻的判断反应时间越短，则系统全时滞稳定区域越宽，当反应时间为零时，(u, K_d) 参数取值范围均满足系统全时滞稳定；在驾驶员对汽车侧翻的判断反应时间短且车速较低时，随着驾驶员闭环增益增大，系统全时滞稳定区域会略微变宽。

图 5.12 仿真结果表明，具有过多转向特性汽车，随着车速增加及驾驶员闭环增益增大，系统全时滞稳定区域明显变窄；驾驶员对汽车侧翻的判断反应时间越短，则系统全时滞稳定区域越宽，且驾驶员对汽车侧翻的判断反应时间，只在低速区域对系统全时滞稳定影响较大。汽车高速行驶时，不论驾驶员对汽车侧翻的判断反应时间多么短，系统均不存在全时滞稳定区域。

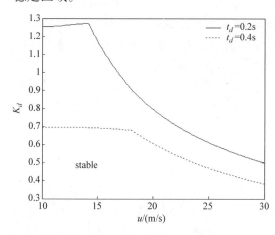

图 5.11 不足转向汽车闭环侧翻系统在 (u, K_d) 参数平面内全时滞稳定性区域

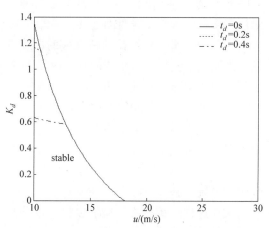

图 5.12 不足转向汽车闭环侧翻系统在 (u, K_d) 参数平面内全时滞稳定性区域

可以得到如下结论:

1) 当驾驶员对汽车侧翻的判断反应时间较短且车速较低时,具有不足转向特性的汽车,随着驾驶员闭环增益增大系统全时滞稳定区域变宽;而高速行驶时及过多转向特性的汽车,随着驾驶员闭环增益增大,系统全时滞稳定区域变窄。因此,适中的驾驶员闭环增益,有助于改善汽车-驾驶员闭环侧翻系统的全时滞稳定性能。

2) 驾驶员对汽车侧翻的判断反应时间越短,则系统全时滞稳定区域越宽。对于不足转向特性汽车,当反应时间为零时(u,K_d)参数取值范围均满足系统全时滞稳定;对于过多转向特性汽车,驾驶员对汽车侧翻的判断反应时间在低速区域,对系统全时滞稳定影响较大。因此,减小驾驶员对汽车侧翻判断的反应时间,有助于改善汽车-驾驶员闭环侧翻系统的全时滞稳定性能。

(2) 汽车-驾驶员闭环系统侧翻临界时滞

汽车-驾驶员闭环系统侧翻全时滞稳定必须满足苛刻的条件。因此,在实际行驶工况下,汽车侧翻系统常工作在不满足全时滞稳定的区域内。当系统不满足全时滞稳定条件时,随着驾驶员及转向机构执行转向动作的滞后时间从无到有逐渐增大,系统存在一个临界稳定的状态,此时的时滞量称为临界时滞。如果能使临界时滞增大,则系统稳定性受时滞的影响可减小。

这里给出临界时滞计算公式如下:

$$t_{rc} = \max[(t_r)_{\min}, 0] \tag{5.10}$$

$$t_r = \frac{2k\pi}{\omega} + \frac{\theta}{\omega}, k = 0, 1, 2, \cdots \tag{5.11}$$

式中 $\theta \in [0, 2\pi]$;

ω——信号频率变量。

选取某 SUV 为对象进行数值计算。取驾驶员对汽车侧翻的判断反应时间 t_d 为 0.2s,可以得到图 5.13 和图 5.14 所示的,分别为不足转向特性汽车和过多转向特性汽车,闭环侧翻系统的临界时滞 t_{rc} 随车速 u 变化的关系曲线。取驾驶员闭环增益取 K_d 为 2.5,可以得到图 5.15 和图 5.16 所示的,分别为不足转向特性汽车和过多转向特性汽车,闭环侧翻系统的临界时滞 t_{rc} 随车速 u 变化的关系曲线。计算结果表明,随着车速、驾驶员闭环增益及驾驶员对汽车侧翻的判断反应时间增加,汽车-驾驶员闭环侧翻系统的临界时滞会减小。低速行驶区域,驾驶员闭环增益及判断反应时间变化,对系统的临界时滞影响较大;在高速行驶区域,驾驶员参数变化对系统的临界时滞影响小。驾驶员闭环增益较小时,车速变化影响系统的临界时滞明显;驾驶员闭环增益较大时,车速变化对系统的临界时滞影响较小。驾驶员对汽车侧翻的判断反应时间在取值范围内,时间短则车速变化影响系统的临界时滞明显;时间长则系统的临界时滞基本不随车速变化。在驾驶员模型参数和车速都相同时,过多转向汽车的临界时滞量比不足转向汽车闭环侧翻系统临界时滞小。

开环汽车侧翻系统稳定性在侧翻临界车速处会发生质变,从稳定变成不稳定。因此,闭环侧翻系统的临界时滞在侧翻临界稳定车速点会出现明显跳跃现象。但随着驾驶员闭环增益的增大,这种跳跃现象会趋于缓和,即增大驾驶员增益,可改善闭环系统临界时滞对车速变化的连续性。

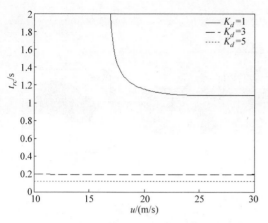

图 5.13　不足转向汽车闭环系统侧翻临界时滞随车速变化关系曲线（$t_d = 0.2\text{s}$）

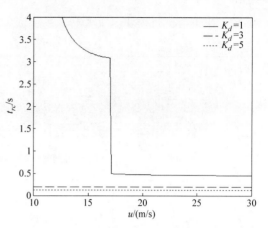

图 5.14　过多转向汽车闭环系统侧翻临界时滞随车速变化关系曲线（$t_d = 0.2\text{s}$）

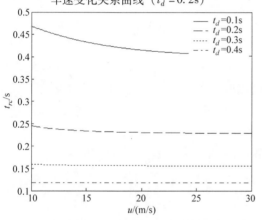

图 5.15　不足转向汽车闭环系统侧翻临界时滞随车速变化关系曲线（$K_d = 2.5$）

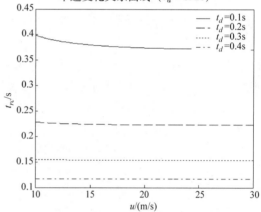

图 5.16　过多转向汽车闭环系统侧翻临界时滞随车速变化关系曲线（$K_d = 2.5$）

可以得到如下结论：

1）随着车速增大，汽车－驾驶员闭环系统侧翻的临界时滞减小，当驾驶员及转向机构执行转向动作迟钝时，由于滞后时间大于系统临界时滞，会造成系统失稳。

2）减小驾驶员闭环增益，可以增大汽车－驾驶员闭环侧翻系统的临界时滞。驾驶员闭环增益较小时，其变化影响系统的临界时滞明显，而驾驶员闭环增益较大时，其变化对系统的临界时滞影响小。对于过多转向汽车，低速行驶时驾驶员闭环增益变化对系统的临界时滞影响大，而高速行驶时，驾驶员闭环增益变化对系统的临界时滞影响不明显。因此，选择适中的驾驶员闭环增益，有助于得到合理的汽车－驾驶员闭环侧翻系统的临界时滞，提高系统的稳定性。

3）减小驾驶员对汽车侧翻的判断反应时间，可以增大汽车－驾驶员闭环侧翻系统的临界时滞。因此，减小驾驶员对汽车侧翻判断的反应时间，有助于改善系统的稳定性能。

5.1.2　驾驶员参数影响汽车侧翻稳定性分析

考虑驾驶员侧翻反应的汽车－驾驶员闭环系统侧翻模型框图如图 5.17 所示，模型包含感知、决策与执行模块。

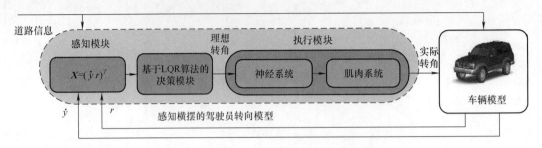

图 5.17　汽车-驾驶员闭环系统侧翻模型

1. 驾驶员侧翻反应模型

驾驶员感知汽车横向偏移及横摆角速度的模型,在很多研究中已经得到验证和应用[104,105]。研究中选择横向位移变化率、横摆角速度及两个变量的变化率为驾驶员感知量,取汽车状态量:

$$X = (\dot{y} \quad r)^T \tag{5.12}$$

式中　y、r——分别为汽车质心横向位移及横摆角速度。

驾驶员决策模块则根据感知的汽车状态量,建立基于二自由度"自行车"模型的 LQR 策略。由汽车动力学可得:

$$\begin{pmatrix} \ddot{y} \\ \dot{r} \end{pmatrix} = \begin{pmatrix} \dfrac{-2k_f - 2k_r}{mu} & \dfrac{2bk_r - 2ak_f}{mu} - u \\ \dfrac{2bk_r - 2ak_f}{I_z u} & \dfrac{-2a^2 k_f - 2b^2 k_r}{I_z u} \end{pmatrix} \begin{pmatrix} \dot{y} \\ r \end{pmatrix} + \begin{pmatrix} \dfrac{2k_f}{m} \\ \dfrac{2ak_f}{I_z} \end{pmatrix} \delta \tag{5.13}$$

式中　k_f 与 k_r——分别为前轮、后轮侧偏刚度;
　　　m——汽车质量;
　　　u——车速;
　　　a 和 b——分别为质心到前、后轴的距离;
　　　I_z——汽车横摆转动惯量;
　　　δ——前轮转角。

当汽车行驶转角固定在一稳定值,即在理想状态行驶时,状态感知量的稳态值为:

$$X_0 = (\dot{y}_0 \quad r_0) \tag{5.14}$$

$$\dot{y}_0 = \dfrac{ak_f L(1 + Ku^2) - a^2 k_f - b^2 k_r}{L(ak_f - bk_r)(1 + Ku^2)} u\delta_0 \tag{5.15}$$

$$r_0 = \dfrac{u\delta_0}{L + KLu^2} \tag{5.16}$$

其中:

$$L = a + b, K_0 = \dfrac{m}{L^2}\left(\dfrac{a}{k_r} - \dfrac{b}{k_f}\right)$$

根据驾驶员特征参数选取目标函数为:

$$J = \lim_{t \to \infty} \frac{E}{t} \left[\int_0^t \frac{1}{2} (e^T Q e + \delta^T R \delta) \right] dt \quad (5.17)$$

$$e = X - X_0 \quad (5.18)$$

其中 Q 为对角阵，即：

$$Q = \begin{bmatrix} q_1 & 0 \\ 0 & q_2 \end{bmatrix}, R = [R]$$

其对角元素 q_1、q_2 及 R 为与驾驶经验相关的参数。

驾驶员在决策出理想转角后进行输出，由于驾驶员本身具有的特点，如神经信息传递延迟，手臂肌肉灵敏度不同的特点，实际操作后的效果也不尽相同，考虑到人类本身的执行模块的特点，将驾驶员执行机构简化为由神经系统和肌肉系统两部分组成[106]。将神经系统模型简化为：

$$G_1(s) = e^{-st_d} \cong \frac{1 - (t_d/2) \cdot s}{1 + (t_d/2) \cdot s} \quad (5.19)$$

肌肉系统模型简化为：

$$G_2(s) = \frac{w_n^2}{s^2 + 2 \cdot \zeta w_n s + w_n^2} \quad (5.20)$$

其中：

$$w_n = \frac{1}{t_m}, \zeta = \sqrt{1/2}$$

式中 t_m——驾驶员肌肉系统延迟时间，根据人机工程理论，t_m 取值范围为 [0.1s, 0.12s]。

2. 驾驶员经验参数影响

驾驶员模型构建完毕后，为分析驾驶员转向操作对侧翻稳定性的影响规律，将驾驶员与整车侧翻模型构成驾驶员 - 汽车闭环系统模型，选取典型的汽车易发生侧翻的工况进行仿真分析，参数如表1.1所示。选取 J - turn 工况，方向盘转角选择为100°，车速为95km/h，道路设置为平整路面，即路面上不存在任何障碍物，在此工况下改变经验参数 R 及 q_1、q_2 的取值，图5.18至图5.20即为改变驾驶员经验参数值系统的稳定性以及驾驶员的修正情况。

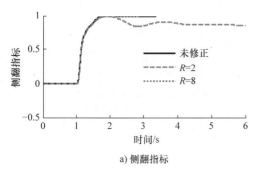
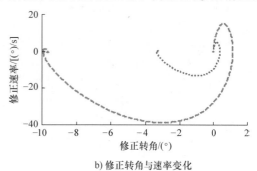

a) 侧翻指标　　　　　　　　　　　　b) 修正转角与速率变化

图5.18　经验参数 R 值影响规律

图5.18表明，当驾驶员不进行干预，汽车发生侧翻。驾驶员干预后，决策出方向盘转角执行后可降低汽车发生侧翻危险。当驾驶经验参数 R 值为2时，即表明驾驶员的经验丰富。此时，驾驶员对汽车侧翻危险反应准确，输出适当的方向盘转角修正车辆状态，从图5.18中可以看出，当 R 值准确时，输出的修正方向盘转角不超过10°，且能快速进行修

正，此时汽车侧翻指标值未达到1，说明系统稳定性得到改善，且由于驾驶员修正的方向盘转角较小，不会对汽车原本行驶轨迹产生过多干扰，表明经验丰富的驾驶员可有效制止汽车发生侧翻危险。$R=8$ 时，表明驾驶员经验不足，难以决策出合适的修正转角，随着该值的继续增大，调节方向盘转角的角度与速率过小，难以防止汽车发生侧翻。

同样，在相同的仿真条件下，验证 Q_1 矩阵包含的参数对驾驶员行为特征的影响。

图 5.19 为 q_1 对系统侧翻统稳定性的影响，从图 5.19b 可以看出，当 $q_1=0.5$ 时，此时驾驶员决策出的修正转角与速率都较小，修正的方向盘转角的最大值为 5°左右，在当前工况无法阻止车辆发生侧翻，但可以延缓侧翻趋势。当 $q_1=2$ 时，即驾驶员经验优秀，此时决策出的转角最大值为 13°，且修正速率较大，图 5.19a 表明汽车未发生侧翻，驾驶员能够对侧翻状态做出修正。

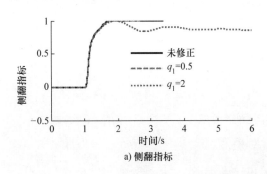
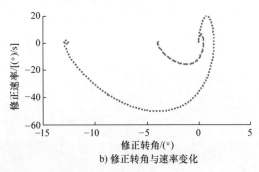

图 5.19　经验参数 q_1 影响规律

图 5.20 可以看出，q_2 值对系统侧翻稳定性同样有较为显著的影响，当 q_2 较小时，此时驾驶员决策出的转角与速率都较大，能很好地对侧翻状态进行修正，随着该值的增大，驾驶员的操作效果减弱，直至不足以改善此时的侧翻状态。

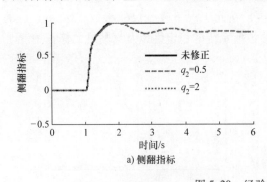
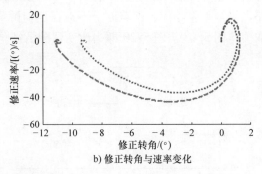

图 5.20　经验参数 q_2 影响规律

3. 驾驶员生理参数影响

图 5.21 和图 5.22 是驾驶员神经肌肉延迟参数对车辆侧翻稳定性的影响曲线。仿真结果可以看出生理参数对汽车侧翻稳定性有显著影响。

图 5.21 显示，当 $t_d=0.3$ 时，由于神经延迟太长，修正的时间存在延迟，这意味着驾驶员无法正确判断当时车辆的运行情况，当侧翻危险增加时，驾驶员无法快速决策出理想的修正转角，导致无法制止车辆的侧翻状态。当 $t_d=0.05$，神经延迟较短时，驾驶员的修正效

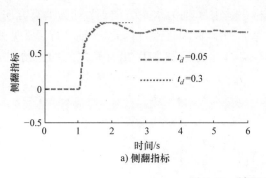
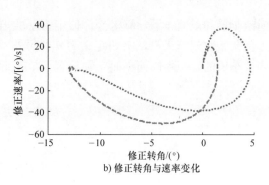

图 5.21 神经延迟 t_d 影响规律

果较好,能有效防止车辆侧翻。

从图 5.22 可以看出,随着肌肉延迟的增加,驾驶员的修正速率降低,即使驾驶员决策出合适的转角,但若在侧翻危险增大时修正不及时,也会难以制止车辆发生侧翻。

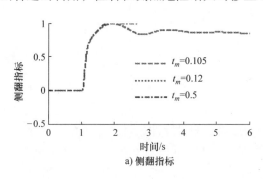
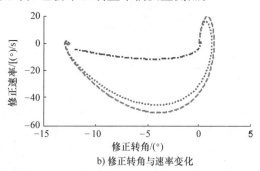

图 5.22 非绊倒工况肌肉延迟 t_m 影响规律

在非绊倒型工况下,所建立的考虑侧倾方向运动的驾驶员模型,能够很好地体现驾驶员在感知侧翻倾向后,做出决策到执行过程的行为特点,且包含的参数对驾驶员的经验特性与生理特性都具有一定的表征意义。

5.2 汽车追尾碰撞侧翻动力学分析

汽车碰撞事故是汽车事故中最为常见的一种事故,同时也是一种比较复杂的碰撞现象。汽车被追尾后往往会偏离道路行驶,引起二次甚至连环碰撞。因此,汽车发生碰撞后,必须控制车辆保持原有轨迹,这样能够避免碰到路边障碍或被来往车辆二次撞击。通过研究汽车被追尾后各项参数稳定性,可以有针对性地实施制动策略。

5.2.1 汽车追尾碰撞建模

1. 基于动量守恒的碰撞模型

碰撞数学模型是研究碰撞的基础。Brach[107]提出了著名的基于动量守恒法的冲击模型,被广泛应用于碰撞事故分析。如图 5.23 所示,为汽车追尾碰撞的平面视图。图 5.23 中分为撞击车辆和被撞车辆。XOY 坐标假定为基准坐标，其中 X 轴为水平方向，Y 轴为垂直方向。车辆初始时刻与 X 轴的夹角定义为 θ_i。另外一个 $n-t$ 坐标和碰撞力有关。t 轴平行于常见的两种车辆的虚拟粉碎面，而 n 轴垂直于该平面。$n-t$ 坐标系和 XOY 坐标系之间的夹角用 Γ 表示。

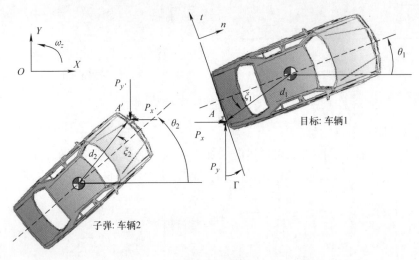

图 5.23　车辆追尾碰撞平面视图

为了使碰撞问题更容易处理，必须进行额外的假设。假设脉冲矢量为作用在车上的一个特定点。根据 Brach 的原理，假设这个点的位置是已知的，可以由到重心（CG）的距离（d）和与中轴的夹角（ξ）来计算得到 v_{1x}、u_1、v_{1y}、v_1、v_{2x}、u_2、v_{2y}、v_2、ω_{1z}、r_1、ω_{2z}、r_2。

因为只在 $X-Y$ 平面内研究车辆的动力学特征，所以用这六个变量（u_1、v_1、r_1、u_2、v_2、r_2）足以描述两车的运动。这些变量的值假设为已知，则可以用来计算碰撞后的六个运动变量（u_1'、v_1'、r_1'、u_2'、v_2'、r_2'）。通过列六个独立方程，可以求解这些变量。

在文献[108]中，只考虑由碰撞引起的输入并忽略轮胎力。则该系统中满足动能守恒定理，即：

$$P_x = P_{x'}\cos\theta_2 - P_{y'}\sin\theta_2 \tag{5.21}$$

$$P_y = P_{x'}\sin\theta_2 + P_{y'}\cos\theta_2 \tag{5.22}$$

通过计算车辆车辆质心的动量矩，可以得出两个公式来计算车辆在碰撞前和碰撞后的横摆率：

$$I_{z1}(r_1' - r_1) = P_x d_c - P_y d_d \tag{5.23}$$

$$I_{z2}(r_2' - r_2) = P_x d_a - P_y d_b \tag{5.24}$$

其中：

$$d_a = d_2\sin(\theta_2 + \xi_2), d_b = d_2\cos(\theta_2 + \xi_2), d_c = d_1\sin(\theta_1 + \xi_1), d_d = d_1\cos(\theta_1 + \xi_1)$$

恢复系数是衡量车辆碰撞过程中能量损失大小的物理量，它的定义是：在碰撞点两车碰撞后速度差值与碰撞前速度差值的比值：

$$e = \frac{u_2 - u_1}{u_2 + u_1} \tag{5.25}$$

恢复系数的大小取决于材料属性、表面几何形状、冲击速度等，确定其值需要大量的经验数据。此外，车与车之间的速度差异也对恢复系数的大小有显著影响。恢复系数的取值范围为 0~1。

1) $e = 1$，为完全弹性碰撞。碰撞过程中动能不会有损失，且没有车体变形。

2) $0 < e < 1$，为弹塑性碰撞。此阶段会有动能损失，车体发生部分变形，严重程度根据 e 的取值而定。

3) $e = 0$，为塑性碰撞。此碰撞发生后，动能全部被车体变形吸收，车与车之间不会发生能量交换。

参考国外学者的研究，这里采用三角波作为碰撞力激励的波形。图 5.24 为车辆碰撞过程曲线。

2. 四自由度车辆碰撞模型

在传统四自由侧翻动力学模型的基础上，ZHOU J[109]等提出了四自由度车辆碰撞模型。为了简化方程式，它进一步假设目标车辆的前后中心线与道路平行（$\theta_1 = 0$）。如图 5.25 所示，定义了两个局部坐标系，坐标系 $X-Y$ 固定在被撞车辆上，坐标系 $x'-y'$ 固定在撞击车辆上，分别对应于它们的纵向和横向坐标轴。将作用力与反作用力分解为 F_x、F_y 与 F'_x、F'_y，用车辆动力学的方法来进行研究。所需求出的未知量共 12 个：撞击车辆和被撞车辆的纵向与横向速度，横摆率和侧倾率（u'_1、v'_1、r'_1、$\dot{\varphi}'_1$、u'_2、v'_2、r'_2、$\dot{\varphi}'_2$），以及作用于车辆碰撞的诱导脉冲（P_x、P_y、P'_x、P'_y）。8 个车辆撞击前的状态假设已知（u_1、v_1、r_1、$\dot{\varphi}_1$、u_2、v_2、r_2、$\dot{\varphi}_2$）。

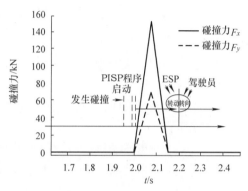

图 5.24　车辆碰撞过程曲线

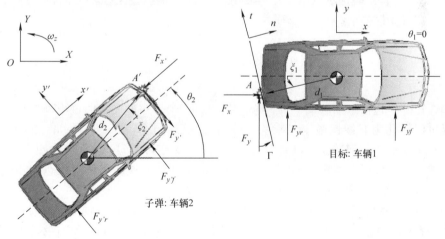

图 5.25　四自由度车辆碰撞坐标系

在发生碰撞的瞬间，加速度极大，速度变化的大小受到限制，此刻位移可以忽略不计。一般情况下，碰撞持续时间为 0.1~0.2s，式（5.26）为被撞车辆的积分表达式，用同样的方法可求出撞击车辆的积分表达式：

$$m_1(u'_1 - u_1) - m_1 \frac{\Delta t}{2}(v_1 r_1 + v'_1 r'_1) = P_x$$

$$m_1(v'_1 - v_1) + m_1 \frac{\Delta t}{2}(u'_1 r'_1 + u_1 r_1) - m_{s1} h_{R1} (\dot{\varphi}' + \dot{\varphi}) =$$

$$P_y - \frac{\Delta t}{2} c_{f1} \left(\frac{v'_1 + a_1 r'_1}{u'_1} - \frac{v_1 + a_1 r_1}{u_1} \right) - \frac{\Delta t}{2} c_{r1} \left(\frac{v'_1 + b_1 r'_1}{u'_1} - \frac{v_1 + b_1 r_1}{u_1} \right)$$

$$I_{z1}(r'_1 - r_1) + I_{xz1}(\dot{\varphi}' - \dot{\varphi}) = P_y x_A - P_x y_A - \frac{\Delta t}{2} a_1 c_{f1} \left(\frac{v'_1 + a_1 r'_1}{u'_1} - \frac{v_{1y} + a_1 \omega_{1z}}{v_{1x}} \right) + \frac{\Delta t}{2} b_1 c_{r1} \left(\frac{v'_1 - b_1 r'_1}{u'_1} - \frac{v_1 - b_1 r_1}{u_1} \right)$$

$$I_{x1}(\dot{\varphi}' - \dot{\varphi}) + I_{xz1}(r'_1 - r_1) - m_{s1} h_{R1}(v'_1 - v_1) - m_{s1} h_{R1} \frac{\Delta t}{2}(u'_1 r'_1 + u_1 r_1) = P_y (z_A - h_{R1}) - D_{s1} \frac{\Delta t}{2}(\dot{\varphi}' + \dot{\varphi})$$

(5.26)

式（5.26）中，碰撞持续时间（Δt）假设已知。当车辆瞬间发生侧向/横摆运动时，侧向运动与横摆运动中的侧向轮胎力，甚至可能在碰撞结束前就达到饱和极限。此时，式（5.26）中的轮胎侧向力将替换为轮胎附着极限。恢复系数假定为先验，关系式如式（5.27）所示：

$$[(u'_2 \cos\theta_2 - v'_2 \sin\theta_2 - d_a r'_2) \cos\Gamma + (u'_2 \sin\theta_2 - v'_2 \cos\theta_2 - d_b r'_2) \sin\Gamma] -$$
$$[(u'_1 + d_c r'_1) \cos\Gamma + (v'_1 - d_d r'_1) \sin\Gamma] = e[(u_1 + d_c r_1) \cos\Gamma + (v_1 - d_d r_1) \sin\Gamma] -$$
$$e[(u_2 \cos\theta_2 - v'_2 \sin\theta_2 - d_a r_2) \cos\Gamma + (u_2 \sin\theta_2 - v_2 \cos\theta_2 - d_b r_2) \sin\Gamma]$$

(5.27)

最后，撞击车辆作用于被撞车辆诱导脉冲转换关系如下：

$$P_x = -P_{x'} \cos\theta_2 + P_{y'} \sin\theta_2 \qquad (5.28)$$

$$P_y = -P_{x'} \sin\theta_2 + P_{y'} \cos\theta_2 \qquad (5.29)$$

将以上方程用矩阵形式表示，即可将车辆撞击后状态与撞击前状态关联起来。式（5.30）给出了特定碰撞场景的块矩阵形式，假设车辆在沿其纵轴方向行驶时发生碰撞。也就是说，在发生碰撞前，v、r、$\dot{\varphi}$ 都为零：

$$\begin{bmatrix} A_{11} & 0 & A_{13} \\ 0 & A_{22} & A_{23} \\ A_{31} & A_{32} & A_{33} \end{bmatrix} \cdot x = B \qquad (5.30)$$

显然，矩阵中包括未知量 u'_1、v'_1、u'_2、v'_2，故 12 个未知量无法通过矩阵变换直接求出。这个问题可以转化为非线性最小二乘法，并通过一般优化方法（如 Matlab 中的 lsqnonlin）来解决。为了解决实际问题，可以使用碰撞前速度（u_1、v_1、u_2、v_2）作为四个未知速度的初始值。然后，可以通过迭代求解以上代数方程，来获得碰撞后车辆的状态和相应的脉冲，直到两次连续迭代之间满足指定的公差为止。

碰撞接触点处的力不能直接由以上模型确定，根据国外学者的研究，碰撞过程力可以近似拟合成三角波或正弦波、方波等。最后，在求解了碰撞脉冲之后，给定假定的碰撞持续时间 Δt，可以近似得出冲击力曲线。

5.2.2　追尾碰撞模型验证

以下通过车辆动力学软件 CarSim 来验证所提出模型的准确性[110]。仿真试验中，撞击车辆与被撞车辆的整车配置相同，碰撞过程如图 5.26 所示。碰撞发生前，被撞车辆与道路切线方向平行，撞击车辆行驶方向与道路切线方向呈角度 θ_2，所用车辆参数参见表 1.1。碰撞发生时，两辆车均沿纵向行驶，$u_1 = 29\text{m/s}$，$u_2 = 33.5\text{m/s}$；初始侧向速度、横摆率与侧倾率均为零，假定恢复系数为 0.20，路面附着系数假设为 $\mu_R = 0.70$，此外对于撞击车辆假设：

1) 假设碰撞期间没有产生切向脉冲，设 $u = 0$。路面附着系数 $\mu = 0.7$。
2) 假设其碰撞点位于两前车轮的中心处，即 $\xi = 0$，并且不产生任何侧方向冲击。
3) 假设车辆直线工况行驶。驾驶员采用 Carsim 软件默认模型。

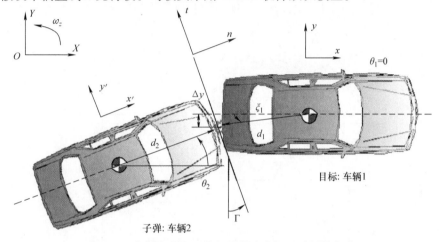

图 5.26　车辆撞击过程（假设撞击车辆只受到纵向力）

图 5.27 为 CarSim 仿真与估算值对比结果。通过对车辆的纵向车速，侧向车速，横摆角

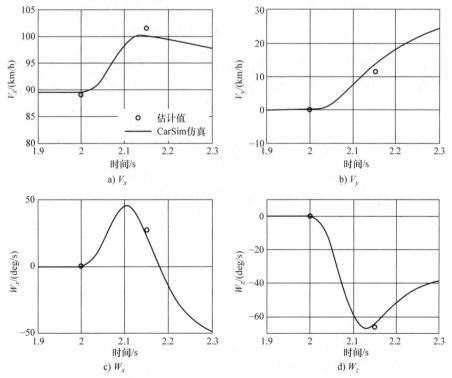

图 5.27　CarSim 仿真结果与数值计算对比

速度以及侧倾角速度进行对比可以看出，碰撞积分模型解得的各参数值与实际运行状态相比误差较小。其中估算结果为：$u' = 101.60\text{km/h}$，$v' = 12.28\text{km/h}$，$\dot{\varphi} = 27.59\text{deg/s}$，$r = -66.70\text{deg/s}$。由此可以看出，积分模型能够很好地预测碰撞发生时车辆的状态。

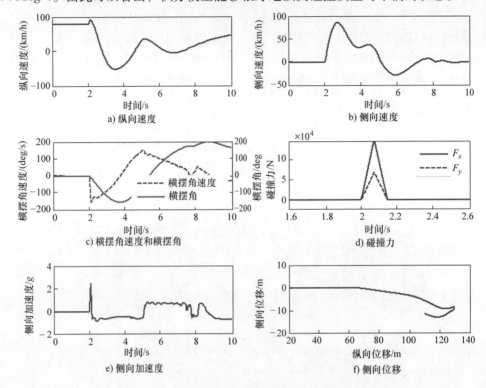

图 5.28　碰撞后驾驶员反应下车辆各状态变化图

通过联合仿真，碰撞发生后被撞车辆状态参数变化如图 5.28 所示，碰撞发生在第 2s。分析发现，仅在驾驶员反应下碰撞后横摆角速度和侧向速度瞬间增大。由于车辆横摆角速度和侧向速度变化较快，如图 5.28f 所示，导致车辆行驶严重偏离车道，最大侧向位移达到 10m。汽车横摆角最大到 150°，说明车辆由于碰撞发生严重滑转，彻底失去控制。在车辆未采取任何主动安全措施的时候，车辆如果是在公路上行驶，将会发生十分严重的交通事故。

5.3　交变载荷汽车侧翻动力学分析

5.3.1　混凝土搅拌车侧翻稳定性分析

混凝土搅拌运输车是在载货汽车底盘或专用汽车底盘上，安装一个可以自行转动的搅拌筒的专用汽车，如图 5.29 所示。它承担着将混凝土从搅拌站安全、可靠、高效地运输到建设工地的任务，具有运输和搅动的双重功能，在工程上得到广泛使用。搅拌车主要由搅拌车底盘、搅拌筒、搅拌筒驱动系统、供水系统、操作系统、进出料系统组成，辅之以有副车架、防护装置等。

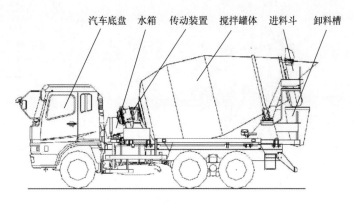

图 5.29 混凝土搅拌车

在运载混凝土过程中，搅拌车受力状况如图 5.30 所示。混凝土搅拌运输车车身重心高，行驶稳定性差。另外，车辆本身要求边行驶、边搅动，特别是满载行驶时，搅拌筒内的混凝土不停地翻动，造成整车重心位置不断地发生变化，引发偏心振动，在拐弯行驶时如果速度过快就有发生翻车事故的危险。

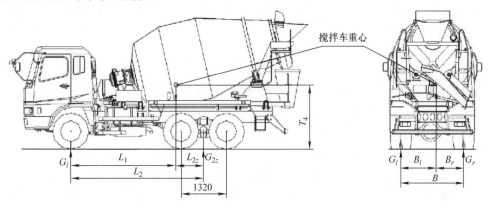

图 5.30 搅拌车受力状况

搅拌车的行驶稳定性有两个方面，一是纵向行驶稳定性，另一个是横向行驶稳定性。我们这里研究搅拌车的侧翻问题，因此，只介绍混凝土搅拌车的横向行驶稳定性。

1. 混凝土搅拌车的横向行驶稳定性

搅拌车在弯道上或直道上转向行驶时常受侧向力的作用，如离心力、横向风力等，搅拌车在侧向力的作用下，有时会克服车轮上的附着力，从而产生侧向滑移，甚至是横向侧翻。

图 5.31 为搅拌车在横向坡道上等速右转行驶的受力图。由图 5.31 可知，在搅拌车重心上作用有两个力，一个是搅拌车总重力，另一个是离心力。力平衡方程式为：

$$\sum M_{z1} = mgT_l\cos\varphi_R + Gh\sin\varphi_R + F_{cf}T_l\sin\varphi_R - F_{zr}T - Fh\cos\varphi_R = 0 \quad (5.31)$$

式中　F_{cf}——搅拌车转向时的离心力；

　　　F_{zr}——搅拌车右侧轮支承力；

　　　T——搅拌车轮距；

　　　T_l——搅拌车满载重心至左侧轮的距离；

　　　φ_R——道路横向坡度角。

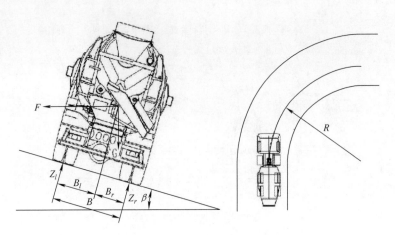

图 5.31 搅拌车转向时受侧向力示意图

当搅拌车发生侧翻时，$F_{zr}=0$，则：

$$mgT_l\cos\varphi_R + mgh\sin\varphi_R + F_{cf}T_l\sin\varphi_R - F_{zr}T - Fh\cos\varphi_R = 0 \tag{5.32}$$

$$F_{cf} = \frac{mg(T_l + h\tan\varphi_R)}{h - T_l\tan\varphi_R} \tag{5.33}$$

由物理学可得离心力 F_{cf} 为：

$$F_{cf} = \frac{mu^2}{R} \tag{5.34}$$

式中　m——搅拌车的质量，$m = \dfrac{G}{g}$；

　　　u——搅拌车侧翻时的车速；

　　　R——搅拌车转向时的转向半径。

由式（5.33）和式（5.34）得：

$$\frac{mgu^2}{gR} = \frac{mg(T_l + h\tan\varphi_R)}{h - T_l\tan\varphi_R} \tag{5.35}$$

当转弯半径为 R 时车辆转向所允许的最大速度为：

$$u = \sqrt{\frac{gR(T_l + h\tan\varphi_R)}{h - T_l\tan\varphi_R}} \tag{5.36}$$

由式（5.36）可知，φ_R 越大，u 越大，有利于侧向稳定。

同样，在搅拌车出现侧向滑移情况时，侧向力大于或等于侧向附着力，即：

$$F_{cf}\cos\varphi_R + mg\sin\varphi_R \geqslant (F_{zl} + F_{zr})\varphi = (mg\cos\varphi_R + F_{cf}\sin\varphi_R) \tag{5.37}$$

其极限条件为：

$$u_\varphi = \sqrt{\frac{gR(\varphi - \tan\varphi_R)}{1 - \varphi\tan\varphi_R}} \tag{5.38}$$

式中　u_φ——搅拌车出现侧向滑移时的车速。

因此，搅拌车的横向行驶稳定条件如下，设计中若能满足式（5.39）的要求，则搅拌车在平路行驶时可以避免侧翻：

$$\frac{T_l}{h} > \mu_R \tag{5.39}$$

式中 μ_R——车辆与地面附着系数，潮湿路面取 0.3~0.5，干燥路面取 0.7~0.8。

由以上分析可知，影响搅拌车行驶稳定性的因素有：车辆轴距、重心位置、搅拌罐转速和旋向、车辆的行驶速度、转向半径，另外还有混凝土的性质。其中对侧翻影响最大，且容易控制的因素为车辆的行驶速度。

车辆的行驶速度对行驶稳定性的影响主要反映在转弯的时候，当搅拌车在转向时由于离心力的作用，再加之搅拌车重心偏高，极易发生侧翻事故，搅拌罐体的转向不同，对搅拌车的转弯时的行驶速度和转弯半径有着极其重要的影响，由图 5.31 分析可知，当车辆在转弯时，受离心力 F_{cf} 的作用，由式（5.34）可知，其大小与行驶速度的平方成正比，与转向半径成反比，在我国左转弯半径要比右转半径大，因此为保证搅拌车行驶安全，右转车速要远低于左转车速，同时还要考虑搅拌罐的转向是增加安全性还是减少安全性。

2. 提高搅拌车抗侧翻稳定性措施

（1）旋向的设计

目前市场上的搅拌车产品中，搅拌罐旋向有左旋和右旋，针对我国车辆右行道的交通规则，我们在设计中采用的是左旋搅拌罐，这将有助于车辆转弯稳定性的提高，这是因为车辆右转弯时转向半径要小于左转时的转向半径，因此在同样车速的情况下，右转时车辆受到的离心力要大于左向转弯，而搅拌车在运送混凝土时，由于罐体的转动产生物料重心的偏移和升高，左旋设计时，其重心的偏移起到了平衡的作用，反之则会加大侧翻的可能。

（2）配置恒速控制阀

搅拌罐转动的动力取自于发动机，通过取力器、传动轴、液压泵、液压马达、减速机至搅拌罐，目前通常使用的传动系统多为国外产品。国内大多使用的是手控机械式，当操纵阀固定在某一位置后，搅拌罐的转速随着发动机的转速变化，搅拌罐转速增加，混凝土物料重心的偏移、升高就加大，行驶稳定性就差。经实测，配置恒速控制阀的搅拌车无论在空载还是重载情况下，抗侧翻稳定性都优于不带恒速阀的搅拌车。

（3）搅拌罐的安装角度

搅拌罐体是一个开口式的容器，它斜置在汽车底盘上。在设计中，为满足一定的装载容量，罐体的安装角度与其几何容积有着密切的关系。提高安装角度，可使其几何容积设计得小些，可降低自重，但其重心提高了。降低安装角度，可使重心降低，但几何容积要增大，长度要略有加长，对底盘的布置略有影响。因此，我们在搅拌罐口部的设计中，增加了挡料功能的结构，在尽量提高装载容积的基础上，降低罐体的角度，对提高车辆防侧翻稳定性起到了很好的效果。

（4）改进罐体的结构形式

目前，搅拌车罐体的结构外形，国内外市场的产品都大同小异，为中间粗两头细的橄榄核形状，只是比例有所不同。通过采用新型结构形式的罐体设计，可以使大部分的物料都处于罐体最底部。这样的目的除改善外观造型外，主要目的是使物料重心尽可能降低。同时，在旋转时，使其重心的变化达到最小，以此来确保搅拌车行驶的安全性和稳定性。

5.3.2 雷达车的侧翻稳定性分析

在现代战争中，车载雷达具有良好的机动性和生存能力。车载雷达往往整机设备和配套设备安装在一台改装车上，而整车在行驶时的稳定性将直接影响该雷达系统的适应性；工作时的稳定性将直接影响该雷达系统的精确度。从总体设计角度而言，设计师在设计时必须考虑车载雷达改装后的稳定性[111]。

1. 雷达车的行驶稳定性

雷达车的行驶稳定性分为行驶纵向稳定性及行驶横向稳定性，我们这里研究与防侧翻能力相关的行驶横向稳定性。

（1）横向侧翻

当车载雷达在横向坡道上直线行驶或处于静止状态时，如果横向坡度角 φ_R 超过某一值时，将发生侧翻，如图 5.32 所示。

该车载雷达不发生侧翻的极限坡度角 φ_R，可以由力矩平衡得：

$$i_{\varphi R1} = \mathrm{tg}\varphi_{R1} = (T/2)/h = 50\% \tag{5.40}$$

式中 T——轮距。

（2）横向侧滑

该车载雷达在横坡上静止时整车横向侧滑的极限角度，根据图 5.32 显示的受力情况，由力平衡方程得：

$$i_{\varphi R2} = \mathrm{tg}\varphi_{R2} = \varphi_2 = 42\% \tag{5.41}$$

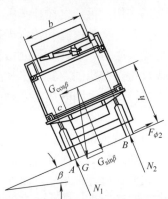

图 5.32 雷达车在横坡上的受力图

式中 φ_2——横向附着系数，取 $\varphi_{2\max} = 0.6\varphi_1$。

（3）转弯时的侧翻和侧滑

如图 5.33 所示，该车载雷达在水平路面上进行等速转弯行驶时，有可能绕 A 点向外侧翻，所以必须限制其转弯时的最大行驶速度，可由式（5.42）求得：

$$u_1 = 3.6\sqrt{RgT/2h} = 22.8 \,(\mathrm{km/h}) \tag{5.42}$$

式中 g——重力加速度；

R——转弯半径。

该车载雷达在水平路面上进行等速转弯行驶时，有可能向外侧滑，其转弯时的最大侧滑行驶速度，可由式（5.43）求得：

$$u_2 = 3.6\sqrt{Rg\varphi_2} = 20.9 \,(\mathrm{km/h}) \tag{5.43}$$

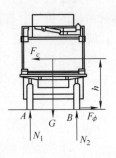 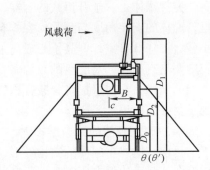

图 5.33 雷达车在水平面转向时受力图及展开图

可以得到以下两个结论：

1）因为 $i_{\varphi R2} < i_{\varphi R1}$，因此，该车载雷达在横坡上行驶的极限坡度为 42%，满足 GJB1380—1992《军用越野汽车机动性要求》的规定。并且，在平直线横坡上匀速直线行驶或静止时，在发生横向侧翻前，首先发生横向侧滑，从而保证了其在横坡上行驶的安全。

2）因为 $u_2 < u_1$，所以在转弯行驶时，在侧翻前首先发生侧滑，从而保证了其在弯道行驶时的稳定性。并且，公路在弯道处筑有适当的超高横坡度，这样在干燥水泥路面以上述最

高车速转弯时，是比较安全的。

2. 雷达车整车工作稳定性

（1）雷达车风载荷计算

雷达车展开工作时，通过调平机构将雷达调平。天线升起处于工作状态，雷达车所受的力主要包括自身重力和风载荷。按照总体技战指标要求，雷达车在架高 100m 时，具有抗 8 级风不发生侧翻的能力。在图 5.33 所示位置时，在风载荷下，整车稳定性最差。

风阻计算如下：

$$F_w = \frac{1}{2}C_d \cdot A \cdot \rho \cdot u^2 \tag{5.44}$$

式中　C_d——阻力系数；

　　　A——迎风面积；

　　　ρ——空气密度。

经计算，天线阵面风阻力、方舱风阻力、运载车底盘风阻力分别为 F_1、F_2、F_3。

由风阻力产生的最大倾覆力矩计算如下：

$$M_w = \sum_{i=1}^{3} M_i = \sum_{i=1}^{3} F_i \times D_i = 2644 \text{kgf}^{\ominus} \cdot \text{m} \tag{5.45}$$

（2）雷达车自重稳定力矩计算

$$M_s = mg \times T = 7025 \text{kgf} \cdot \text{m} \tag{5.46}$$

（3）在 8 级风下雷达车抗侧翻稳定系数 η（取稳定系数为 2.5）

$$\eta = M_s / M_w = 2.73 > 2.5 \tag{5.47}$$

由此可见，在 8 级风情况下，雷达车整车工作稳定，抗侧翻能力强。并且，在设计过程中，通过增加拉绳固定以加大稳定裕度。

5.3.3　军用特种车辆侧翻稳定性分析

军用特种车辆主要包括导弹车、雷达车、半挂牵引车、消防车、弹药运输车、舟桥车、加油车、运水车、移动电源车等。军用特种车辆执行作战任务时，行驶路况复杂多变，可能是公路、乡间小路等平坦路面，也可能是山地、丘陵等起伏较大的路面。同时，为规避敌方打击，行驶路线也曲折多变，可能直线行驶，也可能弯道较多，也可能存在紧急避障等危险情况。此类车若发生侧翻会造成很大损失（图 5.34）。复杂的路况与行驶路线，对军用特种车辆的防侧翻性能提出了较高的要求，故必须开展军用特种车辆侧翻稳定性方面的研究，开发有效的防侧翻控制系统[112]。

图 5.34　军用车辆侧翻事故

$\ominus$　$1\text{kgf} = 9.8\text{N}$。

这里介绍两种军用特种车辆的侧倾稳定性相关研究,东风"猛士"高机动越野车与雷达车。

1. 东风猛士简介

东风汽车公司通过自主开发、自主创新、集成创新,建立高机动性越野汽车指标论证、设计开发、试验验证技术体系,全部总成部件高起点自主创新,完成了东风"猛士"——中国第一个整体技术水平国际领先的高机动性越野车族的开发,使中国一举成为世界上能自主开发高机动性越野汽车的少数国家之一。

东风猛士车族具有超强的高机动性、良好的战场适应性,可以在全地域、全气候下行驶,具有良好的安全性能和人机工程。此外,东风猛士车族用途广泛,并具有强大的车型衍生能力:可用于执行机要、测绘、气象、侦查、电子对抗、通信、工程、防化、装备维修等机动保障任务;用于战斗班组、遂行机动、突击、侦察、巡逻任务;用于人员运输以及轻武器、轻型火炮和轻型反坦克导弹、防空导弹等运输、发射任务;用于物质运输,以及改装各种专用车辆和水陆两用车。

由于高机动性车辆满载质量大,质心高,离地间隙也高于普通车辆等特点,所以在车身宽度基本不变的情况下,侧翻稳定因子值比一般车辆小,产生侧翻的可能性增大。尤其在转向过大、紧急避障、车速过高等工况下,极易发生侧翻事故。

2. 东风猛士的防侧翻设计

东风猛士为 4×4 全轮驱动,发动机中置,驾驶员位于前轮后、车架外,如图 5.35 所示;内腔高宽比 0.69,外形高宽比 0.91,扁平化特色突出,重心低,稳定性好,纵向稳定性系数 2.84,横向稳定性系数 1.56,均远大于附着系数 0.7,被赞誉为"永不翻车"。

此外,东风猛士独特的前、后悬架处窄、高,中间宽、低的三维变断面船形车架总成设计(图 5.36),与前、后双横臂独立悬架(图 5.37)、螺旋弹簧、液压减振器的联合作用,大大提高了该车越野路面的平顺性及防侧翻性能。整体式梯形车架由 2 根变截面焊接箱形纵梁、4 根高端面焊接箱形横梁、1 根小尺寸中间带孔帽形横梁,通过高强度螺栓,在专用装配夹具上连接而成,完全满足来自载荷、复杂路面产生的大弯矩、大扭矩强度要求,同时满足整车及几大总成安装精度的要求。

图 5.35 东风猛士整车总布置

车身以腰线为界,分上下两部分,在下半部分通用的基础上,可实现长头、短头等多种车身形式和软顶、硬顶、平顶、溜背等多种顶篷形式的变化,组成了轻型高机动性车族,产品设计合理。车辆行驶在复杂路面上时,若发生车辆倾覆的情况,可能造成人员伤亡。为了减少人员伤亡,东风猛士在车上增加了安全防护装置,如软顶车辆的溜背式及高顶式防滚翻装置,如图 5.38 及图 5.39 所示。

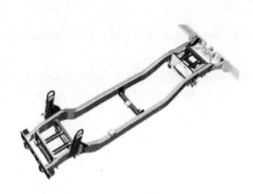

图 5.36　整体式梯形车架

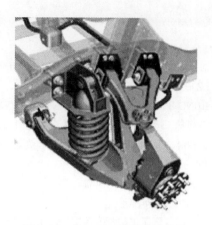

图 5.37　前、后双横臂独立悬架

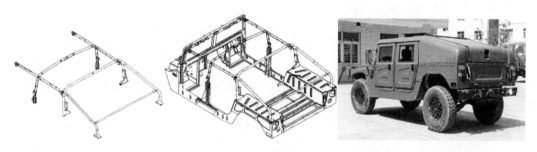

图 5.38　溜背式防滚翻装置结构及实车图

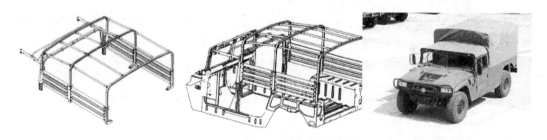

图 5.39　高顶式防滚翻装置结构及实车图

5.4　本章小结

本章介绍了其他特殊工况与特种车型的侧翻相关研究内容。首先，综合考虑驾驶员对汽车侧翻过程的反应，建立了驾驶员侧翻反应模型，并基于该模型建立了汽车 - 驾驶员闭环侧翻系统模型，分析了该闭环系统的稳定性。通过考虑神经参数与肌肉参数的影响，分析了驾驶员参数对侧翻稳定性的影响。此外，还介绍了另一种特殊侧翻工况，追尾碰撞侧翻，建立了追尾碰撞模型，并进行了追尾碰撞影响汽车侧翻稳定性分析。最后对特种车辆 - 交变载荷汽车的侧翻稳定性进行了分析。

参 考 文 献

[1] PHANOMCHOENG G, RAJAMANI R. New rollover index for detection of tripped and un-tripped rollovers [Z]. 2011.

[2] HUNG B M, YOU S, KIM H. Nonlinear Vehicle Stability Analysis [Z]. 2017.

[3] 金智林. 运动型多功能汽车侧翻稳定性及防侧翻控制 [D]. 南京：南京航空航天大学, 2008.

[4] 金智林, 翁建生, 胡海岩. 汽车侧翻预警及防侧翻控制 [J]. 动力学与控制学报, 2007 (4): 365-369.

[5] 金智林, 翁建生, 胡海岩. 汽车侧翻及稳定性分析 [J]. 机械科学与技术, 2007 (3): 355-358.

[6] 余志生. 汽车理论 [M]. 北京：机械工业出版社, 2009.

[7] 于永杰. 汽车主动避撞系统控制策略研究 [D]. 西安：长安大学, 2019.

[8] 张甲乐. 客车侧翻稳定性分析与防侧翻控制研究 [D]. 南京：南京航空航天大学, 2015.

[9] 高欣然. 基于轮毂电机四轮驱动的电动试验车总体设计 [D]. 西安：长安大学, 2016.

[10] 陈国钰. 四轮转速独立调节 SUV 防侧翻控制研究 [D]. 南京：南京航空航天大学, 2019.

[11] 中国公路学报编辑部. 中国汽车工程学术研究综述·2017 [J]. 中国公路学报, 2017, 30 (6): 1-197.

[12] 董金松. 半挂汽车列车弯道制动行驶方向稳定性及协调控制策略研究 [D]. 长春：吉林大学, 2010.

[13] 王郭俊. 双半挂汽车列车横向动力学仿真及模拟试验的研究 [D]. 长春：吉林大学, 2019.

[14] 李静轩, 金智林, 钱飚. 基于气压制动的重型车防侧翻控制策略研究 [J]. 汽车技术, 2020 (6): 43-50.

[15] 王超. 三轴式客车侧翻稳定性及防侧翻控制研究 [D]. 南京：南京航空航天大学, 2018.

[16] 房永. 三轴半挂汽车列车稳定性控制算法研究 [D]. 长春：吉林大学, 2010.

[17] 张昆, 习文辉, 邓文华, 等. 基于 CarSim-Simulink 联合仿真的整车半主动悬架模糊控制仿真研究 [J]. 昆明理工大学学报（自然科学版）, 2015, 40 (1): 39-44.

[18] SOLMAZ S. Switched stable control design methodology applied to vehicle rollover prevention based on switched suspension settings [Z]. 2011.

[19] 张磊. 半挂汽车列车挂车主动转向与差动制动控制研究 [D]. 南京：南京林业大学, 2019.

[20] 余经历. 半挂汽车列车侧翻失稳机理研究 [D]. 西安：长安大学, 2017.

[21] 郑建荣. ADAMS [M]. 北京：机械工业出版社, 2002.

[22] MSC Software. MSC. ADAMS/View 高级培训教程 [M]. 陶永忠, 邢俊文, 译. 北京：清华大学出版社, 2004.

[23] 张雷, 金智林, 赵曰贺, 等. 基于 ADAMS 的汽车侧翻稳定性仿真分析 [J]. 重庆理工大学学报（自然科学）, 2015, 29 (10): 24-28.

[24] CHRSTOS J P, GUENTHER D A. The Measurement of Static Rollover Metrics [Z]. 1992.

[25] 花家寿. 车辆静态侧翻试验方法的分析研究 [J]. 传动技术, 1998 (3): 36-46.

[26] JIN Z L, WENG J S, HU H Y. Rollover stability of a vehicle during critical driving manoeuvres [J]. Proceedings of the Institution of Mechanical Engineers, Part D: Journal of Automobile Engineering, 2007, 221 (9): 1041-1049.

[27] 金智林. 运动型多功能汽车侧翻稳定性及防侧翻控制 [D]. 南京：南京航空航天大学, 2008.

[28] PHANOMCHOENG G, RAJAMANI R. New rollover index for detection of tripped and un-tripped rollovers [Z]. 2011.

[29] ATAEI M, KHAJEPOUR A. A general rollover index for tripped and un-tripped rollovers on flat and sloped

roads [J]. Proceedings of the Institution of Mechanical Engineers, Part D: Journal of Automobile Engineering, 2018, 233 (2): 304 - 316.

[30] 金智林, 严正华. 基于二次预测型横向载荷转移率的汽车侧翻预警研究 [J]. 中国机械工程, 2019, 30 (15): 1790 - 1795.

[31] 杨波, 张文, 张晗. 汽车侧翻稳定性仿真与分析 [J]. 机械设计, 2015, 32 (10): 33 - 39.

[32] RAJAMANI R. 车辆动力学及控制 [M]. 北京: 机械工业出版社, 2011.

[33] ACKERMANN J, ODENTHAL D. Damping of vehicle roll dynamics by gain scheduled active steering [M]. [sl: sn] 2000.

[34] JIN Z, ZHANG L. Stability and optimized H∞ control of tripped and untripped vehicle rollover [J]. Vehicle System Dynamics, 2016, 54 (10): 1405 - 1427.

[35] 黄明亮. 车辆非稳态转向侧翻性能分析 [D]. 长沙: 湖南大学, 2016.

[36] 黄明亮, 郑敏毅, 张邦基, 等. 基于能量法的车辆侧翻稳定性动力学研究 [J]. 振动与冲击, 2016, 35 (24): 164 - 174.

[37] 金智林, 何麟煊, 赵万忠. 用于智能汽车的复杂光照环境车道线检测及跟踪方法 [J]. 汽车安全与节能学报, 2019, 10 (4): 459 - 466.

[38] 金智林, 李静轩, 李宇柔. 基于电控液压制动的汽车稳定性多目标协同控制 [J]. 重庆理工大学学报 (自然科学), 2020, 34 (3): 10 - 15.

[39] 李静轩, 金智林, 钱飚. 基于气压制动的重型车防侧翻控制策略研究 [J]. 汽车技术, 2020 (6): 43 - 50.

[40] CHU D, CUI J, DENG Z, et al. Research on Vehicular Rollover Warning Based on Improved TTR Algorithm [J]. China Mechanical Engineering, 2016, 27 (11): 1557 - 1561.

[41] LARISH C, PIYABONGKARN D, TSOURAPAS V, et al. A New Predictive Lateral Load Transfer Ratio for Rollover Prevention Systems [J]. IEEE Transactions on Vehicular Technology, 2013, 62 (7): 2928 - 2936.

[42] CLARKE V. NHTSA oversight of safety defects and new automotive technologies: challenges and assessments [M]. [sl: sn] 2016.

[43] 韩飞. 汽车座椅安全带使用调查及对策研究 [D]. 北京: 北京交通大学, 2013.

[44] 吴德旭. 中国乘用车安全带提醒装置研究 [D]. 武汉: 武汉理工大学, 2006.

[45] 孔若平. 汽车安全带的锁定系统中的动力学原理 [J]. 物理教学探讨, 2011, 29 (4): 61 - 62.

[46] 张亚蕊, 朱西产, 马志雄, 等. 汽车侧面帘式气囊研究现状及发展趋势 [J]. 汽车科技, 2010 (1): 15 - 18.

[47] NAMJOSHI D, GOOD C, CHENG W H, et al. Towards clinical management of traumatic brain injury: A review of models and mechanisms from a biomechanical perspective [Z]. 2013.

[48] 林逸. 汽车被动安全性研究综述 [J]. 汽车工程, 1998 (1): 1 - 9.

[49] 程勇, 陈晓东, 张劲. 汽车侧面安全气帘关键开发技术 [J]. 汽车工程, 2008 (2): 156 - 159.

[50] MELENK J M, BABUSKA I. The partition of unity finite element method: basic theory and applications [J]. Computer Methods in Applied Mechanics and Engineering, 1996, 139 (1 - 4): 289 - 314.

[51] JIN Z, ZHANG S, WENG J. Immune particle swarm optimization of SUV rollover crashworthiness and weight [Z]. 2021.

[52] 金智林, 张甲乐, 马翠贞. 多种群遗传优化的客车防侧翻鲁棒控制方法 [J]. 机械工程学报, 2014, 50 (24): 130 - 136.

[53] 江斌. 人工免疫算法的基础研究及其应用 [D]. 长沙: 中南大学, 2008.

[54] 李仕锋. 客车上部结构侧翻安全性研究 [D]. 重庆: 重庆交通大学, 2012.

[55] 陈天志. 基于整车安全性的纵梁 S 段结构改进研究 [D]. 长沙: 湖南大学, 2010.

[56] VU V, SENAME O, DUGARD L, et al. Multi objective H-infinity active anti-roll bar control for heavy vehicles [J]. IFAC PAPERSONLINE, 2017, 50 (1): 13802-13807.

[57] 金智林, 张雷, 王超. 电控分离式主动防倾杆及防侧倾方法: CN105539059A [P]. 2016-05-04.

[58] YU, Z, ZONG C, WANG H. Control Algorithms of Anti-rollover for Heavy Duty Vehicle Based on PID [Z]. 2012.

[59] GUAN Q, HU M, SUN Y, et al. Research on Rollover Prevention Stability of Heavy Truck Based on PID [Z]. 2018.

[60] SAMIN P M, MUNIANDY V, JAMALUDDIN H, et al. Double anti-roll bar hardware-in-loop experiment for active anti-roll control system [Z]. 2017.

[61] DAL POGGETTO V F, SERPA A L. Vehicle rollover avoidance by application of gain-scheduled LQR controllers using state observers [J]. Vehicle System Dynamics, 2016, 54 (2): 191-209.

[62] YIM S, LEE J, CHO S I. Optimum Yaw Moment Distribution with ESC and AFS Under Lateral Force Constraint on AFS [J]. Transactions of the Korean Society of Mechanical Engineers, 2015, 39 (5): 527-534.

[63] KARNOPP D, CROSBY M J, HARWOOD R A. Vibration Control Using Semi-Active Force Generators [J]. Journal of Engineering for Industry, 1974, 96 (2): 619-626.

[64] ELHEFNAWY A, RAGHEB H, SHARAF AM, et al. Optimised coordinated chassis stability control using fuzzy genetic algorithm [J]. INTERNATIONAL JOURNAL OF HEAVY VEHICLE SYSTEMS, 2020, 27 (6): 800-816.

[65] 马翠贞. 基于电控液压制动系统的车辆稳定性研究 [D]. 南京: 南京航空航天大学, 2014.

[66] JIN Z, WANG C, ZHANG L, et al. Rollover prevention for a heavy vehicle using optimised slide mode steering control [Z]. 2019.

[67] GULEZ K, GUCLU R. CBA-neural network control of a non-linear full vehicle model [J]. Simulation Modelling Practice & Theory, 2008, 16 (9): 1163-1176.

[68] 金智林, 张甲乐, 马翠贞. 基于动态预警的汽车防侧翻鲁棒控制 [J]. 南京: 南京航空航天大学学报, 2013, 45 (6): 875-880.

[69] NADERI B, KHEIRI H, VAFAEI V. Modified Sliding-Mode Control Method for Synchronization a Class of Chaotic Fractional-Order Systems with Application in Encryption [Z]. 2020.

[70] 马征. 基于改进型 Smith 预估模糊 PID 的航向控制研究 [D]. 大连: 大连海事大学, 2020.

[71] KARNOPP D, CROSBY M J, HARWOOD R A. Vibration Control Using Semi-Active Force Generators [J]. Journal of Engineering for Industry, 1974, 96 (2): 619-626.

[72] ZENG X, LI G, SONG D, et al. Rollover warning algorithm based on genetic algorithm-optimized BP neural network [J]. Journal of South China University of Technology (Natural Science Edition), 2017, 45 (2): 30-38.

[73] 郑泉. 基于遗传算法-神经网络的半主动悬架控制仿真 [J]. 合肥工业大学学报 (自然科学版), 2002 (2): 230-235.

[74] 金智林, 梁为何, 赵万忠. 汽车多增益融合线控转向传动比及防侧翻控制 [J]. 机械工程学报, 2020, 56 (10): 172-180.

[75] WEIBIAO A, HUI J, BING K, et al. Anti-rollover control of four-wheel independently actuated vehicle based on MPC algorithm [Z]. 2020.

[76] GHAZALI M, DURALI M, SALARIEH H. Vehicle trajectory challenge in predictive active steering rollover prevention [J]. International Journal of Automotive Technology, 2017, 18 (3): 511-521.

[77] LI L, LU Y, WANG R, et al. A Three-Dimensional Dynamics Control Framework of Vehicle Lateral Stabil-

ity and Rollover Prevention via Active Braking With MPC [J]. IEEE Transactions on Industrial Electronics, 2017, 64 (4): 3389 - 3401.

[78] 金智林, 赵曰贺, 赵峰, 等. 汽车电控机械制动系统设计及性能分析 [J]. 机械设计与制造, 2014 (6): 28 - 30.

[79] ZAMES G. Feedback and optimal sensitivity: Model reference transformations, multiplicative seminorms, and approximate inverses [J]. IEEE Transactions on Automatic Control, 1981, 26 (2): 301 - 320.

[80] FRANCIS B A, Helton J W, Zames G. H∞ - optimal feedback controllers for linear multivariable systems [M]. Berlin Heidelberg: Springer, 1984.

[81] HYDE R A, Glover, et al. VSTOL first flight on an H∞ control law [J]. Computing & Control Engineering Journal, 1995, 6 (1): 11 - 16.

[82] DOYLE J C, GLOVER K, KHARGONEKAR P P, et al. State - space solutions to standard H2 and H∞ control problems [J]. IEEE Transactions on Automatic Control, 1989, 8 (8): 831 - 847.

[83] 马国宸. 基于分层式结构汽车底盘系统集成控制研究 [D]. 杭州: 浙江大学, 2011.

[84] 卢少波. 汽车底盘关键子系统及其综合控制策略研究 [D]. 重庆: 重庆大学, 2009.

[85] 初长宝. 汽车底盘系统分层式协调控制研究 [D]. 合肥: 合肥工业大学, 2008.

[86] 张雷. 基于底盘动力学的汽车防侧翻控制 [D]. 南京: 南京航空航天大学, 2017.

[87] 周乾. 基于EHB系统的防侧翻硬件在环控制分析 [D]. 南京: 南京航空航天大学, 2019.

[88] 赵津杨. 基于模型预测控制的电动汽车纵横垂向力集成控制研究 [D]. 长春: 吉林大学, 2020.

[89] KHATIB O. Real - Time Obstacle Avoidance for Manipulators and Mobile Robots [J]. The International Journal of Robotics Research, 1986, 5 (1): 90 - 98.

[90] WANG W, HUANG Y, KHAJEPOUR A, et al. Crash Mitigation in Motion Planning for Autonomous Vehicles [J]. IEEE Transactions on Intelligent Transportation Systems, 2019, 20 (9): 3313 - 3323.

[91] 袁晶鑫. 基于CarSim的智能车辆路径跟踪控制算法研究 [D]. 长春: 吉林大学, 2019.

[92] 刘奇芳. 非线性控制方法研究及其在汽车动力总成系统中的应用 [D]. 长春: 吉林大学, 2014.

[93] Office, T I T S. Vehicle - to - infrastructure Communication for Safety [R]. Washington DC: US Department of Transportation, 2017.

[94] FORKENBROCK G J. Experimental Examination of Test Maneuvers That May Induce On - Road, Untripped Light Vehicle Rollover [Z]. 2003.

[95] FORKENBROCK G J. A Demonstration of the Dynamic Tests Developed for NHTSA's NCAP Rollover Rating System [R]. Administration, National Highway Traffic Safety, 2004.

[96] INTERNATIONAL S. Dolly Rollover Recommended Test Procedure [Z]. 1970.

[97] THOMAS N K C T. Testing and Analysis of Vehicle Rollover Behavior [J]. SAE Transactions, 1990.

[98] HARE B M, LEWIS L K, Hughes R J. Analysis of Rollover Restraint Performance With and Without Seat Belt Pretensioner at Vehicle Trip [Z]. 2002.

[99] NALECZ A G, LU Z. Methodology for Tripped Vehicle Rollover Testing and Analysis of Experimental Results [Z]. 1994.

[100] SONG L, HE Y. Design of SUV rollover warning system based on hardware - in - the - loop real - time simulations [J]. Computer Engineering and Applications, 2018, 54 (3): 238 - 242.

[101] SONG L, ZHANG W. The Research of SUV Dynamic Rollover Warning System based on Hardware - in - the - loop [Z]. 2017.

[102] ADAMS J J. Pilot - model measurements of pilot responses in a lateral - directional control task [Z]. 1977.

[103] DAI LA, HAN Q B. Stability and Hopf bifurcation of a nonlinear model for a four - wheel - steering vehicle system [J]. Communications in Nonlinear Science and Numerical Simulation, 2004, 9 (3): 331 - 341.

[104] ZHU S, HE Y. A driver – adaptive stability control strategy for sport utility vehicles [J]. Vehicle System Dynamics, 2017, 55 (8): 1206 – 1240.

[105] 赵日贺. 驾驶员—汽车闭环系统侧翻稳定性分析及防侧翻控制 [D]. 南京：南京航空航天大学, 2016.

[106] ZHU S, HE Y. A driver – adaptive stability control strategy for sport utility vehicles [J]. Vehicle System Dynamics, 2017, 55 (8): 1206 – 1240.

[107] BRACH R M. Modeling of Low – Speed, Front – to – Rear Vehicle Impacts [Z]. 2003.

[108] BRACH R M, GOLDSMITH W. Mechanical Impact Dynamics: Rigid Body Collisions [J]. Journal of Engineering for Industry, 1991, 113 (2): 248.

[109] ZHOU J, PENG H, LU J. Collision model for vehicle motion prediction after light impacts [Z]. 2007.

[110] 赵锋. 追尾碰撞的汽车稳定性及控制策略研究 [D]. 南京：南京航空航天大学, 2016.

[111] 房建斌. 机动式车载雷达稳定性设计分析 [J]. 电子机械工程, 2004 (1): 24 – 26.

[112] 王全. 特种车辆侧翻稳定性理论与数值仿真研究 [D]. 长沙：国防科学技术大学, 2016.